Informatik — Fachberichte

Band 71: First European Simulation Congress ESC 83. Proceedings, 1983. Edited by W. Ameling. XII, 653 pages. 1983.

Band 72: Sprachen für Datenbanken. GI-Jahrestagung, Hamburg, Oktober 1983. Herausgegeben von J. W. Schmidt. VII, 237 Seiten. 1983.

Band 73: GI–13. Jahrestagung, Hamburg, Oktober 1983. Proceedings. Herausgegeben von J. Kupka. VIII, 502 Seiten. 1983.

Band 74: Requirements Engineering. Arbeitstagung der GI, 1983. Herausgegeben von G. Hommel und D. Krönig. VIII, 247 Seiten. 1983.

Band 75: K. R. Dittrich, Ein universelles Konzept zum flexiblen Informationsschutz in und mit Rechensystemen. VIII, 246 pages. 1983.

Band 76: GWAI-83. German Workshop on Artificial Intelligence. September 1983. Herausgegeben von B. Neumann. VI, 240 Seiten. 1983.

Band 77: Programmiersprachen und Programmentwicklung. 8. Fachtagung der GI, Zürich, März 1984. Herausgegeben von U. Ammann. VIII, 239 Seiten. 1984.

Band 78: Architektur und Betrieb von Rechensystemen. 8. GI-NTG-Fachtagung, Karlsruhe, März 1984. Herausgegeben von H. Wettstein. IX, 391 Seiten. 1984.

Band 79: Programmierumgebungen: Entwicklungswerkzeuge und Programmiersprachen. Herausgegeben von W. Sammer und W. Remmele. VIII, 236 Seiten. 1984.

Band 80: Neue Informationstechnologien und Verwaltung. Proceedings, 1983. Herausgegeben von R. Traunmüller, H. Fiedler, K. Grimmer und H. Reinermann. XI, 402 Seiten. 1984.

Band 81: Koordinaten von Informationen. Proceedings, 1983. Herausgegeben von R. Kuhlen. VI, 366 Seiten. 1984.

Band 82: A. Bode, Mikroarchitekturen und Mikroprogrammierung: Formale Beschreibung und Optimierung, 6, 7-227 Seiten. 1984.

Band 83: Software-Fehlertoleranz und -Zuverlässigkeit. Herausgegeben von F. Belli, S. Pfleger und M. Seifert. VII, 297 Seiten. 1984.

Band 84: Fehlertolerierende Rechensysteme. 2. GI/NTG/GMR-Fachtagung, Bonn 1984. Herausgegeben von K.-E. Großpietsch und M. Dal Cin. X, 433 Seiten. 1984.

Band 85: Simulationstechnik. Proceedings, 1984. Herausgegeben von F. Breitenecker und W. Kleinert. XII, 676 Seiten. 1984.

Band 86: Prozeßrechner 1984. 4. GI/GMR/KfK-Fachtagung, Karlsruhe, September 1984. Herausgegeben von H. Trauboth und A. Jaeschke. XII, 710 Seiten. 1984.

Band 87: Musterkennung 1984. Proceedings, 1984. Herausgegeben von W. Kropatsch. IX, 351 Seiten. 1984.

Band 88: GI–14. Jahrestagung. Braunschweig. Oktober 1984. Proceedings. Herausgegeben von H.-D. Ehrich. IX, 451 Seiten. 1984.

Band 89: Fachgespräche auf der 14. GI-Jahrestagung. Braunschweig, Oktober 1984. Herausgegeben von H.-D. Ehrich. V, 267 Seiten. 1984.

Band 90: Informatik als Herausforderung an Schule und Ausbildung. GI-Fachtagung, Berlin, Oktober 1984. Herausgegeben von W. Arlt und K. Haefner. X, 416 Seiten. 1984.

Band 91: H. Stoyan, Maschinen-unabhängige Code-Erzeugung als semantikerhaltende beweisbare Programmtransformation. IV, 365 Seiten. 1984.

Band 92: Offene Multifunktionale Büroarbeitsplätze. Proceedings, 1984. Herausgegeben von F. Krückeberg, S. Schindler und O. Spaniol. VI, 335 Seiten. 1985.

Band 93: Künstliche Intelligenz. Frühjahrsschule Dassel, März 1984. Herausgegeben von C. Habel. VII, 320 Seiten. 1985.

Band 94: Datenbank-Systeme für Büro, Technik und Wirtschaft. Proceedings, 1985. Herausgegeben von A. Blaser und P. Pistor. X, 519 Seiten. 1985

Band 95: Kommunikation in Verteilten Systemen I. GI-NTG-Fachtagung, Karlsruhe, März 1985. Herausgegeben von D. Heger, G. Krüger, O. Spaniol und W. Zorn. IX, 691 Seiten. 1985.

Band 96: Organisation und Betrieb der Informationsverarbeitung. Proceedings, 1985. Herausgegeben von W. Dirlewanger. XI, 261 Seiten. 1985.

Band 97: H. Willmer, Systematische Software-Qualitätssicherung anhand von Qualitäts- und Produktmodellen. VII, 162 Seiten. 1985.

Band 98: Öffentliche Verwaltung und Informationstechnik. Neue Möglichkeiten, neue Probleme, neue Perspektiven. Proceedings, 1984. Herausgegeben von H. Reinermann, H. Fiedler, K. Grimmer, K. Lenk und R. Traunmüller. X, 396 Seiten. 1985.

Band 99: K. Küspert, Fehlererkennung und Fehlerbehandlung in Speicherungsstrukturen von Datenbanksystemen. IX, 294 Seiten. 1985.

Band 100: W. Lamersdorf, Semantische Repräsentation komplexer Objektstrukturen. IX, 187 Seiten. 1985.

Band 101: J. Koch, Relationale Anfragen. VIII, 147 Seiten. 1985.

Band 102: H.-J. Appelrath, Von Datenbanken zu Expertensystemen. VI, 159 Seiten. 1985.

Band 103: GWAI-84. 8th German Workshop on Artificial Intelligence. Wingst/Stade, October 1984. Edited by J. Laubsch. VIII, 282 Seiten. 1985.

Band 104: G. Sagerer, Darstellung und Nutzung von Expertenwissen für ein Bildanalysesystem. XIII, 270 Seiten. 1985.

Band 105: G. E. Maier, Exceptionbehandlung und Synchronisation. IV, 359 Seiten. 1985.

Band 106: Österreichische Artificial Intelligence Tagung. Wien, September 1985. Herausgegeben von H. Trost und J. Retti. VIII, 211 Seiten. 1985.

Band 107: Mustererkennung 1985. Proceedings, 1985. Herausgegeben von H. Niemann. XIII, 338 Seiten. 1985.

Band 108: GI/OCG/ÖGJ-Jahrestagung 1985. Wien, September 1985. Herausgegeben von H. R. Hansen. XVII, 1086 Seiten. 1985.

Band 109: Simulationstechnik. Proceedings, 1985. Herausgegeben von D. P. F. Möller. XIV, 539 Seiten. 1985.

Band 110: Messung, Modellierung und Bewertung von Rechensystemen. 3. GI/NTG-Fachtagung, Dortmund, Oktober 1985. Herausgegeben von H. Beilner. X, 389 Seiten. 1985.

Band 111: Kommunikation in Verteilten Systemen II. GI/NTG-Fachtagung, Karlsruhe, März 1985. Herausgegeben von D. Heger, G. Krüger, O. Spaniol und W. Zorn. XII, 236 Seiten. 1985.

Band 112: Wissensbasierte Systeme. GI-Kongreß 1985. Herausgegeben von W. Brauer und B. Radig. XVI, 402 Seiten, 1985.

Band 113: Datenschutz und Datensicherung im Wandel der Informationstechnologien. 1. GI-Fachtagung, München, Oktober 1985. Proceedings, 1985. Herausgegeben von P. P. Spies. VIII, 257 Seiten. 1985.

Band 114: Sprachverarbeitung in Information und Dokumentation. Proceedings, 1985. Herausgegeben von B. Endres-Niggemeyer und J. Krause. VIII, 234 Seiten. 1985.

Band 115: A. Kobsa, Benutzermodellierung in Dialogsystemen. XV, 204 Seiten. 1985.

Informatik-Fachberichte 157

Herausgegeben von W. Brauer
im Auftrag der Gesellschaft für Informatik (GI)

Ulrich Mahn

Attributierte Grammatiken und Attributierungs- algorithmen

Springer-Verlag
Berlin Heidelberg New York
London Paris Tokyo

Autor
Ulrich Mahn
Softlab GmbH
Zamdorfer Straße 120, 8000 München 80

CR Subject Classifications (1987): D.3.1, D.3.4, F.4.3

ISBN 978-3-540-18650-2   ISBN 978-3-642-51709-9 (eBook)
DOI 10.1007/978-3-642-51709-9

CIP-Titelaufnahme der Deutschen Bibliothek.
Mahn, Ulrich:
Attributierte Grammatiken und Attributierungsalgorithmen / Ulrich Mahn. – Berlin; Heidelberg;
New York; Paris; London; Tokyo: Springer, 1988
    (Informatik-Fachberichte ; 157)
    ISBN 978-3-540-18650-2

NE: GT

Vorwort

Attributierte Grammatiken wurden 1968 von Knuth eingeführt und haben sich seit
mehr als 10 Jahren in vielen Compiler-erzeugenden Systemen bei der Darstellung
und Analyse von Kontextbeziehungen in Programmiersprachen bewährt. Jedoch blieb
das inzwischen sehr umfangreiche Wissen von knapp 500 Originalarbeiten weit
gestreut und hat bisher nur wenig Eingang in die Lehrbuchliteratur gefunden.
In dieser Arbeit werden die wesentlichen Ergebnisse gegenübergestellt – ohne
jedoch einen lauffähigen Compiler bzw. Compiler-Compiler zu präsentieren oder
gar das gesamte vorhandene Wissen darzulegen.

Diese Arbeit entstand auf der Grundlage einer Diplomarbeit zum gleichen Thema,
zuerst an und später in Zusammenarbeit mit dem Institut für Informatik der
TU Clausthal. Sie konnte nur entstehen mit der Förderung und Hilfsbereitschaft
von Mitarbeitern und Professoren des Instituts für Informatik der TU Clausthal.
Herr Prof. Dr. U. Kastens von der Universität-GH Paderborn und Herr A. Heuer
machten mich auf Fehler und Lücken aufmerksam und gaben viele wertvolle Hinweise. Ihnen sei an dieser Stelle herzlich gedankt. Ebenso sei den Bibliothe-
karen/innen der UB Clausthal, TIB Hannover und der Bibliothek des FB Mathematik
und Informatik der TU Clausthal für ihr Verständnis und Entgegenkommen auch bei
den ausgefallensten und nicht nachweisbaren Literaturwünschen gedankt; ohne
ihre Hilfe wäre die ausführliche Bibliographie nicht möglich gewesen. Vor allem
aber gilt mein Dank Herrn Prof. Dr. I. Kupka für die Unterstützung bei der
Veröffentlichung dieser Arbeit.

München/Clausthal, im Herbst 1987   Ulrich Mahn

Inhaltsverzeichnis

1. Einführung

Attributierte Grammatiken (AG) sind ein inzwischen weltweit anerkanntes Mittel
zur Beschreibung der statischen Semantik von Programmiersprachen. AG basieren
aus den schon seit langen bekannten kontextfreien Grammatiken und bieten
die Möglichkei neben der Syntax einer Programmiersprache auch deren Semantik
vollständig zu spezifizieren.

Im den folgenden einleitenden Abschnitten des ersten Kapitels wird der Begriff
"Attributierte Grammatik" erläutert, exakt definiert und in das Umfeld
Compilerbau und Sprachdefinition eingeordnet. Allgemeine Kenntnisse über
Compilerbau und Programmiersprachen werden dabei vorausgesetzt.

Im Hauptkapitel 2. werden dann die verschiedenen Klassen von AG systematisch
einander gegenübergestellt. Daber wird Wert auf die exakte Darstellung und
Herleitung der benötigten Algorithmen gelegt.

Im Abs.2.1. werden die grundlegenden Begriffe Wohldefiniertheit und
Zerlegbarkeit erläutert und in Beziehung zu Begriffen wie Vollständigkeit,
Ausgewogenheit und Korrektheit gestellt. Mit der Untersuchung von induzierten
Attributabhängigkeiten werden die folgenden Abschnitte vorbereitet.

Im Abs.2.2. werden verschiedene Verfahren, die eine gegebene AG auf Zyklenfreiheit untersuchen, vorgestellt. Die exponentielle Zeitkomplexität dieses
Problems steht im Mittelpunkt des Abschnitts. Aber auch ein praktisch
durchführbares Verfahren wird angegeben.

In den folgenden Abschnitten werden die verschiedenen Klasen von AG
vorgestellt, beginnend mit den pass-orientierten Klassen bis hin zu den
besuchs-orientierten Verfahren.

Im Abs.2.3. werden 1-Pass-AG, wie sie in syntax-gesteuerten Compilern benötigt
werden, vorgestellt und verglichen. Dabei wird auf die Darstellung der
Parsing-Probleme verzichtigt.

Abs.2.4. ist als ausführliche einführende Darstellung in Multi-Pass-AG
gedacht. Die grundlegenden Definitionen und Verfahren zur Attributzerlegung
und Attributierung werden angegeben.

Im Abs.2.5 werden als Höhepunkt der pass-orientierten Verfahren die alternierenden AG im Detail untersucht. Für das NP-vollständige Problem der
optimalen Attributzerlegung wird ein suboptimaler Lösungsweg beschrieben.
Das hier beschribenen Verfahren ist zur Defintion vor höheren Programmiersprachen voll ausreichend.

Abs.2.6. stellt die Multi-Sweep-AG als Erweiterung der Alternierenenden AG kurz vor.

Abs.2.7. untersucht die Multi-Visit-AG als Erweiterung der Multi-Sweep-AG. Besondere Betonung wird auf die geordneten AG, wie sie z.B. im Compiler-erzeugenden Syteme GAG benutzt werden, gelegt. Die Geordneten AG sind die wichtigsten Vertreter der besuchsorientieten AG und wurden z.B. zur Definition von ADA verwandt.

Im Abs.2.8. werden die einfachen Multi-Pass/Sweep/Visit-AG mit den entsprechenden Reinen Multi-Pass/Sweep/Visit-AG verglichen.

Abs.2.9. untersucht eine der ältesten Klassen von AG, die sehr mächtigen, aber auch komplexen Absolut zyklenfreien AG, die sich nur wenig von beliebigen zyklenfeien AG unterscheiden.

Die in Abs.2.10 beschriebenen Verfahren zur Dynamischen Attributierung eignen sich vor allen zum Test von AG, aber auch für inkrementelle Systeme. Die Zyklenfreiheit wird bei diesen Verfahren erst während der Attributierung untersucht.

Im Abs.2.11. werden die AG kurz aus algebraischer Sicht beleuchtet. Dabei die Sprachklassen-Äquivalenz aller vorher untersuchten Klassen herausgearbeitet.

Abs. 2.12 stellt die verwandten Affix-Grammatiken den AG gegeüber.

Das Kapitel 2. endet mit ein Hierarchie-Übersicht in Abs.2.13.

Im Kapitel 3. werden erläutert, wie einige im Einsatz befindliche Compiler-Compilern AG benutzt werden. Dabei stehen die Systeme HLP78 und GAG im Mittelpunkt dieses Kapitels, aber auch zwei PC-basierte Systeme werden betrachtet.

Das Buch endet mit einem Ausblick und einer ausführlichen Bibliographie über AG im Anhang. Um die Definitionen nicht mit Informationen zu überlasten, ist bei den Definitionen in den Kapitel 1. und 2. auf die Angabe der englischen Bezeichnungensweise verzichtet worden. Der interessierte Leser findet eine Übersetzung der englischen und deutschen Begriffe im Anhang.

1.1. Aufgaben und Struktur von Compilern

Aufgabe eines Compilers ist die Übersetzung eines Programmes aus einer
Quellsprache (meist einer höheren Programmiersprache) in der Zielsprache
(meist eine maschinenorientierte Sprache oder ausführbarer Maschinencode).
Somit gliedert sich die Aufgabenstellung in einen Analyseteil, in dem die
Struktur und die Bedeutung der Quelle analysiert und auf Korrektheit geprüft
wird, und einen Syntheseteil, in dem ein möglichst optimaler Zielcode erzeugt
wird. Genauer betrachtet ergibt sich folgende funktionale Gliederung:

Analyse – lexikalische Analyse (Scanner)
         – syntaktische Analyse (Parser)
         – semantische Analyse

Synthese – Optimierung (globale und lokale Optimierung)
         – Codeerzeugung (Betriebsmittelzuteilung, Bestimmung der
                          Ausführungsreihenfolge, Codeauswahl, Adressierung,
                          Kodierung des Maschinencodes,...)

In dieser Arbeit wird mit den Attributierten Grammatiken ein Mittel zur
lokalen Beschreibung der statischen Semantik von höheren Programmiersprachen
dargestellt, mit dem die semantische Analyse systematisch durchgeführt werden
kann. Allgemein üblich ist, daß der Scanner aus der Zeichenfolge der Quelle
eine Folge von syntaktischen Grundsymbolen erzeugt und der Parser aus der
Grundsymbolfolge zumindest konzeptuell einen Ableitungsbaum konstruiert.
Allerdings sollte man sich nicht auf den Ableitungsbaum, dessen Front die
Folge der syntaktischen Grundsymbole ist, in seiner reinen Form beschränken.
Daher wird hier der Begriff des Strukturbaumes benutzt, der nur aussagt, daß
der Baum die syntaktische Struktur des Programes wiedergeben soll. Mit anderen
Worten: der Ableitungsbaum benutzt die konkrete, der Strukturbaum die
abstrakte Syntax. Ein kleines Beispiel zur Erläuterung der hier verwendeten
Begriffsbildung und Notation folgt:

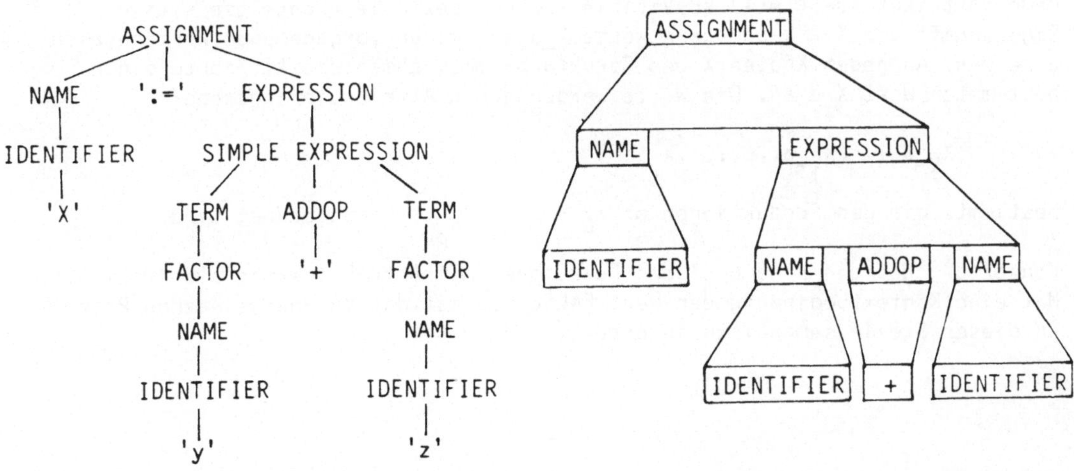

Ableitungsbaum   Strukturbaum

Die Unterscheidung zwischen Terminalen und Nichtterminalen ist beim
Strukturbaum irrelevant. Daher wird bei der Attributierung auch nicht nach
terminalen und nichtterminalen Knoten unterschieden.

1.2. Attributierungen im Compilerbau

Die semantische Analyse verwendet den Strukturbaum als Eingabe. Jeder Knoten
des Strukturbaumes wird mit Attributen 'dekoriert', die die Eigenschaften
dieses Knotens spezifizieren. Die Informationen, die mit diesen Attributen
gehalten werden, ergeben sich aus den Attributen der benachbarten Knoten,
also der lokalen Umgebung. Aufgabe der semantischen Analyse ist es, die Werte
der Attribute zu bestimmen – man spricht von Attributauswertung – und deren
Konsistenz zu prüfen. Optimierung und Codeerzeugung können auf ähnliche Weise
durchgeführt werden, indem die Attribute Informationen beschaffen, die
benötigt werden, aber nicht kontextfrei oder global verfügbar sind.
Attributierte Grammatiken sind eine nützliche Methode zur Beschreibung der
Attributierung, da die formale Definition der kontextfreien und der kontext-
sensitiven Spracheigenschaften auf der einen und die formale Spezifikation
der semantischen Analyse auf der anderen Seite miteinander verbunden werden.
Zum zweiten können die Spracheigenschaften lokal deklariert werden, und
außerden können Algorithmen, die Algorithmen zur Attributauswertung, entweder
sprachunabhängig oder zwar sprachabhängig, aber doch automatisch in Compiler-
erzeugenden Systemen gefunden werden. Diese Arbeit umfaßt Attributierte
Grammatiken und Attributierungsalgorithmen.

Bevor Attributierte Grammatiken (im folgenden kurz mit AG bezeichnet)
formal definiert werden, hier eine kurze informelle Vorstellung:

AG können als Erweiterung von kontextfreien Grammatiken $G = (N,T,P,Z)$ angesehen
werden. Jedem $X \in V = N \cup T$ wird eine Menge $A(X)$ von Attributen zugeordnet.
Jedes Attribut $X.a \in A(X)$ spezifiziert eine spezielle (kontextsensitive)
Eigenschaft von $X \in V$ und kann Werte X_a aus einen vorgegebenen Wertebereich
annehmen. An jedem Knoten X des Strukturbaumes nehmen die Attribute einen
bestimmten Wert X_a an. Die Werte werden durch Attributierungsregeln

$$X_k\_a \leftarrow f(X_1\_a_1, \ \ldots \ , X_t\_a_t)$$

bestimmt, die den Produktionen $p: X_0 \rightarrow X_1 \ldots X_{n_p} \in P$ zugeordnet sind.

Kontextbedingungen sind boolsche Funktionen mit Attributwerten als Argumente.
Hat eine Kontextbedingung den Wert FALSE, so ist das zu analysierende Programm
an dieser Stelle semantisch inkorrekt.

Anhand eines kleinen Beispiels mögen diese Begriffe erläutert werden:

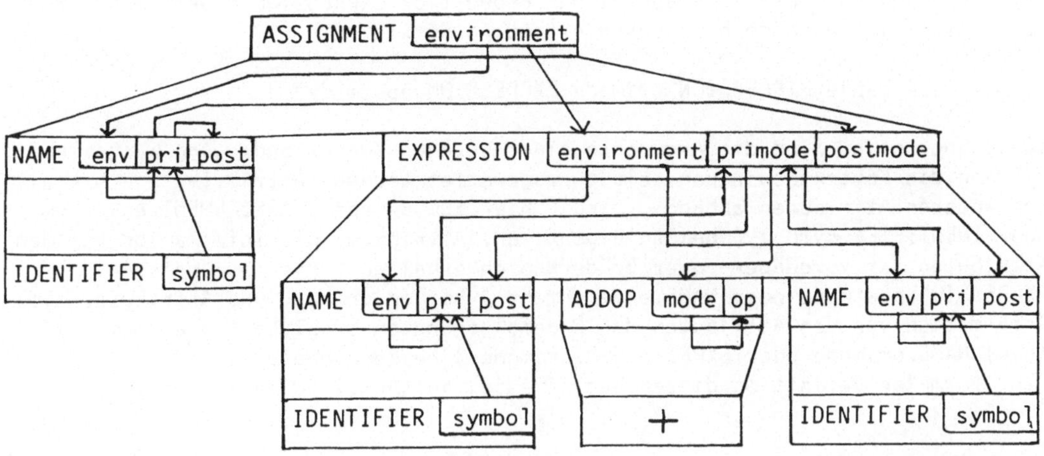

Strukturbaum mit allen aus den Attributierungsregeln gebildeten Abhängigkeiten

Den Nichtterminalen EXPRESSION, NAME, ASSIGNMENT, ADDOP und dem Terminalen IDENTIFIER sind hier folgende Attribute zugeordnet:

EXPRESSION   enrironment, primode, postmode
NAME   environment, primode, postmode
ASSIGNMENT   environment
IDENTIFIER   symbol
ADDOP   mode, operation

Der Produktion EXPRESSION → NAME ADDOP NAME sind hier z.B. folgende Attributierungsregeln zugeordnet (Die Indices dienen der Unterscheidung der beiden Nichtterminale NAME).

NAME[1]_environment ← EXPRESSION_environment

NAME[3]_environment ← EXPRESSION_environment

EXPRESSION_primode ← IF coercible(NAME[1]_primode,inttype) AND
                coercible(NAME[3]_primode,inttype)
             THEN inttype ELSE realtype FI

ADDOP_mode   ← EXPRESSION_primode

NAME[1]_postmode   ← EXPRESSION_primode

NAME[3]_postmode   ← EXPRESSION_primode

Die sich aus den Attributierungsregeln ergebenden Abhängigkeiten der Attribute
untereinander sind in den obigen Strukturbaum eingezeichnet. Die Abhängigkeiten
ergeben einen gerichteten Graphen. Der Produktion EXPRESSION → NAME ADDOP NAME
kann zusätzlich auch noch eine Kontextbedingung wie

$$coercible(EXPRESSION\_primode, EXPRESSION\_postmode)$$

zugeordnet sein. Sind die Argumente einer solchen Kontextbedingung ausgewertet,
so kann die Kontextbedingung selbst ausgewertet werden. Attribute, die niemals
von anderen Attributen abhängig sind (hier zum Beispiel ASSIGNMENT.environment
oder IDENTIFIER.symbol) heißen eigentlich, Attribute, die Information von den
Attributen der Vorgänger- oder Brüderknoten erhalten (hier zum Beispiel
EXPRESSION.postmode oder NAME.environment) heißen ererbt, und Attribute, die
Information von den Attributen der Nachfolgerknoten erhalten (hier zum Beispiel NAME.primode oder EXPRESSIOIN.primode) heißen abgeleitet.
(Zur formalen Definition dieser Begriffe sei auf Abs.1.3. verwiesen).

1.3. Attributierte Grammatik

Nach zwei einleitenden Abschnitten folgt jetzt die grundlegende Definition
einer Attributierten Grammatik (AG):

Definition (Attributierte Grammatik)

Das Viertupel AG = (G,A,R,B) heißt Attributierte Grammatik mit

- G = (T,N,P,Z) reduzierte kontextfreie Grammatik mit Produktionen
  $$p: X_0 → X_1...X_{n_p} \quad (n>0) \text{ und } V = T \cup N \text{ als vokabular,}$$

  wobei das Startsymbol Z auf keiner rechten Seite einer
  Produktion $p \in P$ vorkommt. Mehrfaches Auftreten eines $X \in V$
  in einer Produktion werde durch den Index und im Beispiel
  durch ergänzende Indizes [1], [2] , ... unterschieden

- $A = \bigcup_{X \in V} A(X)$ endliche Menge von Attributen
  mit A(X) als endlicher Menge aller Attribute von X
  und ($A(X) \cap A(Y) \neq \{ \} \Rightarrow X = Y$)

  Jedes $a \in A(X)$ ist ein Korrespondenz

  $$a = \{ (X,w) \mid w \in W(a) \text{ Wertebereich von } a \in A \}$$

und somit ist jedes $a \in A$ auch ein Korrespondenz

$$a \subseteq \{ (X,w) \mid X \subseteq V, w \in W(a) \} \subseteq V \times W(a)$$ auffaßbar.

Die Menge der Attributpositionen $AO(p)$ für eine

Produktion $p: X_0 \to X_1 \ldots X_{n_p}$ sei $AO(p) = \bigcup_{k=0}^{n_p} \bigcup_{a \in A(X_k)} a$

- $R = \bigcup_{p \in P} R(p)$ endliche Menge von Attributierungsregeln mit

$$R(p) = \{ f^p: W(a_1) \times \ldots \times W(a_t) \to W(a) \text{ partiell definiert } \mid$$
$$t = t(p,a) \geq 0, \ a \in AO(p), \ a_i = a_i(p,a) \in AO(p) \text{ für } i=1, \ldots, t \}$$

d.h. für jede Produktion $p \in P$ können mehrere Attributierungsregeln definiert sein.

- $B = \bigcup_{p \in P} B(p)$ endliche Menge von Kontextbedingungen mit

$$B(p) = \{ b^p: W(a_1) \times \ldots \times W(a_t) \to B \text{ partiell definiert } \mid$$
$$t = t(p) \geq 0 \text{ und } a_i = a_i(p) \in AO(p) \text{ für } i=1, \ldots, t \}$$

wobei gilt:

(*) Für jeden Knoten X eines Strukturbaumes ist für jedes $a \in A(X)$ höchstens
eine Attributierungsregel anwendbar.

Hinweis

Die Forderung (*) ermöglicht die Festlegung einer Attributierungsstrategie,
da Attribute eines Knotens ihre Werte in eindeutiger Weise erhalten.

Bemerkungen

- Eine Attributierungsregel ist somit eine Abbildung aus der Wertemenge
gewisser Attribute in die Wertemenge eines gewissen Attributes a.
Dieses kann sowohl dem Nonterminalen der linken Seite der Regel als auch
einem Symbol der rechten Seite zugeordnet sein.

- Für eine Regel $f^p: W(a_1) \times \ldots \times W(a_t) \to W(a)$ zu $p: X_0 \to X_1 \ldots X_{n_p} \in P$

schreibt man auch vereinfachend:

$$X_k{-}a \leftarrow f^p_{(a,k)}(X_{j_1}{-}a_1, \ldots, X_{j_t}{-}a_t) \qquad k, j_1, \ldots, j_t \in \{0, \ldots, n_p\}$$

Dabei meint im folgenden X_j_a ein Element des Wertebereichs $W(a)$ der Korrespondenz a mit erster Komponente $X_j \in V$, so daß die für $W(a)$ gegebenen Operationen auch für X_j_a erklärt sind. Das entsprechende Attribut

$$a = \{ (X_j,w) \mid w \in W(a) \} \in A(X_j)$$

selbst wird nun im folgenden zur der Vereinfachun der Darstellung in Analogie mit $X_j.a$ bezeichnet, so daß man die Attributmengen meist vereinfacht als

$$A = \{ X.a \mid X \in V \} \text{ b.z.w. } A(X) = \{ X.a \mid X \text{ fest} \} \quad \text{auffaßt.}$$

- Es ist die Aufgabe des Compilerbauers, eine Attributierte Grammatik zu finden, die eine geeignete Attributierung erlaubt. Eine wichtige Bedingung ist dabei, daß die Attributierungsregel erst ausgewertet werden kann, nachdem alle Argumente ausgewertet wurden.

Die Kontextbedingungen werden in der weiteren Arbeit meist nicht betrachtet, da sie für die Attributierungsverfahren ohne Belang sind.

Beispiel (Regeln für Gültigkeitsbereiche)

p_1: PROGRAM → BLOCK   BLOCK_used ← <>

p_2: BLOCK → DECLLIST STATLIST   DECLLIST_original ← BLOCK_global
                                     STATLIST_defined ← DECLLIST_updated

p_3: DECLLIST → DECLLST IDDECL   DECLLIST[1]_original ← DECLLIST[0]_original
                                     DECLLIST[0]_updated ←
                                        concat(DECLLIST[1]_updated,IDDECL_name)

p_4: DECLLIST → IDDECL   DECLLIST_updated ←
                                        concat(DECLLIST_updated,IDDECL_name)

p_5: STATLIST → STATLIST STATEMENT   STATLIST[1]_defined ← STATLIST[0]_defined
                                       STATEMENT_defined ← STATLIST[0]_defined

p_6: STATLIST → STATEMENT   STATEMENT_defined ← STATLIST_defined

p_7: STATEMENT → NAME   NAME_defined ← STATEMENT_defined

p_8: STATEMENT → BEGIN BLOCK END   BLOCK_global ← STATEMENT_defined

Man beachte

- alle obigen Attribute stellen Listen von Namen von zu deklarierenden
  Variablen dar, dabei wird mit der leeren Liste <> initialisiert und die
  Listen werden mit der Konkatenation concat verlängert.

- in der angegebenen AG werden als Terminale angesehen.
  BEGIN, IDDECL, NAME, END

Es folgt zur Veranschaulichung ein einfacher Strukturbaum:

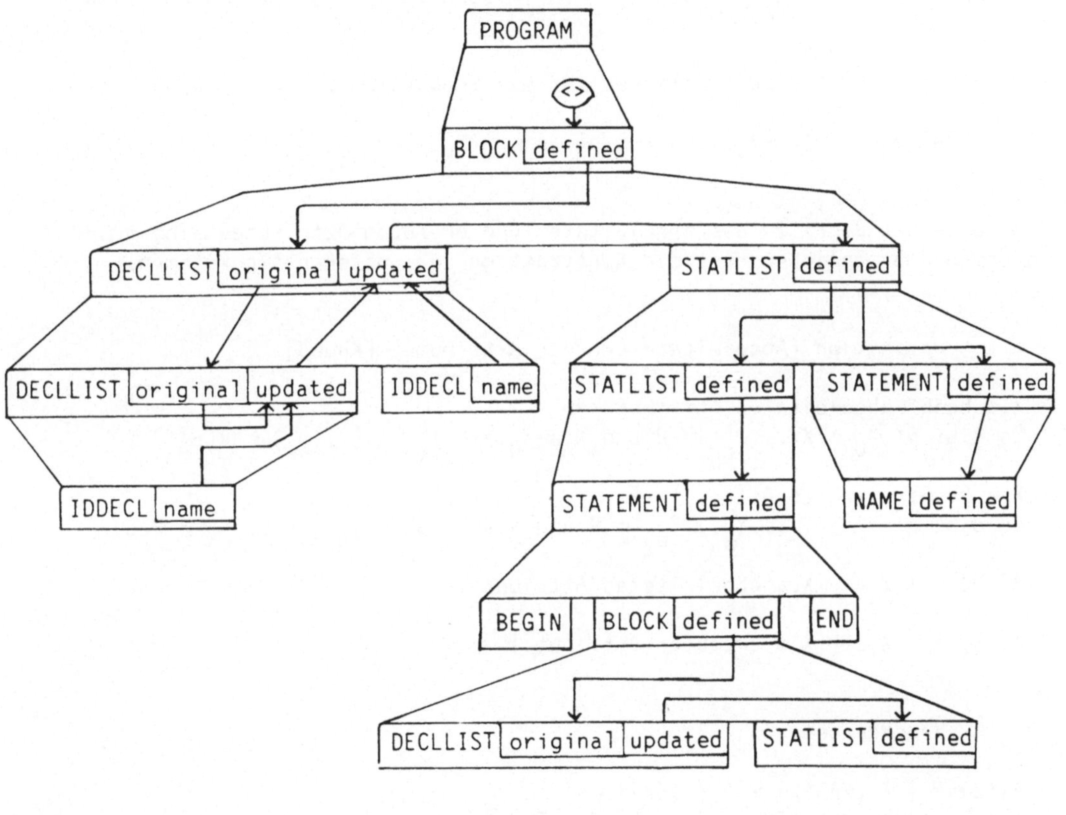

Bemerkung (Attributexemplar)

Sei $X' \in V$, X ein Knoten des Strukturbaumes t markiert mit $X' \in V$, so kann ein
Attribut $X'.a \in A(X')$ auch als dem Knoten X des Strukturbaumes zugeordnet betrachtet werden. Es wird dann mit $X.a$ bezeichnet und Attributexemplar genannt.

Die Unterscheidung zwischen dem Attribut X.a (eines Symbol $X \in V$) und
einem Attributexemplare X.a (eines Knotens X des Strukturbaumes) ist für
formale Aussagen natürlich erforderlich. Wo jedoch aus dem Kontext klar ist,
was mit X gemeint ist, werden sowohl Attribute als auch Attributexemplare
als X.a notiert und in beiden Fällen vereinfachend vom Attribut X.a gesprochen.
Diese Vereinfachung verbessert hin und wieder die Lesbarkeit von Algorithmen
und Beispielen.

Definition (Attributposition)

- Sei $p: X_0 \rightarrow X_1 \ldots X_{n_p} \in P$ und $a \in A(X_k)$, so heißt (a,k) Attributposition

- Die Menge der Attributpositionen für ein Produktion $p \in P$ ist dann

$$AO(p) = \{ (a,k) \mid 0 \le k \le n_p, \, a \in A(X_k) \}$$

Die folgenden Begriffe des abgeleiteten und ererbten Attributes sind grundlegend und ermöglichen erst die Konstruktion der späteren Algorithmen.

Definition (Abgeleitete/Ererbte Attribute) [Knu68]

- X.a heißt abgeleitetes Attribut $\Leftrightarrow$
  Es gibt $p: X_0 \rightarrow X_1 \ldots X_{n_p} \in P$ und $X.a = X_0.a \leftarrow f^p_{(a,0)}(\ldots) \in R(p)$

- X.a heißt ererbtes Attribut $\Leftrightarrow$
  Es gibt $q: Y_0 \rightarrow Y_1 \ldots Y_j \ldots Y_{n_q} \in P$ und $X.a = Y_j.a \leftarrow f^q_{(a,j)}(\ldots) \in R(q)$

- $AS(X) = \{ X.a \mid X.a \text{ abgeleitetes Attribut } \}$

  $AI(X) = \{ X.a \mid X.a \text{ ererbtes Attribut } \}$

Bemerkungen

- $AI(Z) = \{ \}$, $AS(X) = \{ \}$ für $X \in T$
  teils wird auch $AI(X) = \{ \}$ für $X \in T$ gefordert.

- Sei X.a ein Attribut, für das die Werte X_a zu Beginn der Attributierung
  bekannt sind, so nennt man X.a ein eigentliches Attribut (z.B. Werte von
  Konstanten, die von der lexikalischen Analyse bestimmt werden).

Definition (Definierende/Benutzte Attributpositionen) [Räi79] [Kas80]

Für p: $X_0 \rightarrow X_1 \ldots X_{n_p} \in P$ ist

$DO(p) = \{ (a,0) \mid a \in AS(X) \} \cup \{ (a,k) \mid a \in AI(X_k), 1 \le k \le n_p \}$

die Menge der definierenden Attributpositionen

$UO(p) = AO(p) - DO(p)$

$= \{ (a,0) \mid a \in AI(X) \} \cup \{ (a,k) \mid a \in AS(X_k), 1 \le k \le n_p \}$

die Menge der benutzten Attributpositionen

Definition (Normalform) [Boc76]

Eine Attributierte Grammatik ist in Normalform $\Leftrightarrow$

Für alle Produktionen p: $X_0 \rightarrow X_1 \ldots X_{n_p} \in P$ und alle $f^p \in R(p)$ sind

als Argumente erlaubt alle Werte aus $\{ X_k\_a \mid (a,k) \in UO(p) \}$

Bemerkungen

- Ist $X_j\_a \leftarrow f^p_{(a,j)}(\ldots,X_0\_b,\ldots)$ mit $X_0.b \in AS(X_0)$ und $j \in \{0,\ldots,n_p\}$ gegeben,

  so existiert eine Regel q: $X_0\_b \leftarrow f^q_{(b,0)}(\ldots,X_0\_c,\ldots)$ mit $i \in \{1,\ldots,n_q\}$, und

  die Regel $f^p_{(a,j)}$ kann durch eine $f'^p_{(a,j)}$ gemäß $X_j\_a \leftarrow f'^p_{(a,j)}(\ldots,X_0\_c,\ldots)$

  ersetzt werden, womit die der Normalform widersprechende Regel entfernt ist.

- Ist $X_j\_a \leftarrow f^p_{(a,j)}(\ldots,X_0\_b,\ldots)$ mit $X_0.b \in AI(X_k)$ und $j \in \{0,\ldots,n_p\}$ gegeben,

  so existiert eine Regel q: $X_k\_b \leftarrow f^q_{(b,k)}(\ldots,X_0\_c,\ldots)$ mit $i \in \{1,\ldots,n_q\}$, und

  die Regel $f^p_{(a,j)}$ kann durch eine $f'^p_{(a,j)}$ gemäß $X_j\_a \leftarrow f'^p_{(a,j)}(\ldots,X_k\_c,\ldots)$

  ersetzt werden, womit die der Normalform widersprechende Regel entfernt ist.

Der hier angedeutete Prozeß kann solange fortgesetzt werden, bis allee
Attributierungsregeln so umgewandelt wurden, daß die AG in Normalform ist.
Die Normalform stellt somit keine wesentliche Einschränkung der allgemeinen
Definition der AG dar.

Beispiel (Binäre Zahlendarstellung) [Knu68]

$G = (\{0,1,.\}, \{B,L,N\}, P, Z)$ reduzierte CFG

p_1: B → 0   B_v ← 0

p_2: B → 0   B_v ← 2^{B_s}

p_3: L → B   L_v ← B_v ; B_s ← L_s ; L_l ← 1

p_4: L → L B   L[0]_v ← L[1]_v + B_v ; L[0]_l ← L[1]_l + 1
                     L[1]_s ← L[0]_s + i ; B_s ← L[0]_s

p_5: Z → L . L   Z_v ← L[1]_v + L[3]_v ; L[1]_s ← 0 ; L[3]_s ← - L[3]_l

p_6: B → 0   Z_v ← L_v ; L_s ← 0

mit den Wertebereichen W(v) = REAL, W(s) =INTEGER, W(1) = INTEGER

Es sind AS(B) = {B.v}, AS(L) = {L.v,L.l}, AS(Z) = {Z.v}   abgeleitete Attribute
      AI(B) = {B.s}, AI(L) = {L.s},   AI(Z) = { }   ererbte Attribute
      AI(X) = AS(X) = { } für terminale Symbole X ε {0,1,.}

Diese Attributierte Grammatik
ist in Normalform.

Strukturbaum und

Attributabhängigkeitsgraph

für Z $\overset{*}{\to}$ 0 1

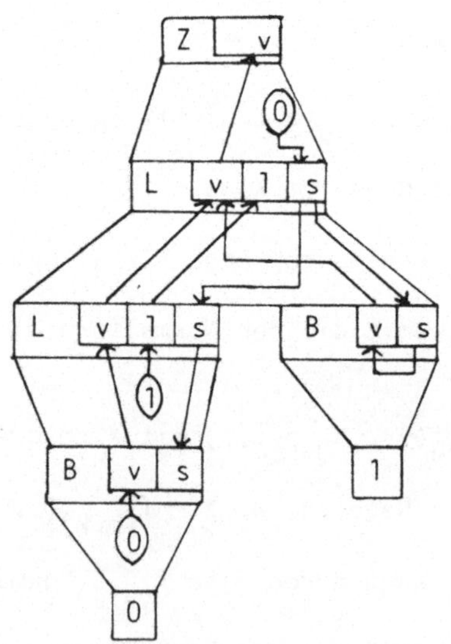

Satz [Tie80]

a) Für alle X ε V sind AS(X) und AI(X) disjunkt.

b) Für alle p ε P und alle X.a ε A(X)
    existiert höchstens eine Regel X_a ← f^p(...) in R(p)

Beweis:

a) Für die Fälle $X_0 = Z$ oder $X_0 \in T$ ist $AI(X_0) = \{ \}$ bzw. $AS(X_0) = \{ \}$

somit stets $AS(X_0) \cap AI(X_0) = \{ \}$

Sei also $X_0 \neq Z$ und $X_0 \notin T$:

Annahme: $AS(X_0) \cap AI(X_0) \neq \{ \}$

$\Rightarrow$ es existiert ein Attribut $X_0 \in AS(X_0) \cap AI(X_0)$

Sei $Z \to \sigma_1 Y_0 \sigma_2 \overset{q}{\to} \sigma_1 Y_1 \ldots \underset{=Y_j}{X_0} \ldots Y_{n_q} \sigma_2 \overset{p}{\to} \sigma_1 Y_1 \ldots X_1 \ldots X_{n_p} \ldots Y_{n_q} \sigma_2 \overset{*}{\to} w \in L(G)$

die entsprechende Ableitung der kontextfreien Grammatik, dann existieren

Regeln $X_0\_a \leftarrow f^q(\ldots) \in R(q)$ und $X_0\_a \leftarrow f^p(\ldots) \in R(p)$, wodurch für

den Knoten $X_0 = Y_j$ die Forderung (*) der Definition einer AG verletzt ist.

b) direkt aus der Forderung (*) der Definition einer AG

Satz [WaG84]

Die Forderung a) AND b) (des obigen Satzes) ist äquivalent
zur Forderung (*) der Definition einer AG

Beweis:
Wie obiger Beweis zeigt, ergeben sich a) und b) direkt aus der Definition
einer AG unter Verwendung von (*)

– Jeder Knoten $X \in V$ des Strukturbaumes ist unter Anwendung von maximal zwei

Produktionen entstanden, wie z.B. $Y_0 \overset{q}{\to} \sigma_1 X_0 \sigma_2 \overset{p}{\to} \sigma_1 X_1 \ldots X_{n_p} \sigma_2$

Nach a) ist ein zu betrachtendes beliebiges Attributexemplar $X_0.a$
entweder abgeleitet oder ererbt:

$X_0.a \in AI(X_0)$: d.h. $X_0\_a \leftarrow f^q(\ldots) \in R(q)$, für $X_0.a$ existiert nach b)

höchstens eine Regel in $R(q)$; nur diese ist anwendbar.

$X_0.a \in AS(X_0)$: d.h. $X_0\_a \leftarrow f^p(\ldots) \in R(p)$, für $X_0.a$ existiert nach b)

höchstens eine Regel in $R(p)$; nur diese ist anwendbar.

Somit ist für jedes Attributexemplar eines jeden Knotens des Strukturbaumes höchstens eine Attributierungsregel anwendbar.

Für die Fälle $X_0 = Z$ oder $X_0 \in T$ ist stets X_0 unter Anwendung nur einer Produktion entstanden. Somit entfällt bei

$X_0 = Z$ der Fall $X_0.a \in AI(X_0)$ wegen $AI(X_0) = \{\ \}$

$X_0 \in T$ der Fall $X_0.a \in AS(X_0)$ wegen $AS(X_0) = \{\ \}$

Damit folgt aus a) AND b) stets (*) q.e.d.

1.4. Attributabhängigkeiten

Im folgenden wird der Begriff Attributabhängigkeit untersucht und geeignete Graphen bzw. Relationen formal definiert. Diese Begriffsbildungen sind grundlegend für alle weiteren Untersuchungen und bestimmen die Attributierungsstrategien der nachfolgenden Abschnitte.

Definition (Direkte Attributabhängigkeiten)

- Für eine Attributierungsregel ist

$$D^p_{(a,k)} = \{\ (X_{i\_}b, X_{k\_}a)\ |\ X_{k\_}a \leftarrow f^p_{(a,k)}(\ldots, X_{i\_}b, \ldots)\ \}$$

die Abhängigkeitsrelation der Attributierungsregel $f^p_{(a,k)}$

Schreibweise: $X_{i\_}b \rightarrow X_{k\_}a \in D^p_{(a,k)}$

- Für $p: X_0 \rightarrow X_1 \ldots X_k \ldots X_{n_p} \in P$ ist

$$DDP(p) = \{\ (X_{i\_}b, X_{k\_}a)\ |\ X_{k\_}a \leftarrow f^p_{(a,k)}(\ldots, X_{i\_}b, \ldots)\ \text{für ein}\ f^p_{(a,k)} \in R(p)\ \}$$

$$= \bigcup D^p_{(a,k)} \subseteq AO(p) \times AO(p)$$

die Abhängigkeitsrelation der direkten Attributabhängigkeiten.

- (AO(p), DDP(p)) heißt der Graph der direkten Attributabhängigkeiten der Produkkktion $p \in P$

- AG = (G,A,R,B) heißt lokal azyklisch <=>
  Für alle $p \in P$ sind die aus DDP(p) konstruierten Graphen azyklisch.

Folgender Algorithmus bestimmt die direkten Attributabhängigkeiten:

Algorithmus (Berechnung von $DDP(p)^+$ [Kas80]

Eingabe: $AG = (G,A,R,B)$

Ausgabe: Transitive Hülle $DDP(p)^+$ für alle $p \in P$

1) FOR jede Produktion $p \in P$ DO $DDP(p)^+ := DDP(p)$ OD ;

2) FOR alle $f^p_{(a,k)} \in R(p)$ mit $X_{k\_}a \leftarrow f^p_{(a,k)}$ $(\ldots,X_{i\_}b,\ldots)$
   DO
3)   FOR jedes Argument $X_{i\_}b$ von $f^p_{(a,k)}$
      DO
4)   IF $X_{i\_}b \rightarrow X_{k\_}a \notin DDP(p)^+$
        THEN
5)   ergänze $X_{i\_}b \rightarrow X_{k\_}a$ zu $DDP(p)^+$
      FI
    OD
  OD ;

Der Algorithmus hat die Komplexität $O(\,|P| * |D|^4\,)$, wobei

$|P|$ die Anzahl der Produktionen von G und

$|D| = \max \{\, n_p+1 \mid p \in P \,\} * \max \{\, |A(X)| \mid X \in V \,\}$ die maximale Anzahl

der Knoten im Attributabhängigkeitsgraphen der Produktion $p \in P$ ist.

Begründung:
Für eine Produktion $p \in P$ hat $DDP(p)^+$ weniger als $|D|^2$ Knoten, und das
Hinzufügen einer Kante ist in $O(\,|D|^2\,)$ Schritten zu bewerkstelligen.

Sicherlich ist die Berechnung einer transitiven Hülle in kubischer Zeit
über Adjazenzmatrizen möglich. Bei umfangreichen Programmiersprachen wie z.B.
ADA ist jedoch $|D|$ relativ klein, während $|P|$ recht große Werte annimmt.
Daher gewinnt obiges Verfahren in Zusammenhang bei den in Abs.2. untersuchten
Attributierten Grammatiken besondere Bedeutung (vgl. insb. Abs.2.7.).

Definition (lokal azyklisch)

Eine Attributierte Grammatik heißt lokal azyklisch <=>
    Für alle $p \in P$ ist die transitive Hülle $DDP(p)^+$ irreflexiv.
    (d.h. die zugehörigen Graphen sind zyklenfrei)

Definition (Attributabhängigkeitsrelation)

Ist t der Strukturbaum von w $\in$ L(G), der unter Anwendung von Produktionen $P_0 \subseteq P$ aufgebaut wurde, wobei hier alle Knoten $X_i, X_j, \ldots$ des Strukturbaumes t als verschieden angesehen werden, obwohl X_i und X_j dasselbe Nonterminal sein kann, so ist

$$DT(t) = \{ X_i.b \rightarrow X_j.a \in DDP(p) \mid X_i.b, X_j.a \text{ Attributexemplare}, p \in P_0 \}$$

die Attributabhängigkeitsrelation über dem Strukturbaum t.

Der zu dieser Relation gehörige Graph heißt Attributabhängigkeitsgraph über dem Strukturbaum t.

1.5. Einsatz bei der Entwicklung von Compiler-Compilern

Ein Compiler-erzeugendes System (auch Compiler-Compiler genannt), das Attributierte Grammatiken zur semantischen Analyse verwendet, hat im wesentlichen folgende Struktur (Transformations- und Optimierungsphasen sind hier weggelassen):

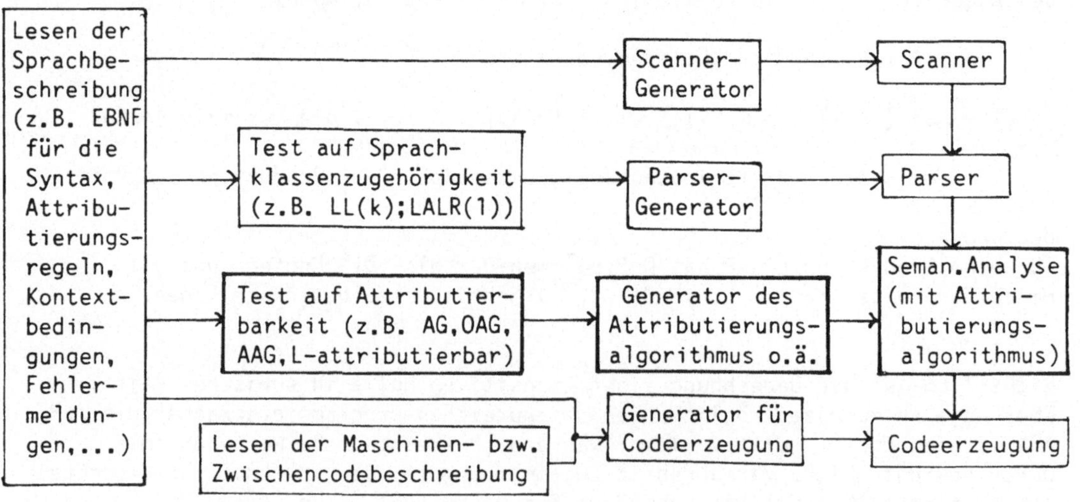

In Abs.2. werden Algorithmen dargestellt, die in den stark umrandeten Komponenten eines Compiler-Compilers Verwendung finden. In Abs.3. werden einige Compiler-erzeugende Systeme, die Attributierungen verwenden vorgestellt, wobei Teile (z.B. Scanner, Parser, Codeerzeugung), die für die Attributierung ohne Belang sind, vernachlässigt werden.

1.6. Historische und bibliographische Anmerkungen

Attributierte Grammatiken wurden erstmals von Knuth zur Darstellung der
Semantik von Programmiersprachen vorgestellt (vgl. [Knuth68]). Knuth definiert
Attribute als Funktion a: V $\rightarrow$ W(a) , viele andere Autoren, insbesondere
diejenigen, die an der Entwicklung praktikabler Algorithmen interessiert
waren, sehen A als beliebige endliche Menge an (z.B. [WaG84], [Boc76], [RäU81]
oder [Kas80]). Der Versuch, Attribute als Korrespondenz zu begreifen, ist
hier neu. Erste algebraische Definitionen von AG stammen von [ChM78] und
[ChM79] und beruhen auf Arbeiten des IBM Watson Research Center. Das Problem
der Zyklenfreiheit wird bereits bei [Knu68] dargestellt, über die
exponentielle Zeitkomplexität schreibt erstmals [JOR75].

Ein erstes Attributierungsverfahren wird von Fang vorgestellt (vgl. [Fang72]),
Die ersten passorientierten Algorithmen stammen aus den Jahren 1973 und 1974;
Bochmann und Ganzinger behandeln unabhängig voneinander Multi-Pass-L-attributierte Grammatiken (vgl. [Boc76] und [Gan74]) und die zugehörigen Algorithmen
(vgl. Abs.2.4.). Dabei wurden die Algorithmen von Bochmann die Grundlage aller
weiteren Untersuchungen. Jayayeri führt Alternierende AG (vgl.Abs.2.5.) ein
(vgl. [JaW75] und [JaP78]), eine Technik, die mit den Ergebnissen von Räihä
einen gewissen Abschluß erreicht (vgl. [RäU79] und [RäU81]). Diese Algorithmen
finden in HLP78 ihre Anwendung (vgl. Abs.3.3.). Die Systematik der einfachen
und Reinen Multi-Pass/Sweep/Visit-AG wurde mit [Alb81], [EnF81], [EFl81] und
[EnF82] gefunden (vgl. Abs.2.5.,Abs.2.6. und Abs.2.13.).

Die Absolut Zyklenfreien AG untersuchten Kennedy/Warren (vgl. [KeW76]); die
Beschränkungen gegenüber wohldefinierten AG sind nur insoweit gegeben, als es
sich als notwendig erweist, um die Komplexität der Algorithmen polynomial zu
halten. Trotzdem wurden diese Algorithmen wegen des nach wie vor enormen
Aufwands bisher kaum implementiert. Leichter zu implementieren, aber trotzdem
für komplexe Programmiersprachen wie ADA oder PEARL ausreichend, sind die
Geordneten AG von Kastens (vgl.[Kas80]). Mit den dort entwickelten Algorithmen
ist der bekannte Compiler Generator GAG (vgl. Abs.3.1 und Abs.3.2.) konstruiert.
Inzwischen scheint in der Konstruktion neuer Algorithmen ein gewisser Abschluß
erreicht ʒu sein. Unfertig scheint dagegen die algebraische Grundlegung zu
sein.

In die Lehrbuch-Literatur haben AG und Attributierungen bisher nur wenig
Eingang gefunden; außerdem fehlt bisher noch eine allgemein anerkannte
Notation, wohl auch ein Grund für die verwirrende Vielfalt der Begriffs-
bildungen. Ein paar Ausnahmen von Lehrbüchern, in denen AG oder
Attributierungen behandelt werden, seien im folgenden aufgezählt:

- Zuerst wurden Attribute an einigen (teils unglücklich) gewählten Beispielen
  in [LRS76] behandelt. Auf etwa 75 Seiten findet sich keine exakte Definition
  und kein ausführbarer Algorithmus. Hin und wieder wird auf [Knu68] und
  [LRS74] verwiesen.

- Attributierungen von Strukturbäumen, insbesondere die passorientierte
  Attributierung, wird in [Zim82] behandelt. Eine AG wird aber nicht definiert.

- [RMD83] bespricht AG in einem Lehrbuch über Formale Semantik in einem
  eigenen Kapitel, allerdings nur die grundlegenden Ergebnisse und nicht die
  Vielfalt der Attributierungsalgorithmen.

- Überblicksartig und in der in einem Lehrbuch nur erforderlichen Kürze werden
  AG bei [WaG84] behandelt. Leider fehlen wichtige bekannte Algorithmen.

- Aufgenommen sind die AG nun auch in das Standardwerk über Compilerbau [ASU85],
  noch nicht behandelt werden sie jedoch im älteren Werk [AhU77].

- Die wohl beste Zusammenstellung von Arbeiten über AG findet sich in
  Lorho(ed.): Methods and Tools in Compiler Construction. Die Arbeiten
  [Cou84], [Eng84], [Jou84], [Kas84] und [Räi84] sind allesamt lesenswert.

- Sehr zu empfehlen ist auch [ReM85]. Zum ersten Mal wird in einem Lehrbuch
  eine gut lesbare, sehr ausführliche Beschreibung eines Compiler-Compiler
  vorgestellt. Einer Darstellung der wesentlichen Algorithmen folgt ein
  Vergleich verschiedener Compiler-Compiler. Im weiteren wird der Compiler-
  Compiler COCO im Detail erläutert. Alle wesentlichen Quellen sind vollständig
  gelistet.

Eine gute Einführung in AG ist immer noch [Wil72], auch sollten die
Überblicksartikel [Wil79], [Kat80] und [GWh78] nicht unerwähnt bleiben.
Die ausführliche Darstellung in [KeR79] für nicht passorientierte
Attributierung, erläutert anhand sehr hilfreicher Beispiele in direkt
verständlicher Weise, sollte vor [KeW76] und [CoH79] gelesen werden.
Auch die exemplarischen Erläuterungen in [Kas84] sind als einführende Lektüre
dem formalen Vorgehen aus [Kas80] vorzuziehen. [GiW77] vergleicht verschiedene
Attributierungsstrategien, ist inzwischen allerdings ein wenig veraltet.

Als Ergänzung und Vertiefung dieser Arbeit bietet sich [DJL86] an. Nach einem
kurzem Überblick über Attributierungen im ersten Teil, mit Schwerpunkt bei den
nicht passorientierten Verfahren, werden im zweiten Teil alle bekannten
Compiler-erzeugenden Systeme systematisch miteinander verglichen. Dabei sind
gegenüber dieser Arbeit wesentlich mehr Systeme berücksichtigt.

2. Attributierte Grammatiken – ein systematischer Überblick

2.1. Wohldefinierte Attributierte Grammatiken

2.1.1. Wohldefiniertheit

Die folgenden Einschränkungen der allgemeinen Definition der Attributierten Grammatik beziehen sich auf Anforderungen, die sich aus der Aufgabenstellung, Attribitierungsalgorithmen zu finden, ergeben, aber nicht formal aus der Definition der AG folgen.

Definition (Vollständigkeit)

Eine AG = (G,A,R,B) heißt vollständig $\Leftrightarrow$

    a) Für alle $X \in V$ und alle p: $X \to X_1 \ldots X_{n_p} \in P$ ist $AS(X) \subseteq AO(p)$
und
    b) Für alle $X \in V$ und alle q: $Y_0 \to Y_1 \ldots X \ldots Y_{n_q} \in P$ ist $AI(X) \subseteq AO(q)$
und
    c) Für alle $X \in V$ ist $AS(X) \cup AI(X) = A(X)$

Die Forderung c) schließt, daß Attribute, die weder ererbt noch abgeleitet sind, betrachtet werden müssen. Zusammen mit der Eigenschaft $AS(X) \cap AI(X) = \{ \}$ ist jetzt jedem Attribut X.a die Charakterisierung "ererbt" oder "abgeleitet" zuordbar, eine wesentliche Erleichterung für den Compilerbauer.

Die Forderungen a) und b) garantieren, daß alle Attribute über Attributierungsregeln auswertbar sind. Für eigentliche Attribute ist dieses eine konstante Funktion. Dies erhöht die Unabhängigkeit der Attributierungsalgorithmen von den einzelnen Attributierungsregeln.

Die folgende zur Vollständigkeit gleichwertige Begriffsbildung der Ausgewogenheit von AG wird vielfach benutzt und vereinfacht spätere Beweise.

Definition (Ausgewogenheit)

Eine AG heißt ausgewogen $\Leftrightarrow$

Für jedes Attributexemplar X.a $\in A(X)$ eines jeden Knoten X eines Strukturbaumes ist genau eine Attributierungsregel $X\_a \leftarrow f(\ldots) \in R$ anwendbar.

Satz

Eine AG ist vollständig <=> Die AG ist ausgewogen

Beweis:

"=>" Sei die AG vollständig, d.h. $\displaystyle\bigcup_{X \in V} A(X) = \underbrace{\bigcup_{X \in V}(AS(X) \cup AI(X))}_{c)} \underset{a)b)}{\subseteq} \underbrace{\bigcup_{p \in P} AO(p)}$

Für jedes Attribut X.a existiert somit mindestens eine Attributierungsregel. Nach (*) aus der Definition einer AG (vgl Abs.1.3.) existiert auch
für jedes Attribut X.a höchstens eine Attributierungsregel,
d.h. die AG ist ausgewogen.

"<=" Sei die AG ausgewogen, X.a ϵ A(X) ein Attribut und X_a $\leftarrow$ f(...) die
eindeutig bestimmte Regel zur Auswertung von X.a, so ist

im Falle p: $X \rightarrow X_1 \ldots X_{n_p} \epsilon$ P: X_a ϵ AS(X) $\subseteq$ AO(p)   d.h. a) erfüllt und

im Falle q: $Y \rightarrow Y_1 \ldots X \ldots Y_{n_q} \epsilon$ P: X_a ϵ AI(X) $\subseteq$ AO(p)   d.h. b) erfüllt.

Somit gilt auch A(X) $\subseteq$ AS(X) $\cup$ AI(X).
Da stets AS(X) $\cup$ AI(X) $\subseteq$ A(X) gilt, folgt c).

Die AG ist also vollständig.

Definition (Wohldefiniertheit) [WaG84]

Eine AG = (G,A,R,B) heißt wohldefiniert (WAG) <=>
Für jedes w ϵ L(G) kann der zugehörige Strukturbaum vollständig und eindeutig
attributiert werden.

Unter Ausnutzung der bisher definierten Begriffe ergibt sich folgende gleichwertige Charakterisierung, die sich im weiteren als hilfreich erweisen wird.

Satz

Eine AG ist wohldefiniert <=>

a) Die AG ist vollständig und

b) Für alle w ϵ L(G) hat die Abhängigkeitsrelation DT(t) des zugehörigen
   Strukturbaums t eine irreflexive Hülle.
   (d.h. der zugehörige Graph ist azyklisch)

Beweis: nach [Tie80]

"$\Leftarrow$" Aus b) folgt, daß die Attributabhängigkeitsrelation DT(t) über dem Strukturbaum t eine irreflexive partielle Ordnung ist. Diese Relation kann topologisch sortiert werden, da die Zahl der Attribute im Strukturbaum endlich ist (vgl. Alg.0.1. in [AhU72]); es ergibt sich eine lineare Ordnung der Attribute. Diese können in dieser Reihenfolge ausgewertet werden. Auf Grund der Ausgewogenheit der AG($\Leftrightarrow$ a)) existiert zu jedem Attribut genau eine Attributierungsregel, so daß der Strukturbaum vollständig attributiert werden kann.

"$\Rightarrow$" 1) Für jeden Knoten X des Strukturbaumes t ist nach (*) aus der Definition einer AG (vgl. Abs.1.3.) für jedes Attributexemplar X.a höchstens eine Attributierungsregel anwendbar.
Wäre die AG nicht ausgewogen ($\Leftrightarrow$ NOT a)), so gäbe es mindestens ein Attributexemplar X'.b eines Knotens X',das nicht auswertbar wäre. Der Strukturbaum wäre nicht vollständig attributierbar; das hieße, die AG wäre nicht wohldefiniert, im Widerspruch zur Voraussetzung.

2) Angenommen, Forderung b) wäre verletzt, aber a) erfüllt.
Dann wäre für mindestens einen Strukturbaum t der zugehörige Graph zyklisch.
Sei Œ $X_1.a_1$, ... , $X_m.a_m$ mit $X_1.a_1 \leftarrow X_2.a_2$, $X_2.a_2 \leftarrow X_3.a_3$,

... , $X_{m-1}.a_{m-1} \leftarrow X_m.a_m$, $X_m.a_m \leftarrow X_1.a_1$ dieser Zyklus.

Auf Grund der Ausgewogenheit sind für diese Attributexemplare keine weiteren Attributierungsregeln vorhanden. Somit sind die Attribute dieses Zyklus nicht eindeutig auswertbar, und die AG damit auch nicht wohldefiniert, im Widerspruch zur Vorausetzung.

Definition (Zyklenfreie AG)

Eine wohldefinierte AG heißt auch zyklenfreie AG.

Folgendes Korrollar ist jetzt trivial:

Korrollar

Eine wohldefinierte AG ist vollständig.

Für die Anwendung im Compilerbau ist noch folgende Begriffsbildung wichtig:

Definition (Korrekte Attributierung) [WaG84]

Ein $w \in L(G)$ heißt korrekt (attributiert) $\Leftrightarrow$

a) Die $AG = (G,A,R,B)$ ist wohldefiniert und

b) Alle Kontextbedingungen $b \in B$ bleiben TRUE.

d.h. die Programmquelle w ist semantisch korrekt.

Diese Begriffsbildung ermöglicht es, semantisch korrekte Programme exakt zu erfassen. Da in dieser Arbeit Kontextbedingungen nicht betrachtet werden, wird diese Idee hier nicht weiter verfolgt.

2.1.2. Zerlegbarkeit

Die Attribute aus $A(X)$ werden in disjunkte Teilmengen $A_1(X)$, $A_2(X)$, ...

zerlegt, so daß die $A_i(X)$ jweils nur ererbte oder abgeleitete Attribute

enthalten.

- Nach der Attributierung einer Teilmenge ererbter Attribute $A_i(X)$ erfolgt
  ein
  "Besuch des Nachfolgers X_ν" $\nu \in \{1,\ldots,n_p\}$, $p:X_0 \rightarrow X_1 \ldots X_{n_p} \in P$

- Nach der Attributierung einer Teilmenge abgeleiteter Attribute $A_i(X)$ erfolgt
  ein
  "Besuch des Vorgängers von X_0" $q:Y_0 \rightarrow Y_1 \ldots X_0 \ldots X_{n_q}$, $p:X_0 \rightarrow X_1 \ldots X_{n_p} \in P$

Die Attributierung beginnt an der Wurzel des Strukturbaumes und endet mit der Rückkehr zur Wurzel. Ein "Besuch des Vorgängers der Wurzel" kann naturgemäß nicht mehr ausgeführt werden.

Definition (Zerlegbarkeit) [Kas80] [Nie83] [WaG84]

- Sei für jedes $X \in V$ eine Zerlegung $A_1(X)$, ... , $A_{m_X}(X)$ der Attribut-

  menge $A(X)$ in disjunkte Teilmenge gegeben ($A_i(X)$ darf leer sein).

  Die Zerlegung heißt zulässig $\Leftrightarrow$

  Für alle $X \in V$ gilt: $A_i(X) \subseteq AS(X)$ für $i = 2,4,...,m_X$

  $$A_i(X) \subseteq AI(X) \text{für } i = 1,3,...,m_X-1$$

- Eine Wohldefinierte AG heißt Zerlegbare AG $\Leftrightarrow$
  Eine zulässige Zerlegung existiert, so daß für jeden Knoten X eines jeden
  Strukturbaums t die Attributmenge A(X) in der Reihenfolge
  $A_1(X)$, ... , $A_{m_X}(X)$ ausgewertet werden kann.

Bemerkung

Für spätere Untersuchungen sei noch folgende Sprechweise festgelegt:

Sei $p:X_0 \rightarrow X_1...X_{n_p} \in P$,

  $X_\nu.a \in A_i(X_\nu)$, $X_\nu.b \in A_j(X_\nu)$ mit $\nu \in \{0,...,n_p\}$

Eine zulässige Zerlegung $A_1(X_\nu)$, ... , $A_{m_{X_\nu}}(X_\nu)$ von $A(X_\nu)$ erfüllt DDP(p) $\Leftrightarrow$

(Ist $X_\nu.a \rightarrow X_\nu.b \in DDP(p)$, so ist $i < j$)

Beispiel

p_1: ASSIGNMENT $\rightarrow$ NAME ':=' EXPR   NAME_environment $\leftarrow$ ASSIGNMENT_environment
                                     EXPR_environment $\leftarrow$ ASSIGNMENT_environment
                                     NAME_postmode $\leftarrow$ NAME_primode
                                     EXPR_postmode $\leftarrow$ f_1(NAME_primode)

p_2: EXPR $\rightarrow$ NAME ADDOP NAME   NAME[1]_environment $\leftarrow$ EXPR_environment
                                 NAME[3]_environment $\leftarrow$ EXPR_environment
                                 ADDOP_mode $\leftarrow$ EXPR_primode
                                 NAME[1]_postmode $\leftarrow$ EXPR_primode
                                 NAME[3]_postmode $\leftarrow$ EXPR_primode
                                 EXPR_primode $\leftarrow$
                                     f_2(NAME[1]_primode,NAME[3]_primode)

p_3: ADDOP $\rightarrow$ '+'   ADDOP_operation $\leftarrow$ f_3(ADDOP_mode)

p_4: NAME $\rightarrow$ IDENTIFIER   NAME_primode $\leftarrow$ f_4(NAME_environment)

Ererbte Attribute	Abgeleitete Attribute

$A_1(EXPR) = \{EXPR.environment\}$ $A_2(EXPR) = \{EXPR.primode\}$

$A_3(EXPR) = \{EXPR.postmode\}$ $A_4(EXPR) = \{ \}$

$A_1(NAME) = \{NAME.environment\}$ $A_2(NAME) = \{NAME.primode\}$

$A_3(NAME) = \{NAME.postmode\}$ $A_4(NAME) = \{ \}$

$A_1(ADDOP) = \{ADDOP.mode\}$ $A_2(ADDOP) = \{ \}$

$A_1(ASSIGNMENT) = \{ASSIGNMENT.environment\}$ $A_2(ASSIGNMENT) = \{ \}$

Eine mögliche Attributierungsreihenfolge ist dann die folgende (vgl. Abs.1.2.):

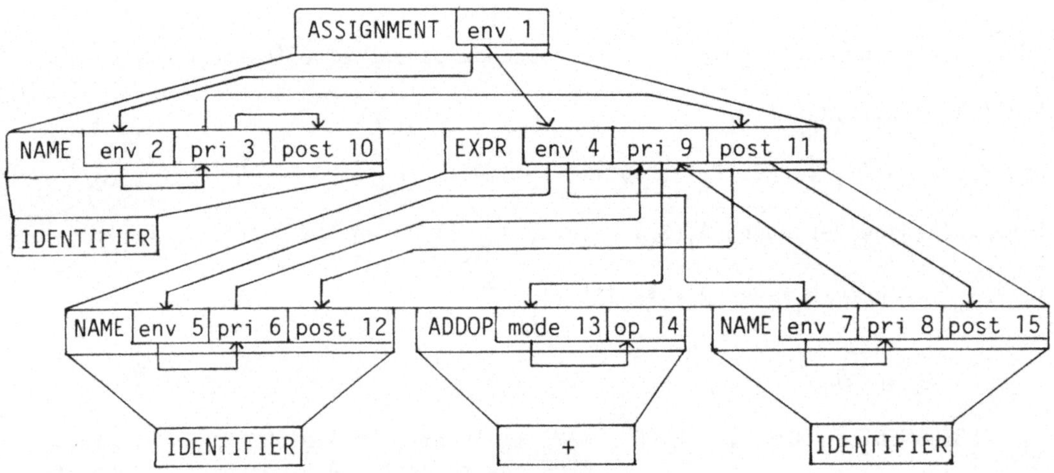

2.1.3. Problematik von Attributierungsalgorithmen

Algorithmen zur Attributierung von Strukturbäummen sind Traversierungsalgorithmen für Bäume. Die Attributierung eines Strukturbaumes besteht im wesentlichen aus einer Folge von Operationen, die einzeln von recht elementaren Typ sind:

- Ausführung einer Attributierungsregel

- Besuch eines Nachfolgers eines Knotens

- Besuch des Vorgängers eines Knotens

Diese Operationen sollten so aufeinander folgen, daß jedes Attributexemplar genau einmal ausgewertet wird und die Attributierungsreihenfolge die Attributabhängigkeiten berücksichtigt werden. Somit hängt die Attributierung nicht nur von der Struktur der kontextfrei konstruierten Bäume, sondern auch von den im konkreten Fall gegebenen Attributabhängigkeiten ab. Eine Attributierungsregel kann nur dann zur Auswertung eines Attributes ausgeführt werden, wenn alle Argumente bekannt, d.h. ausgewertet, sind. Eine vollständige und eindeutige Attributierung ist also für jede Wohldefinierte AG möglich. Es ergebe sich für jeden denkbaren Strukturbaum ein jeweils geeigneter Attributierungsalgorithmus.

Um praktikable Algorithmen zu entwickeln, werden an die AG zusätzliche Forderungen gestellt, die für eine Klasse von Attributierten Grammatiken ein bestimmtes Attributierungsverfahren festlegen. Ein Compiler-Erzeugendes System kann dann einen entsprechenden Algorithmus in den Compiler einbauen. Für viele AG-Klassen kann sogar ein fester Attributierungsalgorithmus konstuiert werden, der dann von Compiler-Compiler lediglich mit Parametern versehen werden muß. Die Struktur dieser Algorithmen ist pass-orientiert, wie bei den Multi-Pass-AG (vgl. Abs.2.4.), den Alternierenden AG (vgl. Abs.2.5.) und den Multi-Sweep-AG (vgl. Abs. 2.6.). Bei besuchs-orientierten Algorithmen werden die einzelnen Traversierungsoperationen erst zur Laufzeit des Compiler in Abhängigkeit vom zu attributierenden Strukturbaum zusammengesetzt. Beispiele sind die Multi-Visit-AG und Geordneten AG (vgl Abs.2.7.) und die Absolut zyklenfreie AG (vgl. Abs.2.9.). Komplexere Algorithmen an den an einzelnen Knoten sind für beliebige Wohldefinierte AG bei der Dynamischen Attributierung zugelassen.

Bei den meisten AG können Zyklen und andere Grammatik-Eigenschaften (z.B. die Anzahl der Pässe bei passorientierten Verfahren) bereits anhand der AG zur Generierungszeit des Compilers erkannt werden.Damit sind dann bestimmte Compilereigenschaften festgelegt. Bei der Dynamischen Attributierung werden Zyklen allerdings erst zur Laufzeit des Compilers erkannt, so daß diese Art der Attributierung eher zum Test von AG als für produzierende Compiler geeignet ist.

2.1.4. Induzierte Attributabhängigkeiten

Zur Erfassung indirekter Attributabhängigkeiten werden weitere Begriffe benötigt.

Abhängigkeiten zwischen Attributen aus AO(p) können beim Übergang zur transitiven Hülle entfernt werden, da

$$X_{i\_}a \leftarrow f^P_{(a,i)}(\ldots,X_{j\_}b,\ldots) \;,\; X_{j\_}b \leftarrow g^P_{(b,j)}(\ldots,X_{k\_}c,\ldots) \text{ gleichwertig ist}$$

$$\text{mit } X_{i\_}a \leftarrow f'^P_{(a,i)}(\ldots,X_{k\_}c,\ldots) = f^P_{(a,i)}(\ldots,g^P_{(b,j)}(\ldots,X_{k\_}c,\ldots),\ldots),$$

$$X_{j\_}b \leftarrow g^P_{(b,j)}(\ldots,X_{k\_}c,\ldots)$$

Definition (Normalisierte Attributabhängigkeiten)

Sei $p: X_0 \rightarrow X_1 \ldots X_{n_p} \in P$

Die normalisierte transitive Hülle von DDP(p) ist

$$NDDP(p) = DDP(p)^+ - \{ (X_i.a, X_j.b) \mid X_i.a,\; X_j.b \in AO(p) \},$$

und die Menge der Abhängigkeiten zwischen den Attributen eines $X_\nu \in V$ der Produktion $p \in P$ ist

$$NDDP(X_\nu) = \{ (X_\nu.a, X_\nu.b) \in DDP(p)^+ \mid \nu \in \{0,\ldots,n_p\} \}$$

Zur Erfassung von Attributabhängigkeiten zwischen Attributen einer Produktion $p \in P$ bzw. eines Symbols $X \in V$ unter Berücksichtigung der Abhängigkeiten aller Produktionen und aller Attribute werden induzierte Attributabhängigkeiten definiert.

Definition (Induzierte Attributabhängigkeiten)

- Die induzierten Attributabhängigkeiten

$$IDP(p) \subseteq AO(p) \times AO(p) \quad \text{und} \quad IDS(X) \subseteq A(X) \times A(X)$$

werden wie folgt "simultan" berechnet:

1) FOR jede Produktion $p \in P$
     DO
        IDP(p) := NDDP(p)
     OD ;
2) REPEAT
3)   FOR jedes $X \in V$
        DO
4)   IDS(X) := { $(X.a, X.b)$ | Es gibt eine $q \in P$: $(X.a, X.b) \in IDP(q)^+$ }
        OD ;
5)   FOR jede Produktion p: $X_0 \rightarrow X_1 \ldots X_{n_p} \in P$
        DO
6)   IDP(p) := IDP(p) $\cup$ IDS(X_0) $\cup \ldots \cup$ IDS(X_{n_p})
        OD
     UNTIL alle IDP(p) und alle IDS(X) bleiben stationär ;

- $IDP = (A , \bigcup_{p \in P} IDP(p))$ ist der Graph der induzierten Attributabhängigkeiten
                                              zwischen den Attributpositionen aller Produktionen

- $IDS = (A , \bigcup_{X \in V} IDS(X))$ ist der Graph der induzierten Attributabhängig-
                                              keiten zwischen den Symbolen des Vokabulars

IDP(p) und IDS(X) sind pessimistische Annahmen über mögliche Attributabhängigkeiten. Wie das folgende Beispiel zeigt, gibt es Wohldefinierte AG,
die einen Zyklus in IDS(X) vortäuschen, obwohl die AG zyklenfrei ist.

Beispiel [WaG84]

p_1: $Z \rightarrow X_1$ $X_1\_a \leftarrow 1$

p_2: $X_1 \rightarrow S_1\ X_2$ $X_1\_b \leftarrow X_2\_f$; $X_2\_c \leftarrow X_1\_a$; $X_2\_d \leftarrow X_2\_e$

p_3: $X_1 \rightarrow S_2\ X_2$ $X_1\_b \leftarrow X_2\_e$; $X_2\_c \leftarrow X_2\_f$; $X_2\_d \leftarrow X_1\_a$

p_4: $X_2 \rightarrow U_1$ $X_2\_b \leftarrow 2$; $X_2\_f \leftarrow X_2\_d$

p_5: $X_2 \rightarrow U_2$ $X_2\_e \leftarrow X_2\_c$; $X_2\_f \leftarrow 3$

$IDS(X_1) = \{\ X_1.a\ 6\ X_1.b\ \}$

$IDS(X_2) = \{\ X_2.c \rightarrow X_2.e\ ,\ X_2.e \rightarrow X_2.d\ ,\ X_2.d \rightarrow X_2.f\ ,\ X_2.f \rightarrow X_2.c\ \}$

Tatsächlich enthält jedoch keine Abhängigkeitsrelation DT(t) eines möglichen
Strukturbaumes t einen Zyklus, wie die folgende Darstellung aller möglichen
attributierten Strukturbäume zeigt (vgl. Abs.2.2.1.):

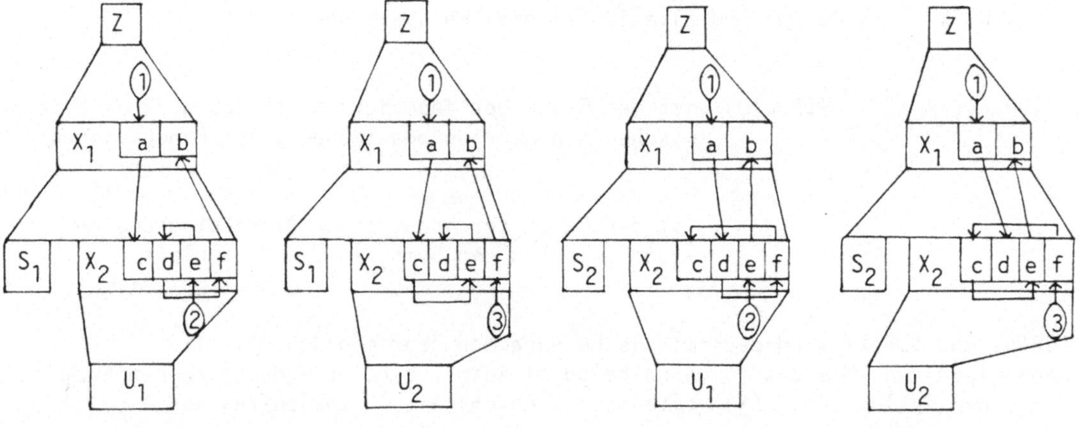

In [Kas80] wird ein Markierungsalgorithmus zur Berechnung von induzierten
Attributabhängigkeiten angegeben. Dieser Algorithmus hat eine Zeitkomplexität

$$\text{von } O(|G| * |X|^2 * |D|^2\ )$$

wobei $|G| = |P| * \max\ \{\ n_p + 1\ |\ p\ \varepsilon\ P\ \}$ die Größe der Grammatik

    $|D|$ wie in Abs. 1.4. und

    $|X| = \max\ \{\ |A(X)|\ |\ X\ \varepsilon\ V\ \}$ gewählt ist.

2.2. Zyklenfreiheit

2.2.1. Verfahren zum Test auf Zyklenfreiheit nach Knuth

Um die Wohldefiniertheit einer Attributierten Grammatik festzustellen,
ist nach Abs.2.1.1. neben der Vollständigkeit die Zyklenfreiheit der AG
zu testen. Ein manuell bewährter und in trivialen Beispielen leicht
durchzuführender Test ist folgender Zyklenfreiheitstest von Knuth.

Algorithmus (Zyklenfreiheitstest nach Knuth) [Knu68] [LoP75] [DJL84]

Bezeichnung: $DV(X) \subseteq \mathcal{P}(A(X) \times A(X))$ sei eine Menge von Attributabhängigkeiten
in Bezug zu $X \in V$

Eingabe: AG,
Attributabhängigkeitsrelation $DDP(p)$ für alle $p \in P$

Ausgabe: AG ist zyklenfrei oder nicht
für zyklenfreie AG die Mengen $DV(X)$ für alle $X \in V$

```
1) FOR jedes X ε V
      DO
        DV(X) := { }
      OD;
2) REPEAT
3)    FOR jedes X₀ ε N
         DO
4)          FOR jede Produktion p:X₀ → X₀...Xₙₚ ε P
               DO
5)             FOR jedes Tupel (d₁,....,dₙₚ) ε DV(X₁) × ... × DV(Xₙₚ)
                  DO
6)                 d := DDP(p) ∪ d₁ ∪ ... ∪ dₙ ;

7)                 berechne d⁺ ;

8)                 teste d⁺ auf Zyklenfreiheit;
                   (* z.B. mit Alg.1.14.1. aus [DöM73] oder bel. anderen Alg. *)

9)                 IF d⁺ ist nicht zyklenfrei
                      THEN
                        Angabe("AG ist nicht zyklenfrei");
                        STOP
                   FI;
```

10)   bilde $d_0 := d\big|_{A(X_0)}$ die Restriktion von d^+ auf $A(X_0)$;

11)   IF ($d_0 \notin DV(X_0)$)
                    THEN
12) $DV(X_0) := DV(X_0) \cup \{ d_0 \}$
                  FI
            OD
        OD
      OD
  UNTIL DV(X) ist für alle $X \in V$ stationär

Die Korrektheit dieses Algorithmus wird z.B. in [LoP75] gezeigt.

Beispiel

Im Beispiel der binären Zahlendarstelung (vgl. Abs.1.3.) ergibt sich:

$DDP(p_1) = \{ \}$

$DDP(p_2) = \{ B.v \leftarrow B.s \}$

$DDP(p_3) = \{ L.v \leftarrow B.v , B.s \leftarrow L.s \}$

$DDP(p_4) = \{ L[0].v \leftarrow L[1].v , L[0].v \leftarrow B.v , B.s \leftarrow L[0].s ,$
              $L[1].s \leftarrow L[0].s , L[0].1 \leftarrow L[1].1 \}$

$DDP(p_5) = \{ Z.v \leftarrow L[1].v , Z.v \leftarrow L[3].v , L[3].s \leftarrow L[3].1 \}$

$DDP(p_6) = \{ Z.v \leftarrow L.v \}$

$DV(Z) = \{ \} \quad DV(B) = \{ v.\leftarrow s \} \quad DV(L) = \{ \quad \} \quad DV(0) = DV(1) = \{ \}$

Beispiel

Im Beispiel aus Abs.2.1.4. wurde $IDS(X_2)$ zyklisch; aus folgendem folgt
jedoch die Zyklenfreiheit der AG:

$DV(Z) = DV(X_1) = DV(U_1) = DV(U_2) = \{ \}$

$DV(X_2) = \{ \quad , \quad \}$

Mit folgenden kleinen Modifikationen läßt sich der obige Algorithmus deutlich verbessern.

Definition (Überdeckung) [LoP75] [DJL84]

Sei M beliebige Menge, $B \subseteq \mathcal{P}(M \times M)$, $A \subseteq B$

A überdeckt B <=> (Für alle $R \in B-A$ existiert eine $R' \in A$: $R \subseteq R'$) AND
(Für alle $R,R' \in A$: $R \not\subseteq R'$)

Bemerkung

Im Falle einer endlichen Menge M hat jede Menge B eine endliche eindeutig bestimmte Überdeckung. Diese Überdeckung erhält man durch Entfernung aller Relationen R, zu denen eine Relation R' mit $R \subseteq R'$ existiert.
Die Überdeckung ist die Menge der bzgl. "$\subseteq$" maximalen Elemente.

Bemerkung

Der obige Algorithmus wird dadurch modifiziert, daß $DV(X_0)$ nicht mehr um jede neue Relation einzeln erweitert wird, sondern gleich um eine geeignete Überdeckung. Damit lautet dann Schritt 11):

11)   IF { d_0 } wird nicht von $DV(X_0)$ überdeckt
                THEN
12) $DV(X_0)$:= Überdeckung von $DV(X_0)$ $\cup$ {d_0}
                FI ;

Wie [DJL84] berichtet, ist der Algorithmus dann um Faktoren schneller.

Bemerkung

Der Algorithmus mit Überdeckung (in leicht veränderter Form) wurde an der U Helsinki für Attributierte Grammatiken von Programmiersprachen erprobt mit folgendem Ergennis [RäS82]:

Sprache	$|N|$	$|P|$	Attribute	maximale Kardinalität von DV(X) für $X \in V$	Prozessorzeit in sec (B 6700)
BASIC	59	127	49	2	36
EUCLID	109	230	60	2	44
SIMULA	147	283	36	3	56
PL360	60	151	49	4	47
PASCAL	138	254	72	4	114

Wesentlich exaktere Zeit- und Speicherbedarfsanalysen sind in [DJL84] zu finden.

2.2.2. Verfahren zum Test auf Zyklenfreiheit nach Jazayeri

Ein weiterer Zyklenfreiheitstest stammt von Jazayeri (vgl. [JOR75]). Dieses Verfahren besteht aus drei Teilen:

1) Aus der AG = (G,A,R,B) wird ein CFG G' konstruiert, die die Attributabhängigkeiten berücksichtigt.

2) Auf G' wird der Algorithmus zum Entfernen nutzloser Symbole aus V (Alg. 2.9. in [AhU73]) angewandt.

3) Reflexivitätstest

Verfahren zum Test auf Zyklenfreiheit nach Jazayeri [JOR75]

Eingabe: Attributierte Grammatik AG = (G,A,R,B)

Ausgabe: AG ist zyklenfrei oder nicht zyklenfrei

1) a) Sei $G = (T,N.P,Z)$ CFG

    - Bilde für alle $X \in N$ $D_X := \{ \}$

    - Für alle $p \in P$ bilde für alle betroffenen Nichtterminale
   $$D_X := D_X \cup \{ X.a \rightarrow X.b \mid X.a \rightarrow X.b \in DDP(p) \}$$

    - Bilde für alle $X \in N$ neue Nichtterminale $X' := \langle X, D_X \rangle$

   b) Bilde die CFG $G' = (T',N',P',Z')$ mit

      $T' = T$, $N' = \{ X' \mid X \in N \}$ (d.h. $V' = N' \cup T'$)

      $h: V' \rightarrow V$ gemäß $h(t) = t$ füt $t \in T$, $h(\langle X,D_X \rangle) = X$

      $Z' = \langle Z,D_Z \rangle$ als Startvariable

      $P' = \{ Y_0 \rightarrow Y_1 \ldots Y_{n_{p'}} \mid h(Y_0) \rightarrow h(Y_1) \ldots h(Y_{n_{p'}}) \in P \}$ als Produktionen

   c)   (Zulässigkeitstest)

      - $\langle X,D_X \rangle$ heiße zulässig (oder auch ableitbar) $\Longleftrightarrow$

        $D_X = \{ \}$ OR

        Für alle $(a,b) \in D_X$: für irgendeinen Strukturbaum t ist $(a,b) \in DT(t)$

      - Eine Produktion p': $Y_0 \rightarrow Y_1 \ldots Y_{n_{p'}}$ $\in P'$ zulässig $\Longleftrightarrow$

        $\langle Y_0, D_{Y_0} \rangle$ ist zulässig

      Teste alle p': $Y_0 \rightarrow Y_1 \ldots Y_{n_{p'}}$ $\in P'$auf Zulässigkeit durch Rekursion:

      Y_0 wird auf Zulässigkeit getestet, indem man Y_1 , $\ldots$, $Y_{n_{p'}}$ auf
    Zulässigkeit testet.

      d.h. $G' = (T',N',P',Z')$ ist nach Entfernen der nichtzulässigen
    (d.h. überflüssigen) Produktionen wieder eine CFG.

2) $p' \in P$ heiße nutzlos $\Longleftrightarrow$ p' wird bei keiner Ableitung $Z' \rightarrow w \in L(G)$ benutzt.

   Entferne alle nutzlosen Produktionen aus P', z.B. mit Alg. 2.9. aus [AhU73].

3) Bilde die transitive Hülle $D^+ = (\bigcup_{p' \in P} DDP(p'))^+$;

   Ist D^+ irreflexiv, so ist die AG zyklenfrei, sonst nicht zyklenfrei.

2.2.3. Zeitkomplexität des Circularity-Problems

Die Algorithmen der beiden letzten Abschnitte lösten das Circularity-Problem:

  Teste eine gegebene Attributierte Grammatik auf die Frage,
  ob alle möglichen Abhängigkeitsgraphen zyklenfrei sind.

Dieses Problem ist eines der ersten nachweislich im allgemeinen nur in
exponentieller Zeit lösbaren Probleme, das tatsächlich praktisch auftritt.
Frühere Probleme waren entweder rein theoretischer Natur (z.B. aus der formalen

Logik oder der Sprachtheorie) oder aber "nur" NP-vollständig bzw. NP-schwierig.

  Satz [JOR75] [Jaz81]

Sei A ein beliebiger Algorithmus zum Test auf Zyklenfreiheit, T(n) die Zeitkomplexität von A, n der zur Beschreibung der AG benötigte Platz, so gilt:

$$T(n) \geq O(2^{\frac{n}{\log n}})$$

Beweis: [Jaz81]

Der Beweis wird geführt durch Reduktion auf ein bekanntes exponentielles
Problem [ChS76], das Akzeptanzproblem für Alternierende Turingmaschinen.
(Schon aus Gründen des Umfangs ist dieser Beweis auch in den Originalarbeiten
  nicht voll ausgeführt; ebenso soll hier vorgegangen werden, dazu werden
  wesentliche Teile der Konstruktion an einem Beispiel erläutert. Für spätere
  Untersuchungen sind einzig die über die Zeitkomplexität gewonnen Aussagen
  von Bedeutung).

1) Die Alternierede Turingmaschine

  Eine Alternierende Turingmaschine (ATM) ist eine nichtdeterministische
  Turingmaschine mit zwei Arten von Zuständen, universellen und existen-
  tiellen Zuständen. Der Unterschied ist der folgende:

  - Existentielle Zustände führen zur Akzeptanz der Eingabe, falls mindestens
    eine der möglichen Überführungen eine akzeptierende Konfiguration ergibt
    (analog den herkömmlichen nichtdeterministischen Turingmaschinen).

  - Universelle Zustände führen zur Akzeptanz der Eingabe, falls alle
    möglichen Überführungen eine akzeptierende Konfiguration ergeben.

Formal ist die ATM ein 6-Tupel $M = (Q, \Sigma, \delta, q_0, F, U)$ mit

Q	Zustandsmenge	q_0	Anfangszustand
$F \subseteq Q$	Endzustandsmenge	Σ	Band- und Eingabealphabet
$\delta \subseteq (Q \times U) \times \mathcal{P}(Q \times \Sigma \times D)$		Überführungsfunktion mit $D = \{L, R\}$	
$U \subseteq Q$	Menge der Universellen Zustände		
$E = Q - U$	Menge der Existentiellen Zustände		

Ein Überführungsschritt wird notiert in der Form

$$\delta(q, x) = \{ (q_1, y_1, D_1) , \dots , (q_m, y_m, D_m) \}$$

mit $x, y_1, \dots, y_m \in \Sigma$, $q, q_1, \dots, q_m \in Q$, $D_1, \dots, D_m \in D$

Die Bedeutung ist wie folgt:

Wird im Zustand q vom Band $x \in \Sigma$ gelesen, so

- wird, falls $q \in E$, irgendeine der folgenden Aktionen ausgeführt:

- werden, falls $q \in U$, alle der folgenden Aktionen (simultan) ausgeführt:

Aktionen:

- Ersetze x durch y_1, bewege den Lesekopf um eine Position gemäß D_1
und ändere den Zustand von q in q_1.

....

- Ersetze x durch y_m, bewege den Lesekopf um eine Position gemäß D_m
und ändere den Zustand von q in q_m.

Ein Konfiguration von M besteht aus

Zustand, Lesekopfposition, Bandinhalt.

Ein Konfiguration ist akzeptierend, wenn eine der folgenden Bedingungen
erfüllt ist:

- der Zustand q ist Endzustand (d.h. $q \in F$)

- der Zustand q ist existentiell (d.h. $q \in E$) und
mindestens eine der Nachfolgekonfiguration ist akzeptierend.

- der Zustand q ist universell (d.h. $q \in U$) und
alle Nachfolgekonfigurationen sind akzeptierend.

Eine Eingabe $w \in S^*$ wird von M akzeptiert, wenn die Anfangskonfiguration

- Zustand q_0 , Lesekopf auf dem ersten Zeichen von w , Bandinhalt w -

akzeptierend ist.

Zur Erläuterung ein Beispiel einer ATM:

$E = \{ q_0 , q_1 , q_3 , q_4 \} \quad U = \{ q_2 , q_5 \} \quad F = \{ q_4 \} \quad \Sigma = \{ a , b \}$

$\delta(q_0,a) = \{ (q_1,R,b) , (q_2,R,b) , (q_3,R,a) \}$

$\delta(q_2,a) = \{ (q_4,L,b) , (q_4,R,b) , (q_5,R,a) \} \qquad \delta(q_5,b) = \{ (q_4,L,a) \}$

Das Wort w =aab wird, wie folgende Ableitung zeigt , akzeptiert:

$q_0\underline{a}ab \rightarrow (q_1b\underline{a}b,q_2b\underline{a}b,q_3a\underline{a}b) \rightarrow (q_1b\underline{a}b,(q_4\underline{b}bb,q_4bb\underline{b},q_5b\underline{a}b),q_3a\underline{a}b) \rightarrow (q_4\varepsilon F)$

$\rightarrow (q_1b\underline{a}b,(\text{akzeptiert},\text{akzeptiert},q_4\underline{a}aa),q_3a\underline{a}b) \rightarrow \qquad\qquad (q_4\varepsilon F)$

$\rightarrow (q_1b\underline{a}b,(\text{akzeptiert},\text{akzeptiert},\text{akzeptiert}),q_3a\underline{a}b) = \qquad\qquad (q_2\varepsilon U)$

$\rightarrow (q_1b\underline{a}b,\text{akzeptiert},q_3a\underline{a}b) \quad = \quad \text{akzeptiert}$
$\qquad\qquad\qquad (q_0\varepsilon E)$

2) Konstruktion der Reduktion

Sei eine ATM M und $w = x_1 \ldots x_n \in \Sigma^*$ gegeben.

Im folgenden wird eine AG $= (G,A,R,\{\ \})$ konstruiert, die genau dann nicht

zyklenfrei ist, wenn M das Eingabewort $w \in \Sigma^*$ akzeptiert.

(Kontextbedingungen bleiben wie bisher unberücksichtigt.)

Es sei G = (T,N,P,Z) mit T = {t} (nur einem terminalen Symbol t)
$\qquad\qquad N = \{Z\} \cup \{ \text{<q>} \mid q \in Q \}$.

Jedes Nonterminal <q> hat $(|\Sigma|+1)*(2n-1)$ Attribute.

Für jede Überführungsregel, jeden Endzustand und den Anfangszustand
wird je eine Produktion konstruiert, wie weiter unten angegeben.

Die Attribute der Nonterminale sollen die Konfiguration simulieren.

Sei $A(X)$ die Menge der Attribute eines Nonterminal $X = \langle q \rangle$.

Jede Menge $A(X)$ wird zerlegt in Fächer $C(1)$, ... , $C(j)$, ... , $C(2n-1)$.

Jedes Fach wiederum enthält $|\Sigma|+1$ Attribute
und zwar $C(j,a)$ für alle $a \in \Sigma$ als ererbte Attribute
    und $C(j,*)$ als abgeleitetes Attribut.

In einem nicht zyklenfreien Strukturbaum bedeutet die Tatsache, daß $C(j,*)$
am Zyklus beteiligt ist, gerade, daß $C(j)$ den Bandinhalt repräsentiert,
also auch ein Attribut $C(j,a)$ mit $a \in \Sigma$ am Zyklus beteiligt ist.

Für einen nichtterminalen Knoten bilden n aufeinander folgende Fächer stets
einen Block $C(p)$, ... $C(p+n-1)$ aktiver Fächer, der stets $C(n)$ enthält,
da insgesamt nur $2n-1$ Fächer gegeben sind. $C(n)$ repräsentiert dabei die
relative Lesekopfposition. Eine Lesekopfbewegung nach links bedeutet einen
"Rechts-Shift" des Blockes aktiver Fächer; dann ist $C(p+1)$ erstes aktives
Fach.

Nun werden die Produktionen und Attributierungsregeln notiert:
(Attribute von $\langle q_i \rangle$ werden mit $C_i(.,.)$ notiert)

- Sei $w = X_1 \ldots x_n$ das Eingabewort, so sei

  $Z \rightarrow \langle q_0 \rangle \in P$ mit den Attributierungsregeln

  $C_0(n,x_1) \leftarrow C_0(2n-1,*)$

  $C_0(j,x_{j-n+1}) \leftarrow C_0(j-1,*)$ für $j = n+1,\ldots,2n-1$

z.B. für $\Sigma = \{a,b\}$
w = aab
d.h. n=3 $C_0(1)$ $C_0(2)$ $C_0(3)$ $C_0(4)$ $C_0(5)$

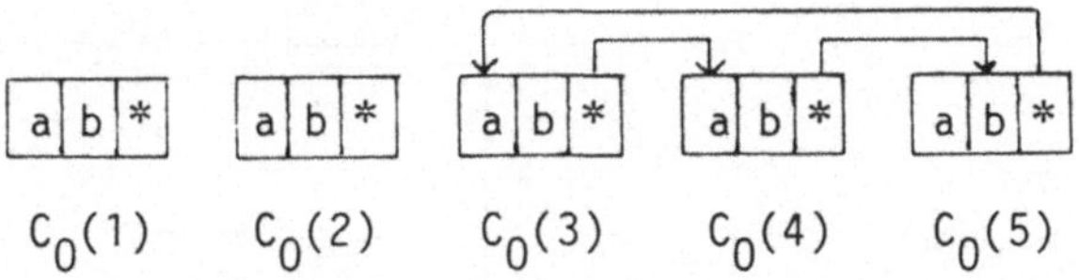

- Sei $q_f \in F$, so sei

  $\langle q_f \rangle \rightarrow t \in P$ mit den Attributierungsregeln

  $C_f(j,*) \leftarrow \sum_{a \in \Sigma} C_f(j,a)$ für $j = 1,\ldots,2n-1$

z.B. für $\Sigma = \{a,b\}$

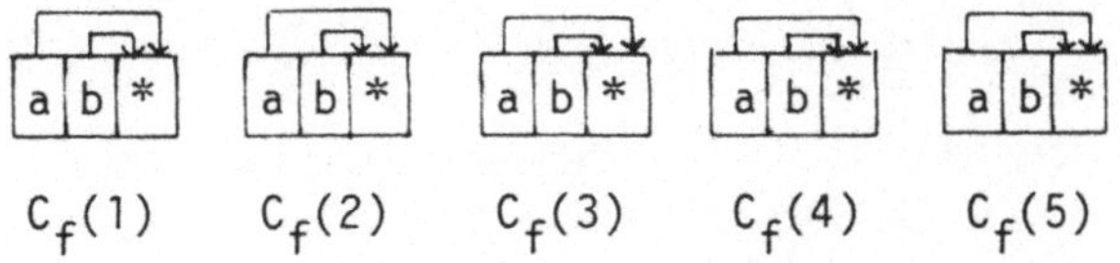

  $C_f(1)$ $C_f(2)$ $C_f(3)$ $C_f(4)$ $C_f(5)$

- Sei q ein existentieller Zustand und sei z.B. die Überführungsregel

$$\delta(q,x) = \{(q_1,y_1,R),(q_2,y_2,L),(q_3,y_3,L)\} \text{ gegeben, so sei}$$

$\langle q \rangle \rightarrow \langle q_1 \rangle \; \langle q_2 \rangle \; \langle q_3 \rangle \; \in P$ mit den Attributierungsregeln

$C_1(n-1,y_1) \leftarrow C(n,x); \; C_1(j-1,a) \leftarrow C(j,a)$ für alle $a \in \Sigma, \; j=2,\ldots,2n-1, j \neq n$

$C_2(n+1,y_2) \leftarrow C(n,x); \; C_2(j+1,a) \leftarrow C(j,a)$ für alle $a \in \Sigma, \; j=1,\ldots,2n-2, j \neq n$

$C_3(n+1,y_3) \leftarrow C(n,x); \; C_3(j+1,a) \leftarrow C(j,a)$ für alle $a \in \Sigma, \; j=1,\ldots,2n-2, j \neq n$

$C(j,*) \leftarrow C_1(j-1,*) + C_2(j+1,*) + C_3(j+1,*)$ für alle $j=2,\ldots,2n-2$

$C(1,*) \leftarrow C_2(2,*) + C_3(2,*); \; C(2n-1,*) \leftarrow C_1(2n-2,*)$

z.B. für $\Sigma = \{a,b\}$

$\qquad \delta(q,a) =$

$\{(q_1,a,R),(q_2,a,L),(q_3,b,L)\}$

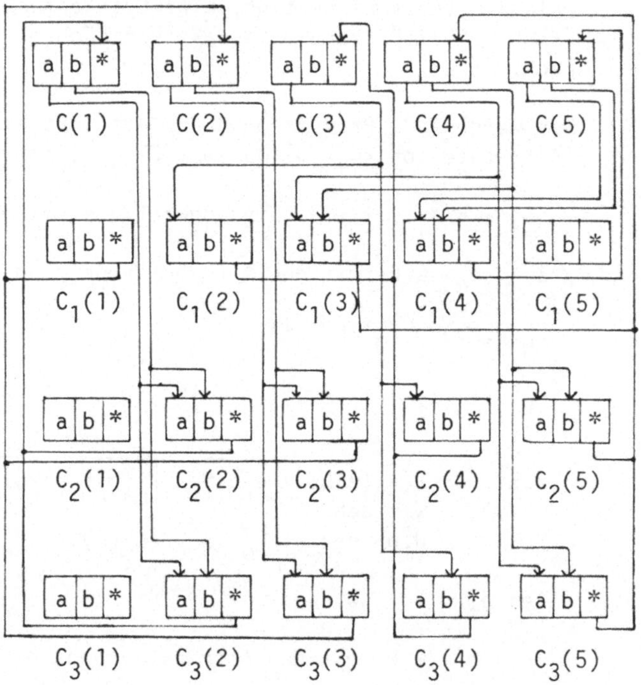

39

- Sei q ein universeller Zustand und sei z.B. die Überführungsregel

$$\delta(q,x) = \{(q_1,y_1,L),(q_2,y_2,L),(q_3,y_3,R)\} \text{ gegeben, so sei}$$

$\langle q \rangle \rightarrow \langle q_1 \rangle \langle q_2 \rangle \langle q_3 \rangle \in P$ mit den Attributierungsregeln

$C_1(n+1,y_1) \leftarrow C(n,x); \quad C_1(j+1,a) \leftarrow C(j,a)$ für alle $a \in \Sigma, \ j=1,\dots,2n-2, j\neq n$

$C_2(n+1,y_2) \leftarrow C_1(n+1,*); \quad C_2(j+1,a) \leftarrow C_1(j+1,*)$ für alle $a\in\Sigma, j=1,\dots,2n-2, j\neq n$

$C_3(n-1,y_3) \leftarrow C_2(n+1,*); \quad C_3(j-1,a) \leftarrow C_2(j+1,a)$ für alle $a\in\Sigma, j=1,\dots,2n-2, j\neq n$

$C(n,*) \leftarrow C_3(n-1,*); \quad C(j,*) \leftarrow C_3(j-1,*)$ für alle $j=2,\dots,2n-1 \ , \ j\neq n$

z.B: für $\Sigma = \{a,b\}$

$\delta(q,a) =$

$\{(q_1,a,L),(q_2,b,L),(q_3,b,R)\}$

Damit ist die Konstruktion fertig.

Auf eine Verifikation soll hier verzichtet werden.

Stattdessen folgt gleich die Komplexitätsanalyse, bei der für die weitere Argumentation lediglich der Speicherbedarf bestimmt werden muß.

Es ist $(|\Sigma|+1)*(2|w|+1)$ die Zahl der Attribute eines Nonterminal <q>.

Sei d die Zahl der Überführungsregeln,

$d_1,\dots,d_d$ die Größe der einzelnen Regeln der ATM

d.h. $\displaystyle\sum_{j=1}^{d} d_j$ die Größe der Überführungsfunktion δ,

$|F|$ die Zahl der Endzustände

$|P| = 1 + d + |F|$ die Zahl der Produktionen von G und

$$|R| = O(|w|) + \sum_{j=1}^{d} (\, (d_j)*(\, (|\Sigma|+1)*(2|w|+1)\,)\,)\,) + |F|*(2|w|+1)$$

die Zahl der Attributierungsregeln der AG

Die Größen d_j, d, $|F|$, $|\Sigma|$ sind nur von der ATM, aber nicht von n abhängig, so daß $|R| = O(n)$ gilt. Die Zahl der Argumente einer Attributierungsregel ist meist 1, selten 2 oder 3, nur bei wenigen Regeln $|\Sigma|$ oder d_j, jedenfalls aber von $|w|$ unabhängig. Auch die Zahl aller Nonterminale aller Produktionen $2 + 2|F| + \displaystyle\sum_{j=1}^{d} (d_j+1)$ ist von $|w|$ unabhängig. Daher hat die AG nur $O(|w|)$ Objekte, wobei folglich für jedes Objekt $O(\log|w|)$ Speicherplatz zur Darstellung benötigt wird.

Für die AG wird somit $O(|w|*\log|w|)$ Speicherplatz zur Darstellung benötigt.

3) Zeitkomplexität

Jeder Algorithmus, der entscheidet, ob ein gegebenes $w \in \Sigma^*$ von der ATM akzeptiert wird , benötigt $O(2^{|w|})$ Schritte (vgl. [ChS76]).

Ein beliebiger Algorithmus A, der das Circularity-Problem löst, hätte somit auch eine Komplexität von mindestens $O(2^{|w|})$, da mit der Lösung des

Circularity-Problems auch eine Lösung für das Akzeptanzproblem für ATM

gegeben ist. Der Algorithmus A löst das Circularity-Problem für eine AG

der Größe $n = c * |w| * \log|w|$, wobei $c>0$ nicht von $|w|$ abhängt.

Der Algorithmus A hat somit eine Komplexität von mindestens

$$O(2^{|w|}) = O(2^{\frac{|w|\,\log|w|}{\log|w|}}) = O(2^{\frac{n}{\log n}}).\ \text{q.e d.}$$

Satz [JOR75]

Der Algorithmus von Jazayeri hat eine Zeitkomplexität von $O(2^n)$,
wobei n der zur Beschreibung der AG benötigte Platz ist.

Beweis: [JOR75]

Sei $p \in P$ ein beliebige Produktion, ν_p die Zahl der Nonterminale in p

und α_p die Zahl aller verschiedenen in DDP(p) vorkommenden Attribute.

Seien im folgenden c_1, c_2, .. Positive Konstanten unabhängig von G bzw. G'.

Der benötigte Platz zum Aufschreiben der Produktion $p \in P$ samt ihrer Attribute

ist dann $\sigma_p \geq \nu_p * \log \nu_p + \alpha_p * \log \alpha_p$.

Zur Beschreibung der Grammatik G wird $n = O(\sum_{p \in P} \sigma_p)$ Platz benötigt.

Der für die in Schritt 1b) konstruierte Produktion $p' \in P'$ benötigte Platz

ist $\sigma'_p \leq c_3 + \nu_p * \log \nu_p + 2 * \alpha_p * \log \alpha_p\ (\leq c_2\, \sigma_p)$,

da jede Menge D_X maximal $2 * \alpha_p$ Attribute enthält.

Schritt 1a) und Schritt 1b) können simultan mit der Zeitkomplexität $O(\sigma'_p)$

für irgendeine beliebige Produktion $p' \in P'$ ausgeführt werden.

Es gibt maximal $O(|V'|) = =(|V|)$ Produktionen in G'.

Sei im folgenden $\pi = O(\sum_{p' \in P'} \sigma'_{p'}) = c_2 * O(\sum_{p \in P} \sigma_p) = c_2 * O(n) = O(n)$

der Platzbedarf für G'.

Die Zeit zur Konstruktion aller Produktionen $p' \in P'$ ist somit

$$\tau \leq O\left(\sum_{p' \in P'} 2^{c_1 \sigma_{p'}} \right) \leq O\left(\sum_{p \in P} 2^{c_1 c_2 \sigma_p} \right) \leq O\left(2^{c_1 c_2 \sum_{p \in P} \sigma_p} \right) = O(2^n)$$

Daher ist auch der Zeitbedarf τ zur Konstruktion von G' gerade $O(2^n)$.

Der Zulässigkeitstest für $Y \in N'$ in Schritt 1c) benötigt $\upsilon(n)$ Zeit,

d.h. für p': $Y_0 \to Y_1 \ldots Y_{n_{p'}}$ wird $\upsilon(n) \leq n_{p'} * \upsilon(n) + c_5$ Zeit benötigt,

d.h. $\upsilon(n) = O(\, n^{\log(\max_{p \in P} n_{p'})})$. Der Platzbedarf bleibt jedoch unabhängig von

G' und polynomial für eine einzelne Produktion.

Die Schritte 2) (Entfernen nutzloser Produktionen) und 3) (Hüllenberechnung)

sind kubische Algorithmen, benötigen also maximal

$$O(\pi^3) = O(\, O(n)^3 \,) = O(n^3) \text{ Schritte.}$$

Insgesamt hat der Algorithmus also eine Zeitkomplexität von $O(2^n)$. q.e.d.

Satz [JOR75]

Sei n der zur Beschreibung einer AG benötigte Platz und A ein bezüglich der Zeitkomplexität T(n) optimaler Algorithmus zur Lösung des Circularity-Problems, so gilt:

$$O(2^{\frac{n}{\log n}}) \leq T(n) \leq O(2^n)$$

Beweis:
folgt direkt aus den beiden obigen Sätzen

Folgerung [JOR75]

Jeder Algorithmus zur Lösung des Circularity-Problems ist von exponentieller Zeitkomplexität.

Dieses Resultat begründet die Entwicklung der verschiedenen Arten von Attributierten Grammatiken, in denen Zyklenfreiheit mit vertretbarem Aufwand getestet werden kann. Diese AG werden in den folgenden Abschnitten untersucht.

2.2.4. Zyklenfreiheitstest nach Chebotar

Ein weiterer eher pragmatischer Algorithmus zum Test auf Zyklenfreiheit stammt von [Che81]. Dieses Verfahren nutzt die syntaktischen Abhängigkeiten der Symbole $X \in V$ der zugrundeliegenden CFG, um die gegebene AG in eine Folge von Teilgrammatiken zu zerlegen. Dann wird das exponentiellen Problem " Zyklenfreiheitstest für die ganze AG " in eine Anzahl exponentieller Probleme " Zyklenfreiheitstest für eine Teilgrammatik " zerlegt.

Definition (Graph der starken Zusammenhangskomponente einer CFG)
Sei $G = (T,N,P,Z)$ eine CFG, so ist mit

$$cfg = \{ (X_0, X_\nu) \; \; p\colon X_0 \to X_1 \ldots X_\nu \ldots X_{n_p} \in P , \; 1 \leq \nu \leq n_p \}$$

die Relation der kontextfreien Grammatik gegeben. Sei mit

$$(X,Y) \; \; cfeq \iff (X,Y) \in cfg^+ \text{ AND } (Y,X) \in cfg^+$$

eine Äquivalenzrelation erklärt und die Äquivalenzklasse

$$[X] = \{ \; Y \mid (X,Y) \in cfeq \; \}$$

somit die starke Zusammenhangskomponente von X. Dann heißt

$$CFG = (\{ \; [X] \; \} , \{ \; ([X],[Y]) \mid \text{Es gibt } X \in [X], Y \in [Y]\colon (X,Y) \in cfg \; \})$$

der Graph der starken Zusammenhangskomponente der CFG (oder von cfg)

Der folgende Zyklenfreiheitstest benutzt diese Begriffsbildungen.

Algorithmus (Zyklenfreiheitstest nach Chebotar) [Che81] [DJL84]

Eingabe: Attributierte Grammatik, DDP(p) für alle p ε P

Ausgabe: Angabe, ob AG zyklenfrei oder nicht
        Prioritäten für Symbole X der CFG

1) Bilde den Graphen CFG der starken Zusammenhangskomponenten der CFG ;
2) l:=0 ;
3) REPEAT
4)   l:=l+1 ;
5)   wähle einen Knoten [X] aus CFG mit keiner Ausgangskante ;
6)   gebe diesem Knoten den Rang l ;
7)   entferne den Knoten [X] (zusammen den Eingangskanten) aus CFG
   UNTIL CFG = { } ;
8) meq = l ; (* Zahl der Äquivalenzklasen *)
9) REPEAT (* Prioritäten der Eingangsknoten vergeben *)
10)   bestimme alle Knoten Y mit folgender Eigenschaft:
        Y ist Eingangsknoten einer Klasse [X] AND
          X [X]=[Y]: (Rang[X]=l AND (X,Y) ε cfg) ;
11)   gebe diesem Knoten Y die Priorität l ;
12)   l:=l-1 ;
   UNTIL l = 0 ;
13) FOR l:=1 TO meq (* Prioritäten der restlichen Knoten vergeben *)
      DO
14)   gebe allen restlichen Knoten Y ε [X] mit Rang[X]=l die Priorität l
      OD ;
15) l:=0 ;
16) REPEAT
      l:=l+1 ;
17)   wende den Zyklenfreiheitstest von Knuth (mit oder ohne Überdeckung) auf
      die Teilgrammatik aus den Symbolen X ε [X] an, wobei [X] die Rang l hat ;
18)   IF Teilgrammatik nicht zyklenfrei
      THEN
19)   Angabe ("AG nicht zyklenfrei") ;
      STOP
      ELSE
20)   entferne die Symbole Y mit Priorität l und die mit diesen Symbolen
           inzidierten Kanten
    FI
   UNTIL l=meq ;

Der Korrektheitsbeweis dieses Algorithmus steht in [Che81]. Dieser Algorithmus
wurde mit viel Erfolg bei INRIA erprobt. Die Ergebnisse sind in [DJL84]
zusammengestellt.

Es folgt ein Beispiel, daß die in den Schritten 1) bis 14) angegebene
Anordnung mit Vergabe der Prioritäten erläutert.

Beispiel (Prioritätenvergabe nach Chebotar) [Che81] [DJL84]

Z → B   B → C | D   C → B | E   D → F | G   E → H ·   F → I

G → J | K   H → L   I → M   J → N   K → O   L → H

M → F   N → O   O → P | E   P → G

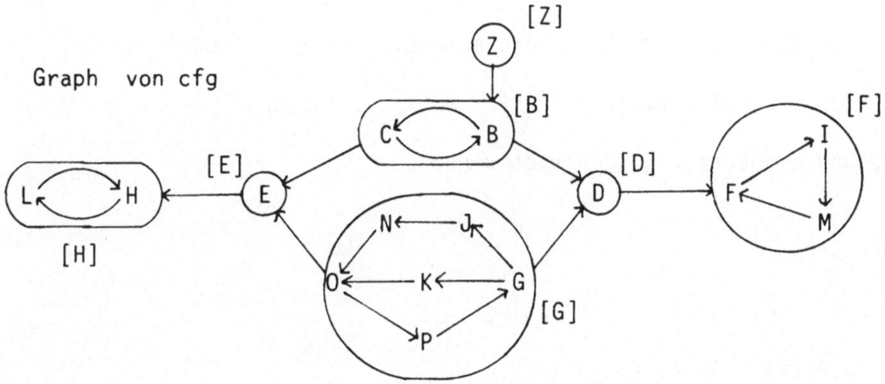

In den Kreisen sind die Äquivalenzklassen dargestellt.
Als Repräsentant ist jeweils der Eingangsknoten gewählt.

Klasse	[F]	[H]	[E]	[G]	[D]	[B]	[Z]
Rang	1	2	3	4	5	6	7
Priorität	1	2	3	4	5	6	7
Vergabe in Schritt 9)	–	–	H	–	F,G	D,E	B
Vergabe in Schritt 13)	I,M	L	–	J,K,N O,P	–	C	Z

2.3. 1-Pass-Attributierte Grammatiken

2.3.1. L-Attributierte Grammatiken

Die folgende Definition umschreibt eine einfache Wohldefinierte AG:

Defintion (L-Attributierbarkeit)

Eine AG hat die LAG(1)-Eigenschaft oder ist L-attributierbar $<=>$

Für alle p: $X_0 \rightarrow X_1 \ldots X_{n_p} \in P$ können die Attribute in der Reihenfolge

$AI(X_0)$, $AI(X_1)$, $AS(X_1)$, $\ldots$, $AI(X_{n_p})$, $AS(X_{n_p})$, $AS(X_0)$

(vollständig und eindeutig) ausgewertet werden.

Bemerkung

Eine L-attributierte Grammatik ist zerlegt mit

$A_1(X) = AI(X)$, $A_2(X) = AS(X)$ für alle $X \in V$.

Satz

Eine AG ist L-attributierbar $<=>$

Die AG ist lokal azyklisch und für alle $p \in P$ folgt aus $X_i.a \rightarrow X_j.b \in DDP(p)$

gerade $X_i.a \rightarrow X_0.b$ mit $j=0$

oder $X_0.a \rightarrow X_j.b$ mit $X_0.a \in AI(X_0)$, $i=0$

oder $X_i.a \rightarrow X_j.b$ mit $1 \le i < j \le n_p$

oder $X_i.a \rightarrow X_i.b$ mit $X_i.a \in AI(X_i)$, $1 \le i = j \le n_p$

Beweis:

1) Ist die AG nicht lokal azyklisch, so ist $DDP(p)^+$ für irgendein $p \in P$ nicht

   irreflexiv. Somit existiert ein Strukturbaum t, in dem die Produktion p

   verwendet wurde, mit einer Attributabhängigkeitsrelation $DT(t)$ mit nicht

   irreflexiver Hülle. Daher kann die AG nicht wohldefiniert sein und $DT(t)$

   ist nicht (vollständig und eindeutig) auswertbar. Die AG kann daher nicht

   L-attributierbar sein. Die Bedingung "lokal azyklisch" ist daher notwendig

   für L-Attributierbarkeit.

2) Sei $X_i.a \rightarrow X_j.b \in DDP(p)$ und seien die Attribute in der Reihenfolge

   $AI(X_0)$, $AI(X_1)$, $AS(X_1)$, ... , $AI(X_{n_p})$, $AS(X_{n_p})$, $AS(X_0)$

   auswertbar, so werden dabei durch Attributierungsregeln aus $R(p)$ die Mengen

   $AI(X_1)$, ... , $AI(X_{n_p})$ und $AS(X_0)$ attributiert:

   - Ist $X_0.b \in AS(X_0)$ von Attributen aus $AI(X_1),...,AI(X_{n_p})$ abhängig, so werden

     letztere Attributmengen oben stets vor $AS(X_0)$ ausgewertet (1.Fall a)).

   - Ist $X_j.b \in AS(X_0)$ von Attributen aus $AS(X_{01})$ abhängig (1.Fall b), so

     können die Attribute aus $AS(X_0)$, wegen der notwendigen Bedingung "lokal

     azyklisch", in linearer Folge ausgewertet werden, da sonst bereits ein

     Zyklus im zu $DDP(p)^+$ gehörigen Graphen gegeben wäre.

   - Ist $X_j.b \in AI(X_j)$ $(1 \leq j \leq n_p)$ von Attributen aus $AI(X_0)$ abhängig,

     so wird oben stets $AI(X_0)$ stets vor $AI(X_j)$ ausgewertet (2.Fall).

   - Ist $X_j.b \in AI(X_j)$ $(1 \leq j \leq n_p)$ von Attributen aus $AI(X_1),AS(X_1),...,AI(X_i)$,

     $AS(X_i)$ mit $i < j$ abhängig, so werden letztere Attributmengen auch stets

     vor $AI(X_j)$ ausgewertet (3.Fall).

- Ist $X_j.b \in AI(X_j)$ $(1 \leq j \leq n_p)$ von Attributen aus der gleichen Menge $AI(X_j)$

abhängig (4.Fall), so können die Attribute aus $AI(X_j)$, wegen der not-

wendigen Bedingung "lokal azyklisch", in linearer Folge ausgewertet werden,

da sonst ein Zyklus im zu $DDP(p)^+$ gehörigen Graphen gegeben wäre.

Eine Abhängigkeit des Attributs $X_j.b$ von anderen Attributen ist bei der

gegebenen Auswertungsfolge nicht möglich. Die vier Fälle wurden erreicht.

3) Sei die AG lokal azyklisch, $X_i.a \rightarrow X_j.b \in DDP(p)$ und sei einer der

vier Fälle gegeben, so ist eine Abhängigkeit zwischen den betrachteten

Attributmengen wie im folgenden gekennzeichnet gegeben.

(Es sind die auf Grund von $DDP(p)$ möglichen Abhängigkeiten mit "———→"

gekennzeichnet, einige anderer indirekt möglicher Abhängigkeiten sind

mit "————→" gekennzeichnet.)

Fall 1) 2) 3)

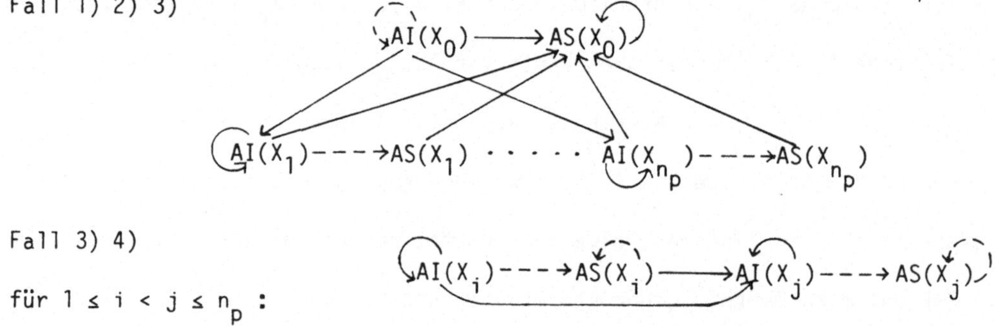

Fall 3) 4)

für $1 \leq i < j \leq n_p$:

Auf Grund der Bedingung "lokal azyklisch" ergeben sich innerhalb der

angegebenen Attributmengen keine Zyklen. Somit kann in der Reihenfolge

$AI(X_0)$, $AI(X_1)$, $AS(X_1)$, ... , $AI(X_{n_p})$, $AS(X_{n_p})$, $AS(X_0)$

attributiert werden.

Bemerkung

Diese Kriterium nützt nur die lokalen Definitionen in DDP(p) und kann leicht getestet werden mit dem

- Algorithmus zur Berechnung von $DDP(p)^+$ in Abs.1.4. und dann dem

- Algorithmus zum Test, ob ein gerichteter Graph azyklisch ist (Algorithmus 1.14.1. in [DöM73]).

Für Attributierte Grammatiken in Normalform ist die folgende Formulierung von zu obigem Satz gleichwertig:

Satz [Boc76] [RäU80]

Eine AG ist L-attributierbar $\iff$

Aus $X\_b \leftarrow f^p_{(a,k)}(X_{j_1}.a_{j_1},\ldots,X_{j_m}.a_{j_m})$ folgt entweder

$X\_b \in AI(X_k)$ für $1 \le k \le n_p$ und $\{ X_{j_1}.a_{j_1} , \ldots , X_{j_m}.a_{j_m} \} \subseteq AI(X_0) \cup \bigcup_{i=1}^{j-1} A(X_i)$

oder $X\_b \in AS(X_0)$ für $k=0$ und $\{ X_{j_1}.a_{j_1} , \ldots , X_{j_m}.a_{j_m} \} \subseteq AI(X_0) \cup \bigcup_{i=1}^{n_p} A(X_i)$

Beweis:

durch Zurückführung auf obigen Satz unter Beachtung der folgenden Beobachtung:

- Jede AG in Normalform ist trivialerweise lokal azyklisch.

- In diesem Kriterium werden folgende Fälle nicht explizit erfaßt:

  - $X_i.a \rightarrow X_i.b$ mit $X_i.a \in AI(X_i)$ und $1 \le i = j \le n_p$

  - $X_0.a \rightarrow X_0.b$ mit $X_0.a \in AS(X_0)$ und $j = 0$

Beide Fälle treten jedoch bei AG in Normalform nicht auf,

da $\{ X_{j_1}.a_{j_1} , \ldots , X_{j_m}.a_{j_m} \} \subseteq AI(X_0) \cup \bigcup_{i=1}^{n_p} AS(X_i)$ und brauchen somit

nicht betrachtet werden.

Der Attributierungsalgorihmus für L-attributierte Grammatiken ist eine
Links-Rechts-Depth-First-Traversierung des Strukturbaumes (vgl. Abs. 2.4.3.):

Algorithmus (Attributierung für L-attributierte Grammatiken)

Eingabe: Strukturbaum, eigentliche Attribute sind bekannt

Ausgabe: Vollständig attributierter Strukturbaum

PROCEDURE Teilbaumbesuchen(X_0: Wurzel des Strukturbaumes) ;

1) FOR $\nu:=1(1)n_p$ (* $X_0 \rightarrow X_1...X_{n_p} \in P$ *)
       DO
2)   attributiere $AI(X_\nu)$;
3)   IF ($X_\nu \in N$)
          THEN
4)   Teilbaumbesuchen(X_ν)
        FI ;
     OD ;
5) attributiere $AS(X_0)$;

Das Verfahren ist nun leicht angegeben durch

        Teilbaumbesuchen(Z: Wurzel des Strukturbaumes)

Ererbte Attribute werden beim Präorder-Besuch ausgewertet, abgeleitete
Attribute beim Postorder-Besuch.

2.3.2. 1-Visit-Attributierte Grammatiken

Bei L-attributierten Grammatiken wird der Strukturbaum während einer Links-
Rechts-Depth-First-Traversierung attributiert. Man kann aber auch andere
Traversierungsstrategien verwenden.

        Definition (1-Visit-AG)

Eine AG heißt 1-Visit-AG <=>
Für jeden Strukturbaum t existiert eine Attributierungsstrategie,
durch die alle Attribute von t ausgewertet werden, indem jeder
Teilbaum t' von t höchstens einmal besucht wird.

Um ein Kriterium für 1-Visit-AG zu erhalten, werden sogenannte Brudergraphen eingeführt:

Definition (Brudergraph, Besuchsfolge)

Sei $p: X_0 \rightarrow X_1 \ldots X_{n_p} \; \varepsilon \; P$

- $BG(p) = (\{X_1, \ldots, X_{n_p}\}, \; \{ \; (X_i, X_j) \mid i,j \; \varepsilon \; \{1, \ldots, n_p\}$ und es existieren

$X_j.b \; \varepsilon \; AI(X_j), \; X_i.a \; \varepsilon \; AS(X_i): \; X_i.a \rightarrow X_j.b \; \varepsilon \; DDP(p) \; \} \;)$

heißt Brudergraph der Produktion p

- Eine Besuchsfolge $v(p) = < i_1, \ldots, i_{n_p} >$ ist eine Permutation

der Folge $<1, \ldots, n_p>$ derart, daß für alle $\mu, \nu \; \varepsilon \; \{1, \ldots, n_p\}$ gilt:

$(\; \mu \leq \nu \; => \; BG(p)$ hat keine Kante $(X_{i_\mu}, X_{i_\nu}) \;)$

Beispiel (1-Visit-AG)

p_1: PROGRAM → BLOCK $\qquad\qquad\qquad$ BLOCK_context ← 1

p_2: BLOCK → DECL VARIABLE STATLIST DECL $\quad$ DECL[1]_context ← BLOCK_context
$\qquad\qquad\qquad\qquad\qquad\qquad\qquad\qquad\quad$ STATLIST_context ← DECL[4]_updated
$\qquad\qquad\qquad\qquad\qquad\qquad\qquad\qquad\quad$ DECL[4]_context ← DECL[1]_updated
$\qquad\qquad\qquad\qquad\qquad\qquad\qquad\qquad\quad$ VARIABLE_context ← DECL[1]_updated

p_3: DECL → IDENTIFIER $\qquad\qquad\qquad\quad$ DECL_updated ← DECL_context

Der Strukturbaum sieht wie folgt aus:

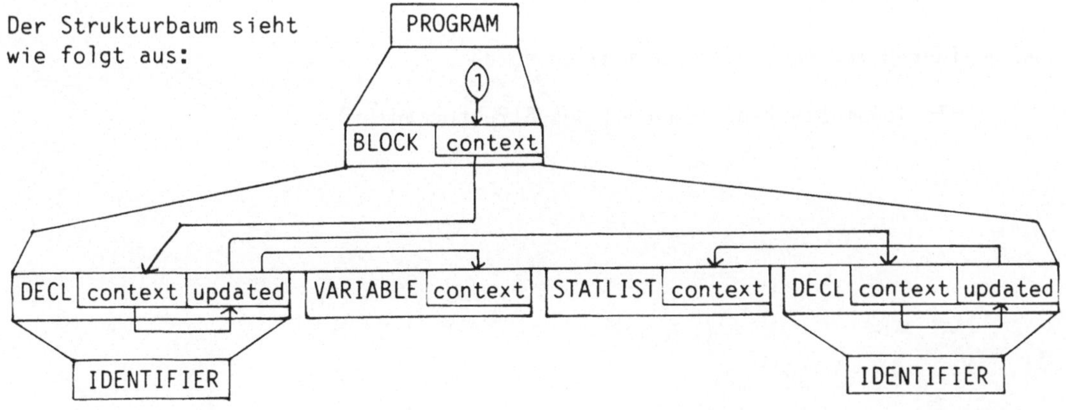

Mögliche Besuchsfolgen für p_2 sind <1,2,4,3>, <1,4,2,3>, bzw. <1,4,3,2>.

Der Brudergraph ist
also azyklisch.

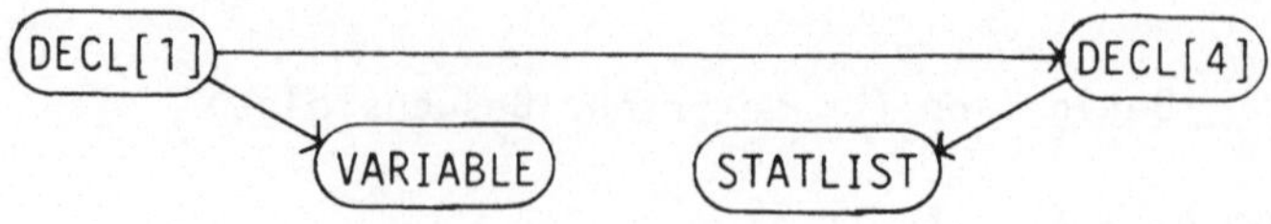

Zur Attributierung sind Besuchsfolgen als bekannt vorauszusetzen:

Algorithmus (Attributierung von 1-Visit-AG)

Eingabe: Strukturbaum, eigentliche Attribute sind bekannt
Für alle $p \in P$ die Besuchsfolgen $v(p) = < i_1 , \ldots , i_{n_p} >$

Ausgabe: Vollständig attributierter Strukturbaum

PROCEDURE Teilbaumbesuchen(X_0: Wurzel des Strukturbaumes) ;

1) FOR $\nu := 1(1)n_p$ (* $X_0 \rightarrow X_1 \ldots X_{n_p} \in P$ *)
        DO
2)   attributiere AI(X_{i_ν}) ;

3)   IF ($X_{i_\nu} \in N$)   (* $<i_1, \ldots, i_{n_p}>$ ist Besuchsfolge *)
            THEN
4)   Teilbaumbesuchen(X_{i_ν})
        FI ;
    OD ;
5) attributiere AS(X_0) ;

Das Verfahren ist nun leicht angegeben durch

Teilbaumbesuchen(Z: Wurzel des Strukturbaumes)

Das folgende Kriterium ist leicht in quadratischer Zeit testbar (vgl.[DöM73]).

Satz [EnF81]

Eine AG ist 1-Visit-AG <=> Für alle $p \in P$ ist BG(p) azyklisch

Beweis: [EnF81]

1) Seien alle Brudergraphen azyklisch, so können für alle Produktionen Besuchsfolgen konstruiert werden (Ist BG(p) beispielsweise ein Baum ,so ist zumindest die Präfix-Notation dieses Baumes eine Besuchsfolge).

Durch den obigen Algorithmus wird jeder Strukturbaum t derart traversiert, daß jeder Teilbaum t' von t höchstens einmal besucht wird. Zu zeigen bleibt, daß der Strukturbaum t vollständig attributiert wird; dies geschieht durch, folgenden rekursiven Schluß über dem Strukturbaum t:

- Falls in einem Teilbaum t' mit Wurzel X_0 die Attributmenge $AI(X_0)$ bereits

  ausgewertet ist und falls Teilbaumbbesuchen(X_{i_ν}) für $X_{i_\nu} \in N$ stets

  vollständig auswertet, so kann durch Teilbaumbesuchen(X_0) der Teilbaum t'

  vollständig ausgewertet werden.

Bei Anwendung dieses Schlusses sind folgende Randbedingungen zu beachten:

- Die Menge AI(Z) ist wegen AI(Z) = { } stets vollständig ausgewertet.
  (Anfang der Schlußkette)

- Die Anwendung des Schlusses endet wegen der endlichen Größe des Strukturbaumes und der Tatsache, daß die zweite obige Voraussetzung für Terminale
  nicht relevant ist, nach endlich vielen Anwendungen.

2) Sei eine 1-Visit-AG gegeben.

Annahme: Es existiert ein $p' \in P$, so daß BG(p') zyklisch ist.

Dann existiert zumindest für jeden Knoten X in dem Zyklus von BG(p') mindestens ein Attribut $X.b \in AI(X)$, daß von einem noch nicht ausgewerteten
Attribut abhängt. Somit kann keine dieser Attributmengen AI(X) in einem
vollständig ausgewertet werden. Daher kann es keine Attributierungsstrategie
geben, durch die alle Attribute ausgewertet werden und jeder Teilbaum nur
einmal besucht wird im Widerspruch zur Definition der 1-Visit-AG.

2.3.3. S-Attributierte Grammatiken

Die einfachsten AG sind die S-attributierten Grammatiken.

Defintion (S-attributierte Grammatik)

Eine L-attributierte Grammatik heißt S-attributiert $\Leftrightarrow$

Alle Attribute von $X \in N$ sind abgeleitet

und alle Attribute von $X \in T$ sind eigentlich

Bemerkung

Selbstverständlich können auch Nichtterminale eigentliche Attribute haben (wie im folgenden Beispiel bei ADDOP und MULOP); ebenso ist $A(X) = \{ \}$ für gewisser $X \in T$ möglich.

Ist im Falle einer S-attributierten Grammatik der Strukturbaum in Postfix-Notation dargestellt bzw. wird er bottom-up ausgewertet, so ist die Attributierung in genau einem Links-Rechts-Lauf möglich, da für jede Produktion $p: X_0 \rightarrow X_1 \ldots X_{n_p} \in P$ die Attributmengen $A(X_1), \ldots , A(X_{n_p})$ stets vor $A(X_0)$ ausgewertet werden und Attribute aus $A(X_0) = AS(X_0)$ nur von Attributen aus $A(X_0) \cup A(X_1) \cup \ldots \cup A(X_{n_p}) = AS(X_0) \cup AS(X_1) \cup \ldots \cup AS(X_{n_p})$ abhängen.

Beispiel (Typberechnung arithmetischer Ausdrücke) [Wil79]

p_1: EXPR → EXPR ADDOP TERM   EXPR[0]_typ ← IF EXPR[1]_typ = REAL
                                                THEN REAL
                                                ELSE TERM_typ
                                             FI

p_2: EXPR → TERM   EXPR_typ ← TERM_typ

p_3: TERM → TERM MULOP FACTOR   CASE MULOP_op OF
                                       '*': TERM[0]_typ ← IF TERM[1]_typ = REAL
                                                             THEN REAL
                                                             ELSE FACTOR_typ
                                                          FI ;
                                       '/': TERM[0]_typ ← REAL ;
                                       ':': TERM[0]_typ ← INTEGER ;
                                   ESAC
        Kontextbedingung:
           IF MULOP_op = ':' AND (TERM[1]_typ = REAL OR FACTOR_typ = REAL)
              THEN FALSE
              ELSE TRUE
           FI

p_4: TERM → FACTOR   TERM_typ ← FACTOR_typ

p_5: FACTOR → EXPR   FACTOR_typ ← EXPR_typ

p_6: FACTOR → IDENTIFIER   FACTOR_typ ← IDENTIFIER_typ

p_7: FACTOR → CONSTANT   FACTOR_typ ← CONSTANT_typ

p_8: ADDOP → '+'   ADDOP_op ← '+'

p_9: ADDOP → '-'   ADDOP_op ← '-'

p_{10}: MULOP → '*'   MULOP_op ← '*'

p_{11}: MULOP → '/'   MULOP_op ← '/'

p_{12}: MULOP → ':'   MULOP_op ← ':'

2.3.4. LL/LR-Attributierte Grammatiken

Bei der syntaxgesteuerten Übersetzung erfolgt die Attributierung parallel zum
Parsing. Verschiedene bekannte Parsingmethoden sind so erweitert worden, daß
Attributierung zusammen mit dem Parsing erfolgen kann. Da naturgemäß in einem
Pass attributiert werden muß und ein Strukturbaum auch nicht konstruiert wird,
beschränkt man sich bei der Attributierung auf L-attributierte Grammatiken.

Da Parsingmethoden schon an anderer Stelle hinreichend untersucht wurden,
sollen hier einige kurze Hinweise genügen.

Definition (LL-attributierte Grammatik)

Eine AG = (G,A,R,B) heißt LL(k)-attributiert <=>
   Für irgendein k>0 hat die zugrundeliegende CFG G die LL(k)-Eigenschaft
   und die AG ist L-attributiert

Bei einer LL(k)-attributierten Grammatik kann häufig parallel zur Syntaxanalyse attributiert werden, indem die Attribute zusammen mit den Nichtterminalen und den Terminalen der Grammatik gehalten werden. Die benutzten
Top-Down-Analyseverfahren werden in fast jedem Lehrbuch über Compilerbau
(z.B. [AhU72], [AhU73], [AhU77], [LRS76], [Zim82], [WaG84]) beschrieben und
sollen hier nicht behandelt werden. Der an der syntaxgesteuerten Übersetzung
unter Benutzung von Attributen interessierte Leser sei etwa auf [LRS76] oder
auch auf [LRS74] verwiesen. [RäU80] behandelt die beim Rekursiven Abstieg
analysierbaren LL(k)-attributierten Grammatiken (RD-attributierte Grammatiken).
[Mil77], [Row79] und [MiF79] beschreiben die ALL(k)-attributierten Grammatiken.
Bei diesen AG können in Ergänzung zu den bekannten Methoden neben den k folgenden Eingabesymbolen auch die Werte gewisser ausgewerteter Attribute zur Lösung
eines Kontextkonfliktes und somit zur Auswahl der anzuwendenden Ableitung
herangezogen werden.

Da ererbte Attribute top-down ausgewertet werden, beim LR_Parsing die
Reduktion jedoch bottom-up erfolgt, beschränkt sich [LRS74] auf abgeleitete
Attribute.

Definition (LR-attributierte Grammatik)

Eine AG = (G,A,R,B) heißt LR(k)-attributiert <=>
   Für irgendein k>0 hat die zugrundeliegende CFG G die LR(k)-Eigenschaft
   und die AG ist S-attributiert

Schränkt man die zugrundeliegende CFG ein , so daß nicht jede LR(k)-CFG
zugelassen ist, so ergibt sich die Möglichkeit, auch ererbte Attribute
während einer Bottom-Up-Analyse zuzulassen.

- [Wat77] beschreibt L-attributierte Grammatiken, bei denen die aus der AG
  konstruierte "head grammar" die LR(k)-Eigenschaft hat. Hat nun diese
  "head grammar" die LR(k)-Eigenschaft, so hat auch die der AG zugrundeliegende CFG die LR(k)-Eigenschaft, leider aber nicht umgekehrt.
  Bei der dort beschriebenen Methode werden ererbte Attribute gekellert,
  allerdings nur soweit sie nicht bereits in korrekter Reihenfolge an der
  Kellerspitze stehen. [Wil82] erweitert diese Methode für RRP-AG (vgl. auch
  [JDe84]).

- [Poh83] beschreibt L-attributerte Grammatiken, genannt ALR(k)-Grammatiken,
  bei denen außer der LR(k)-Eigenschaft der zugrundeliegenden CFG noch das
  Nichtvorhandensein einiger Reduktionskonfliktsituationen gefordert wird,
  so daß die in einem Reduktionsschritt benötigten Attribute deterministisch
  gefunden werden können. Die von [Poh83] definierte Grammatik-Klasse umfaßt
  auch die von [Wat77] definierte Grammatik-Klasse.

- [JoM80] unterteilt die ererbten Attribute in sogenannte "known" und
  "unknown" Attribute. Die als "known" klassifizierten Attribute können
  mit Hilfe eines Kellers während der Syntaxanalyse ausgewertet werden.
  Außerdem werden Attribute benutzt, um syntaktische Mehrdeutigkeiten
  (wie zum Beispiel bei der Reduktion ID ← ARRAY-ID | PROC-ID | VAR-ID),
  die aber semantisch eindeutig sind, zu lösen.

- [RäU80] charakterisiert solche AG, die während eines rekursiven Aufstieg
  attributiert werden können (RA-attributierte Grammatiken).

Die Probleme der syntaxgesteuerten Übersetzungen mit Attributierung, auch
attributiertes Parsing oder ähnlich genannt, liegen in den Parsing-Methoden,
beim Error-Recovery (vgl. u.a. [BDS82]), bei der Äquivalenz verschiedener CFG,
nicht jedoch bei der Attributierung. Die Untersuchung der syntaxgesteuerten
Übersetzung mit Attributierung und Codeerzeugung und ein Vergleich verschiedener Lösungsvorschläge ist es wert, in einer eigenen Arbeit behandelt zu werden.

2.4. Multi-Pass-L/R-Attributierte Grammatiken

2.4.1. Die LAG-Eigenschaft

In Erweiterung der L-attributierten Grammatiken wird eine Multi-Pass-AG
definiert, in der jeder Pass L-attributiert ist.

Definition (Multi-Pass-L-AG) [Boc76]

- Eine AG hat die LAG(K)-Eigenschaft oder
  ist K-Pass-L-Attributierte Grammatik $\Leftrightarrow$
  Es existiert ein festes $K \in \mathbb{N}$, so daß für alle p: $X_0 \rightarrow X_1 \ldots X_{n_p} \in P$
  die Attribute in der Reihenfolge

$$AI_1(X_0) \; , \; AI_1(X_1) \; , \; \ldots \; , \; AS_1(X_{n_p}) \; , \; AS_1(X_0) \; ,$$

$$AI_2(X_0) \; , \; AI_2(X_1) \; , \; \ldots \; , \; AS_2(X_{n_p}) \; , \; AS_2(X_0) \; ,$$

$$\ldots\ldots\ldots\ldots\ldots\ldots\ldots\ldots\ldots\ldots\ldots\ldots\ldots\ldots\ldots\ldots\ldots\ldots$$

$$AI_K(X_0) \; , \; AI_K(X_1) \; , \; \ldots \; , \; AS_K(X_{n_p}) \; , \; AS_K(X_0)$$

(vollständig und eindeutig) ausgewertet werden können, wobei die folgende
Zerlegung von $A(X)$ gewählt ist:

$$AI(X_0) \; = \; AI_1(X_0) \cup \ldots \cup AI_K(X_0) \qquad , \; AI_k(X_0) \text{ paarweise disjunkt}$$

$$\ldots\ldots\ldots\ldots\ldots\ldots\ldots\ldots\ldots\ldots\ldots\ldots\ldots\ldots\ldots$$

$$AI(X_{n_p}) \; = \; AI_1(X_{n_p}) \cup \ldots \cup AI_K(X_{n_p}) \; , \; AI_k(X_{n_p}) \text{ paarweise disjunkt}$$

$$AS(X_0) \; = \; AS_1(X_0) \cup \ldots \cup AS_K(X_0) \qquad , \; AS_k(X_0) \text{ paarweise disjunkt}$$

$$\ldots\ldots\ldots\ldots\ldots\ldots\ldots\ldots\ldots\ldots\ldots\ldots\ldots\ldots\ldots$$

$$AS(X_{n_p}) \; = \; AS_1(X_{n_p}) \cup \ldots \cup AS_K(X_{n_p}) \; , \; AS_k(X_{n_p}) \text{ paarweise disjunkt}$$

- Eine AG heißt Multi-Pass-L-AG $\Leftrightarrow$ Sie ist K-Pass-L-AG für irgendein $K \in \mathbb{N}$

Bemerkung

Man kann die Attribute aus $AI_k(X)$ und $AS_k(X)$ für alle $X \in V$ ($k \in \{1,\ldots,K\}$ fest)

als die Attribute einer L-attributierten Grammatik ansehen, wobei dann für alle

$X \in V$ die Attribute aus $AI_\kappa(X)$ und $AS_\kappa(X)$ mit $\kappa < k$ als eigentliche

Attribute angesehen werden.

Satz [WaG84]

Eine AG ist hat die LAG(K)-Eigenschaft $\Leftrightarrow$

Die AG ist lokal azyklisch und es existiert eine Zerlegung $A = A_1 \cup \ldots \cup A_K$,

so daß für alle $p \in P$ aus $X_i.a \to X_j.b \in DDP(p)$ mit $X_i.a \in A_\kappa(X_i)$, $X_j.b \in A_k(X_j)$

gerade $1 \le \kappa < k \le K$

oder $1 \le \kappa = k \le K$, $X_i.a \to X_0.b$ mit $j=0$

oder $1 \le \kappa = k \le K$, $X_0.a \to X_j.b$ mit $X_0.a \in AI_\kappa(X0)$, $i=0$

oder $1 \le \kappa = k \le K$, $X_i.a \to X_j.b$ mit $1 \le i < j \le n_p$

oder $1 \le \kappa = k \le K$, $X_i.a \to X_i.b$ mit $X_i.a \in AI_\kappa(X_i)$, $1 \le i = j \le n_p$

folgt.

Beweis:

unter Berücksichtigung obiger Bemerkungen durch K-fache Anwendung des
Satzes aus Abs.2.3.1. Zuerst wird jener Satz auf die Attributmenge A_1,
dann auf A_2 , $\ldots$, zuletzt auf A_K angewandt.

Bemerkung

$$\text{Es sind } A_1 = \bigcup_{X \in V} AI_1(X) \cup \bigcup_{X \in V} AS_1(X)$$

$$\cdots\cdots\cdots\cdots\cdots\cdots\cdots\cdots\cdots\cdots\qquad A_1,\ldots,A_K \text{ paarweise disjunkt}$$

$$A_K = \bigcup_{X \in V} AI_K(X) \cup \bigcup_{X \in V} AS_K(X)$$

Die Zerlegung der Attributmenge A in Mengen $A_1, \ldots, A_K$ erfolgt mit dem Algorithmus des Abs.2.4.2.

Die Zerlegung dieser Attributmengen $A_1, \ldots, A_K$ ergibt sich nun wiederum leicht aus

- der Kenntnis von $X \in V$ und

- dem Wissen, ob ein Attribut ererbt oder abgeleitet ist.

2.4.2. Algorithmus zum Test der LAG-Eigenschaft

Der folgende Algorithmus von Bochmann prüft, ob eine gegebene AG eine Multi-Pass-L-AG ist.

Algorithmus (Test der LAG(K)-Eigenschaft) [Boc76] [WaG84]

Eingabe: AG = (G,A,R,B) Attributierte Grammatik
       AO(p), DDP(p), NDDP(p) für alle $p \in P$

Ausgabe: AG hat die LAG(K)-Eigenschaft oder ist nicht Multi-Pass-L-AG.
       Im positiven Fall ist mit der Passanzahl K auch die Zerlegung
       $A_1, \ldots, A_K$ der Attributmenge A bestimmt

```
1) K := 0 ; notevalattrset := A ;
2) REPEAT
3)    K:= K + 1; possevalattrset := notevalattrset; notevalkattrset := { } ;

4)    REPEAT (* im K-ten Pass attributierbar *)
5)      FOR jede Produktion p:X_0 → X_1...X_n_p ∈ P
        DO
6)        FOR jedes Attribut X_j.b ∈ ( AO(p) ∩ possevalattrset )
          DO
7)          FOR jede Abhängigkeit X_i.a → X_j.b ∈ DDP(p)
            DO
8)            IF   X_i.a → X_j ∈ NDDP(p)

                THEN
```

9)   IF (X_i.a ϵ notevalattrset) OR

10)   (j<>0 AND (j<i OR (i=0 OR i=j) AND X_i.a ϵ AS(X_i)))

                    THEN
11)   possevalattrset := possevalattrset - {X_j.b} ;

                        notevalattrset := notevalattrset $\cup$ {X_j.b}
                    FI
                FI
            OD
        OD
    OD
    UNTIL possevalattrset und notevalattrset bleiben stationär ;

12) A_K := possevalattrset

    UNTIL notevalattrset = { } OR possevalattrset = { } ;

13) IF notevalattrset = { }
    THEN
        Angabe("AG hat die LAG(K)-Eigenschaft")
    ELSE
        Angabe("AG ist nicht Multi-Pass-L-AG")
    FI ;

Der obige Algorithmus bestimmt die Zahl der erforderlichen Attributierungs-
pässe und in Schritt 12) die in den einzelnen Pässen auswertbaren Attribute.

Man vergleiche die Charakterisierung der L-Attributierbarkeit aus Abs.2.3.1.
mit der Bedingung in Schritt 10) dieses Algorithmus:

   NOT ((j=0) OR (i=0 and X.aϵAI(X)) OR (1$\leq$i<j) OR (1$\leq$i=j AND X.aϵAI(X)))

<=> NOT ((j=0) OR (1$\leq$i<j) OR ((i=0 OR 1$\leq$i=j) AND X.aϵAI(X)))

<=> NOT ((j=0) OR (1$\leq$i AND i<j) OR ((i=0 OR (1$\leq$i AN i=j)) AND X.aϵAI(X)))

<=> (j$\neq$0) AND ((i<1 OR i$\geq$j) AND ((i$\neq$0 AND (i<1 OR i$\neq$j)) OR X.aϵAS(X)))

<=> (j$\neq$0) AND ((i<1 OR i$\geq$j) AND (0$\neq$i<1 OR 0$\neq$i$\neq$j) OR (i<1 OR i$\geq$j) AND X.aϵAS(X)

<=> (j$\neq$0) AND (i>j OR ((i=0 OR i=j) AND X.aϵAS(X))

2.4.3. Links-Rechts-Attributierungsalgorithmus

Der Attributierungsalgorihmus für Multi-Pass-L-AG ist ein einfacher Links-Rechts-Depth-First-Traversierungsalgorithmus (vgl. Abs. 2.3.1.).

Algorithmus (Attributierung von K-Pass-L-AG) [Boc76]

Eingabe: Strukturbaum, eigentliche Attribute sind bekannt,
Zerlegung A_1 , ... , A_K von A

Ausgabe: Vollständig attributierter Strukturbaum

```
PROCEDURE Teilbaumbesuchen(X_0: Wurzel des Strukturbaumes, k: Passnummer) ;

1) FOR v:=1(1)n_p  (* X_0 → X_1...X_{n_p} ε P *)
      DO
2)      attributiere AI_k(X_v) ;

3)      IF ( X_v ε N )
          THEN
4)            Teilbaumbesuchen(X_v,k)
        FI ;
     OD ;
5) attributiere AS_k(X_0) ;
```

Das Verfahren ist nun leicht angegeben durch

```
6) FOR k:=1(1)K
      DO
        Teilbaumbesuchen(Z: Wurzel des Strukturbaumes, k )
      OD ;
```

2.4.4. Die RAG-Eigenschaft

Während bei Multi-Pass-L-AG in jedem Pass die Attributexemplare eines
Teilbaumes von links nach rechts ausgewertet werden, erfolgt die Auswertung
bei Multi-Pass-R-AG von rechts nach links.

Definition (Multi-Pass-R-AG) [Boc76]

- Eine AG hat die RAG(K)-Eigenschaft oder
  ist K-Pass-R-Attributierte Grammatik $\Longleftrightarrow$
  Es existiert ein festes $K \in \mathbb{N}$, so daß für alle p: $X_0 \rightarrow X_1 ... X_{n_p} \in P$
  die Attribute in der Reihenfolge

$$AI_1(X_0) \, , \, AI_1(X_{n_p}) \, , \, ... \, , \, AS_1(X_1) \, , \, AS_1(X_0) \, ,$$

$$AI_2(X_0) \, , \, AI_2(X_{n_p}) \, , \, ... \, , \, AS_2(X_1) \, , \, AS_2(X_0) \, ,$$

$$..$$

$$AI_K(X_0) \, , \, AI_K(X_{n_p}) \, , \, ... \, , \, AS_K(X_1) \, , \, AS_K(X_0) \, ,$$

(vollständig und eindeutig) ausgewertet werden können, wobei die Zerlegung
von A(X) wie in der Definition der Multi-Pass-L-AG (vgl. Abs.2.4.4.) gewählt
ist.

- Eine AG heißt Multi-Pass-R-AG $\Longleftrightarrow$ Sie ist K-Pass-R-AG für irgendein $K \in \mathbb{N}$

Die veränderte Reihenfolge der Attributierung wird in folgenden beiden Graphen
veranschaulicht:

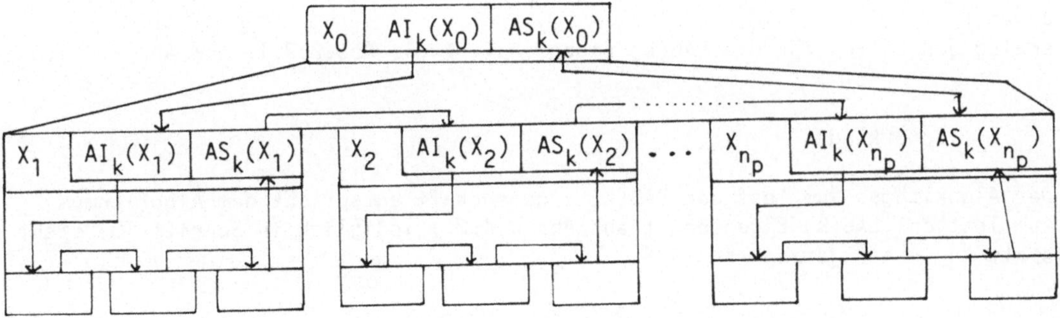

Attributierungsreihenfolge in einen Links-Rechts-Pass

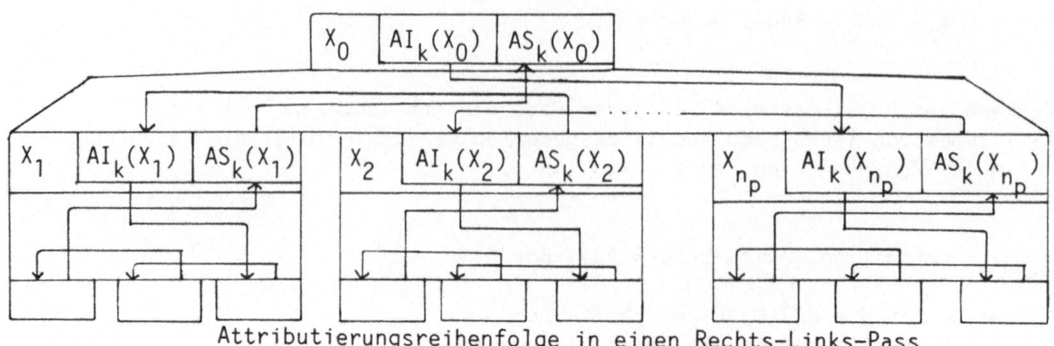

Attributierungsreihenfolge in einen Rechts-Links-Pass

Satz [WaG84]

Eine AG ist hat die RAG(K)-Eigenschaft <=>

Die AG ist lokal azyklisch und es existiert eine Zerlegung $A = A_1 \cup \ldots \cup A_K$,

so daß für alle $p \in P$ aus $X_i.a \to X_j.b \in DDP(p)$ mit $X_i.a \in A_\kappa(X_i)$, $X_j.b \in A_k(X_j)$

gerade $1 \leq \kappa < k \leq K$

oder $1 \leq \kappa = k \leq K$, $X_i.a \to X_0.b$ mit $j=0$

oder $1 \leq \kappa = k \leq K$, $X_0.a \to X_j.b$ mit $X_0.a \in AI_\kappa(X0)$, $i=0$

oder $1 \leq \kappa = k \leq K$, $X_i.a \to X_j.b$ mit $1 \leq j < i \leq n_p$

oder $1 \leq \kappa = k \leq K$, $X_i.a \to X_i.b$ mit $X_i.a \in AI_\kappa(X_i)$, $1 \leq i = j \leq n_p$

folgt.

Beweis:
analog den Sätzen für die LAG(K)-Eigenschaft (vgl. Abs.2.3.1. und Abs.2.4.1.)

Bemerkung

Der Algorithmus zum Test der RAG(K)-Eigensachaft entspricht dem Algorithmus
zum Test der LAG(K)-Eigenschaft aus Abs.2.4.2.; lediglich in Schritt 10) steht
statt " j < i " jetzt " i < j ".

Definition

Attributierte Grammatiken mit RAG(1)-Eigenschaft heißen auch
R-attributierte Grammatiken.

2.4.5. Vergleich von LAG und RAG

Beispiel [Jaz74] [Joc81]

Folgende AG ist nicht Multi-Pass-L-AG, aber R-attributierbar:

p_1: Z → A   A_i ← 1

p_2: A → A B   A[1]_i ← B_s ; B_i ← A[0]_i

p_3: B → b   B_s ← B_i

p_4: A → a

wie aus nebenstehendem
Strukturbaum ersichtlich
ist:

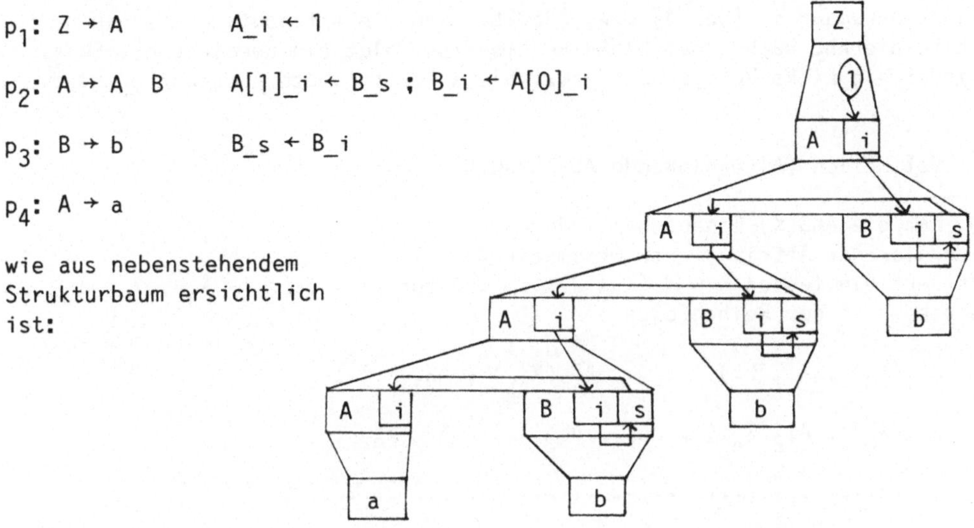

Beispiel [Jaz74] [Joc81]

Folgende AG ist nicht Multi-Pass-R-AG, aber L-attributierbar:

p_1: Z → C   C_i ← 1

p_2: C → D C   C[2]_i ← D_s
                       D_i ← C[0]_i

p_3: D → d   D_s ← D_i

p_4: C → c

wie aus nebenstehendem
Strukturbaum ersichtlich
ist:

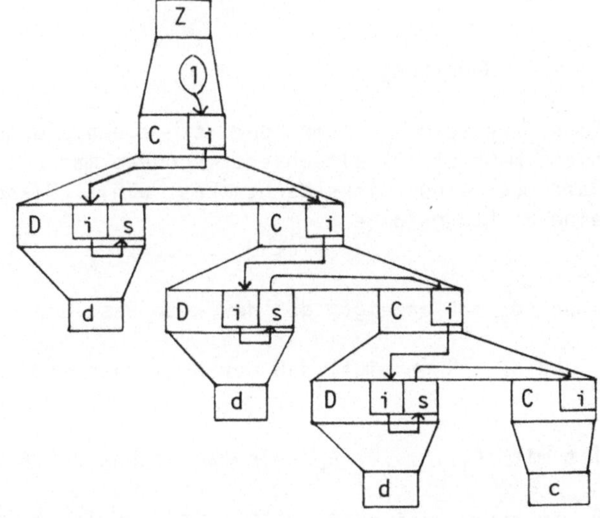

2.5. Alternierende Attributierte Grammatiken

2.5.1. Die AAG-Eigenschaft

Nach einer Anregung in [Jaz74] bzw. [JaW75] kann die Attributierungsreihen-folge alternieren. Nach einem Links-Rechts-Pass folgt ein Rechts-Links-Pass, dann wieder ein Links-Rechts-Pass usw., bis alle Attribute ausgewertet sind.

Definition (Alternierende AG) [JaW75]

Eine AG hat die AAG(K)-Eigenschaft oder
ist Alternierende Attributierte Grammatik <=>
Es existiert ein festes $K \in \mathbb{N}$ ($K \geq 2$), so daß für alle $p: X_0 \rightarrow X_1 \ldots X_{n_p} \in P$
die Attribute in der Reihenfolge

$$AI_1(X_0) \; , \; AI_1(X_1) \; , \; \ldots \; , \; AS_1(X_{n_p}) \; , \; AS_1(X_0) \; ,$$

$$AI_2(X_0) \; , \; AI_2(X_{n_p}) \; , \; \ldots \; , \; AS_2(X_1) \; , \; AS_2(X_0) \; ,$$

$$\ldots\ldots\ldots\ldots\ldots\ldots\ldots\ldots\ldots\ldots\ldots\ldots\ldots\ldots\ldots\ldots\ldots\ldots\ldots\ldots$$

$$AI_K(X_0) \; , \; \ldots\ldots\ldots\ldots\ldots\ldots\ldots\ldots\ldots\ldots\ldots \; , \; AS_K(X_0)$$

(vollständig und eindeutig) ausgewertet werden können, wobei die Zerlegung von $A(X)$ wie in der Definition der Multi-Pass-L-AG (vgl. Abs.2.4.1.) gewählt ist.

Bemerkung

Eine Erweiterung dieser Idee ist gegeben, wenn die Attributierungsreihenfolge nicht mehr strikt alterniert, sondern man beliebig entweder einen Rechts-Links-Pass oder einen Links-Rechts-Pass wählt. Diese Strategie wird beschrieben durch eine Richtungsfolge

$$< d_1 \; , \; \ldots \; , \; d_K > \qquad\qquad d_k \in \{L,R\}$$

wobei $d_k = L$ anzeigt, daß der k-te Pass ein Links-Rechts-Pass ist,

und $d_k = R$ anzeigt, daß der k-te Pass ein Rechts-Links-Pass ist.

Ist mit $A_1 \; , \; \ldots \; , \; A_K$ eine Zerlegung der Attributmenge A gegeben, wobei

A_k in k-ten Pass ausgewertet wird, so ist folgendes Ergebnis ersichtlich.

Definition (Multi-Pass-AG)

- Eine AG heißt K-Pass-AG <=>

  Es existiert ein festes $K \in \mathbb{N}$ und eine Richtungsfolge $< d_1, \ldots, d_K >$

  mit $d_k \in \{L, R\}$, so daß die Attributmengen A_k gemäß der Zerlegung

  in der Reihenfolge $A_1, \ldots, A_K$ ausgewertet werden können,

  wobei A_k im k-ten Pass mit der Richtung d_k ausgewertet wird.

- Eine AG heißt Multi-Pass-AG <=> Sie ist K-Pass-AG für irgendein $K \in \mathbb{N}$

Satz

Eine AG ist Multi-Pass-AG <=> Die AG ist Alternierende AG

Beweis:

"<=": Jede Alternierende AG ist nach Definition Multi-Pass-AG mit der
      Richtungsfolge <L,R,L,R,...,L,R>

$$ A_k = \bigcup_{X \in V} AI_k(X) \cup \bigcup_{X \in V} AS_k(X) \quad (k=1,\ldots,K) \quad (vgl. \ Abs.2.4.1.) $$

"=>": Sei eine Multi-Pass-AG mit der Zerlegung $A = A_1 \cup \ldots \cup A_K$ und

      der Richtungsfolge $<d_1,\ldots,d_K>$ gegeben.

      sei 0 $d_k = d_{k+1} = L$ (analog für $d_k = d_{k+1} = R$),

      so wähle man $A_1, \ldots, A_k, \{ \}, A_{k+1}, \ldots, A_K$ als neue Zerlegung

      und $< d_1, \ldots, d_k, R, d_{k+1}, \ldots, d_K >$ als neue Richtungsfolge.

      So ist wieder eine Alternierung erreicht.

      Nach endlich vielen Manipulationen dieser Art, möglicherweise weiteren
      Ergänzungen leerer Attributmengen vor dem ersten oder nach dem letzten
      Pass, ergibt sich eine Richtungsfolge

$$ < L, R, L, R, \ldots, L, R > = < d_1', \ldots, d_{K'}' > $$

      und eine Zerlegung $A = A_1' \cup \ldots \cup A_{K'}'$ mit $K' \leq 2K$,

      d.h. die AG ist Alternierende AG.

In den folgenden Abschnitten werden daher die Begriffe Alternierende AG und Multi-Pass-AG als gleichwertig betrachtet.

2.5.2. Algorithmen für Alternierende AG

Der folgende Algorithmus von Jazayeri prüft, ob eine gegebene AG eine Alternierende AG ist.

Algorithmus (Test auf Alternierende AG) [JaW75] [WaG84]

Eingabe: AG = (G,A,R,B) Attributierte Grammatik
       AO(p), DDP(p), NDDP(p) für alle $p \in P$
       $<d_1, d_2, \ldots >$ Richtungsfolge in hinreichender Länge

Ausgabe: AG ist K-Pass-AG oder ist nicht Multi-Pass-AG.
       Im positiven Fall ist mit der Passanzahl K auch die Zerlegung
       $A_1 , \ldots , A_K$ der Attributmenge A bestimmt

1) K := 0 ; notevalattrset := A ;

2) REPEAT

3)   K:= K + 1 ;

4)   IF d_K = L

      THEN
5) A_K = NEXTSET(notevalattrset,L,K) (* d_K = L *)

      ELSE
6) A_K = NEXTSET(notevalattrset,R,K) (* d_K = R *)
   FI ;
7)   notevalattrset := notevalattrset - A_K ;

   UNTIL (notevalattrset = { }) OR (A_{K-1} , A_K bleiben leer) ;

8) IF notevalattrset = { }
    THEN
      Angabe("AG ist K-Pass-AG")
    ELSE
      Angabe("AG ist nicht Multi-Pass-AG")
  FI ;

Dieser Algorithmus entspricht inhaltlich weitgehend dem Algorithmus zum Test der LAG(K)-Eigenschaft (vgl. Abs.2.4.2.). Auf ein paar Abweichungen sei hingewiesen:

- Die Prozedur NEXTSET prüft die Attributierungsregeln und bestimmt die im nächsten Links-Rechts-Pass bzw. Rechts-Links-Pass auswertbaren Attribute.

- Die äußere Schleife 2) bricht erst ab, wenn weder in einem Rechts-Links-Pass noch in einem Links-Rechts-Pass Attribute ausgewertet werden können. Dabei wird K möglicherweise um 1 zu groß bestimmt. Dies ist jedoch vom theoretischen Standpunkt ohne wesentliche Bedeutung.

Und nun zur Prozedur NEXTSET:

```
PROCEDURE NEXTSET(notevalattrset,d,K);

9)    possevalattrset := notevalattrset ; attrset := { } ;

10)   REPEAT (* im K-ten Pass attributierbar *)
11)     FOR jede Produktion p:X_0 → X_1...X_{n_p} ε P
        DO
12)       FOR jedes Attribut X_j.b ε ( AO(p) ∩ possevalattrset )
          DO
13)         FOR jede Abhängigkeit X_i.a → X_j.b ε DDP(p)
            DO
14)           IF ( X_i.a → X_j ε NDDP(p) )
              THEN
15)             IF ( X_i.a ε attrset ) .

16)               OR ( d = L ) AND
                     (j<>0 AND (j<i OR (i=0 OR i=j) AND X_i.a ε AS(X_i)))
17)               OR ( d = R ) AND
                     (j<>0 AND (i<j OR (i=0 OR i=j) AND X_i.a ε AS(X_i)))

                  THEN
18)                 possevalattrset := possevalattrset - {X_j.b} ;
                    attrset := attrset ∪ {X_j.b}
                FI
              FI
            OD
          OD
        OD
      UNTIL possevalattrset und attrset bleiben stationär ;

19)   NEXTSET := possevalattrset ;
```

Diese Prozedur entspricht im wesentlichen der Schleife 4) des Algoritmus aus
Abs.2.4.2., hier jedoch für eine frei wählbare Richtung.

Leider mußte beim vorherigen Algorithmus noch eine Richtungsfolge vorgegeben
werden. Der folgende Algorithmus konstruiert zusätzlich zur Zerlegung von A
noch eine geeignete Richtungsfolge.

     Algorithmus (Test auf AAG und Zerlegung von A) [JaP78]

Eingabe: AG = (G,A,R,B) Attributierte Grammatik
       AO(p), DDP(p), NDDP(p) für alle $p \in P$

Ausgabe: AG ist K-Pass-AG oder ist nicht Multi-Pass-AG.
       Im positiven Fall ist mit der Passanzahl K
       auch die Zerlegung A_1 , ... , A_K der Attributmenge A

       und die Richtungsfolge $< d_1$, ... , $d_K >$ bestimmt

1) K := 0 ; notevalattrset := A ;

2) REPEAT

3)   K:= K + 1 ;

4) A_L = NEXTSET(notevalattrset,L,K) ;

5) A_R = NEXTSET(notevalattrset,R,K) ;

6)   IF (A_R c A_L)
      THEN
7) d_K := L ; A_K := A_L

     ELSE
8)   IF (A_L c A_R)
       THEN
9) d_K := R ; A_K := A_R

       ELSE
10)   SELECT(K,A_L,A_R)
     FI
   FI ;
11) notevalattrset := notevalattrset - A_K ;

   UNTIL (notevalattrset = { }) OR (A_L = A_R = { }) ;

```
12) IF notevalattrset = { }
       THEN
          Angabe("AG ist K-Pass-AG mit Richtungsfolge <d_1,...,d_K>")
       ELSE
          Angabe("AG ist nicht Multi-Pass-AG")
     FI ;
```

Es fehlen noch die Prozeduren NEXTSET unnnd SELECT

- NEXTSET prüft die Attributierungsregeln und bestimmt die im nächsten
  Links-Rechts-Pass bzw. Rechts-Links-Pass auswertbaren Attribute
  (vgl. z.B. den vorherigen Algorithmus)

- SELECT alterniert im Fall der Unvergleichbarkeit von A_L und A_R die
  Richtung der Attributierung:

```
13) IF ( K = 1 )
       THEN
14)       d_K := L ; A_K := A_L

       ELSE
15)       IF ( d_{K-1} = R )  (* K ≥ 2 *)
              THEN
16)              d_K := L ; A_K := A_L

              ELSE
17)              d_K := R ; A_K := A_R
          FI
     FI ;
```

Als Standardverfahren zur Attributierung von K-Pass-AG ist eine Variante
des Algorithmus aus.2.4.3. (Links-Rechts-Pässe) geeignet.
Man ergänze in jenem Algorithmus die Eingabe um die Richtungsfolge
$< d_1 , \ldots , d_K >$ und ändere Schritt 1) in

```
1) IF ( d_k = L )
      THEN
         FOR ν := 1(1)n_p
           DO
              2) , 3) , 4)
           OD
      ELSE
         FOR ν := n_p(-1)1
           DO
              2) , 3) , 4)
           OD ;
```

2.5.3. Vergleich von Multi-Pass-AG

Korrollar

a) (Multi-Pass)-L-AG und (Multi-Pass)-R-AG sind nicht miteinander vergleichbar

b) Sowohl jede (Multi-Pass)-L-AG als auch jede (Multi-Pass)-R-AG ist
   Alternierende AG

Beweis:

a) Die Beispiele aus Abs.2.4.5. sind geeignete Gegenbeispiele.

b) Jede AG mit LAG(K)-Eigenschaft und jede AG mit RAG(K)-Eigenschaft hat die
   AAG(2K)-Eigenschaft, möglicherweise sogar die AAG(K')-Eigenschaft für ein
   K' < 2K (vgl. Beweis zum Satz aus Abs.2.5.1.).

Beispiel [WaG84]

Folgende AG ist weder Multi-Pass-L-AG, noch Multi-Pass-R-AG,
hat aber die AAG(2)-Eigenschaft:

P_1: Z → X   X_i ← 1

P_2: X → W X Y   X[0]_a ← W_s ; X[0]_b ← Y_s ; W_i ← X[2]_a ;
                      X[2]_i ← X[0]_i ; Y_i ← X[2]_b

P_3: X → x   X_a ← X_i ; X_b ← X_i

P_4: W → w   W_i ← W_s

P_5: Y ← y   Y_s ← Y_i

wie aus nebenstehendem
Strukturbaum
ersichtlich
ist:

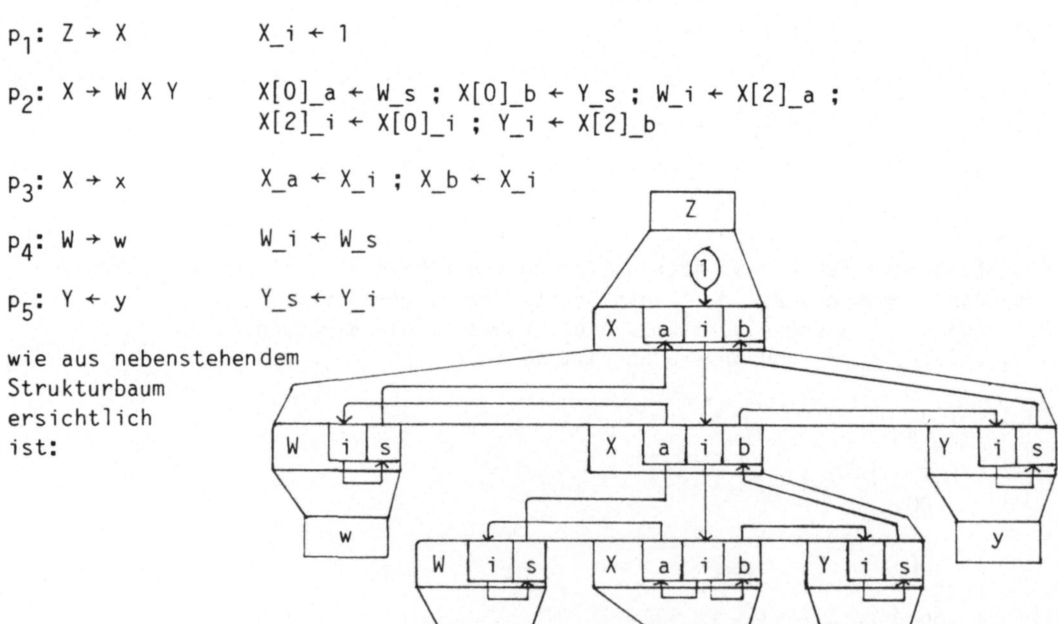

Beispiel [RäU79] [RäU81]

Man verzweifle nicht auf Grund des Umfangs dieses Beispiels, es wird in
Abs.2.5.5. als sehr übersichtlich erkannt und begründet die Notwendigkeit
der Untersuchungen der Abs.2.5.4. und Abs.2.5.5.

$$p_1 \; : \; Z \to X_1 \; X_1$$

$$X_1[1]\_a \leftarrow 1 \; ; \qquad X_1[2]\_a \leftarrow X_1[1]\_q$$
$$X_1[1]\_b \leftarrow 2 \; ; \qquad X_1[2]\_b \leftarrow X_1[1]\_r$$
$$X_1[1]\_c \leftarrow X_1[2]\_p \; ; \; X_1[2]\_c \leftarrow 3$$
$$X_1[1]\_d \leftarrow \; ; \qquad X_1[2]\_d \leftarrow X_1[1]\_p$$

$$p_i \; : \; X_i \to X_{i+1} \; X_{i+1}$$
$$(i=1,\ldots,K-3)$$

$$X_i\_p \leftarrow X_i\_b + X_i\_c \; ; \; X_i\_q \leftarrow X_i\_a + X_{i+1}[1]\_p$$
$$X_i\_r \leftarrow X_{i+1}[1]\_p \; ; \; X_{i+1}[1]\_a \leftarrow 1$$
$$X_{i+1}[1]\_b \leftarrow 2 \; ; \; X_{i+1}[1]\_c \leftarrow X_{i+1}[2]\_p$$
$$X_{i+1}[2]\_a \leftarrow X_{i+1}[1]\_q \; ; \; X_{i+1}[2]\_b \leftarrow X_{i+1}[1]\_r$$
$$X_{i+1}[2]\_c \leftarrow 3$$

$$p_{K-2} : \; X_{K-2} \to X_{K-1} \; X_{K-1}$$

$$X_{K-2}\_p \leftarrow X_{K-2}\_b + X_{K-2}\_c \; ; \; X_{K-2}\_q \leftarrow X_{K-2}\_a + X_{K-1}[1]\_p$$
$$X_{K-2}\_r \leftarrow X_{K-1}[1]\_p \; ; \; X_{K-1}[1]\_a \leftarrow 1$$
$$X_{K-1}[1]\_b \leftarrow 2 \; ; \; X_{K-1}[1]\_c \leftarrow X_{K-1}[2]\_p$$
$$X_{K-1}[2]\_a \leftarrow X_{K-1}[1]\_q \; ; \; X_{K-1}[2]\_b \leftarrow 2$$
$$X_{K-1}[2]\_c \leftarrow 3$$

$$p_{K-1} : \; X_{K-1} \to \text{term}$$

$$X_{K-1}\_p \leftarrow X_{K-1}\_b + X_{K-1}\_c \; ; \; X_{K-1}\_q \leftarrow X_{K-1}\_a \; ; \; X_{K-1}\_r \leftarrow 9$$

Wie aus folgendem Strukturbaum – sicherlich nicht – ersichtlich werden die
Attribute unter Ausnutzung des zweiten Algorithmus aus Abs.2.5.2. wie folgt
ausgewertet:

Pass	Richtung	Attributierung
1	L	$X_{K-1}.a$, $X_{K-1}.b$, $X_{K-1}.q$, $X_{K-1}.r$
2	R	$X_{K-1}.c$, $X_{K-1}.p$, $X_{K-2}.r$
3	L	$X_{K-2}.a$, $X_{K-2}.b$, $X_{K-2}.q$
4	R	$X_{K-2}.c$, $X_{K-2}.p$, $X_{K-3}.r$
...	...	....
2K-3	L	$X_1.a$, $X_1.b$, $X_1.q$
2K-2	R	$X_1.c$, $X_1.p$
2K-1	L	$X_1.d$

Der Strukturbaum kann hier nur auszugsweise angedeutet werden:

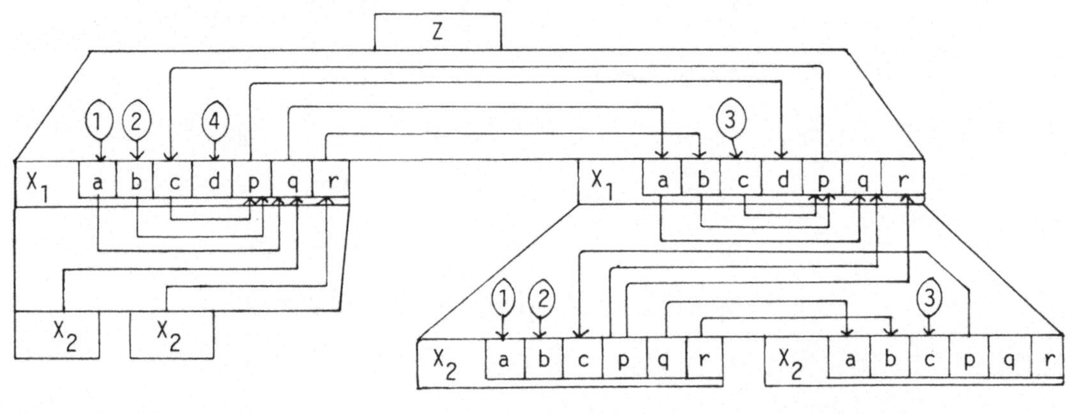

....

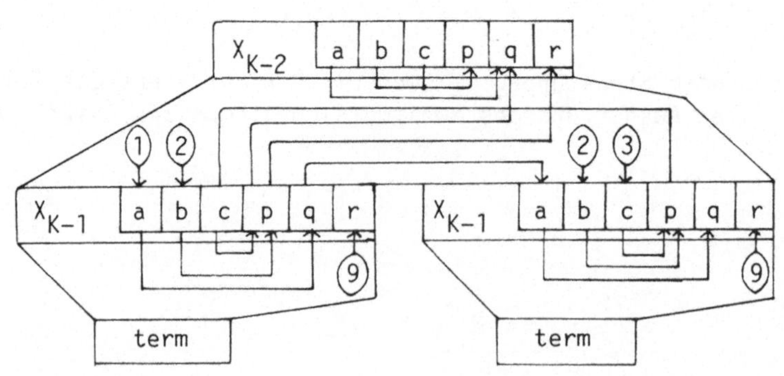

Jedoch ist eine Attributierung mit nur K Pässen wie folgt möglich
(vgl. Abs.2.5.5.):

Pass	Richtung	Attributierung
1	R	$X_{K-1}.b$, $X_{K-1}.c$, $X_{K-1}.p$, $X_{K-1}.r$, $X_{K-2}.r$
2	R	$X_{K-2}.b$, $X_{K-2}.c$, $X_{K-2}.p$, $X_{K-3}.r$
3	R	$X_{K-3}.b$, $X_{K-3}.c$, $X_{K-3}.p$, $X_{K-4}.r$
...	...	....
K-1	L	$X_1.b$, $X_1.c$, $X_1.p$
K	L	$X_1.d$, $X_i.a$, $X_i.q$ ($i=1,\ldots,K-1$)

Sei K_{opt} die Zahl der Pässe, die mindestens erforderlich ist zur Attributierung

und K_{ASE} die Zahl der mit dem Algorithmus aus Abs.2.5.2. bestimmten Pässe,

so gilt in diesem Beispiel $K_{ASE} \geq 2K_{opt} - 1$

Satz [RäU81]

Für beliebige Multi-Pass-AG ist $K_{ASE} < 2K_{opt} - 1$

Beweis:

1) Sei $ASE(k) = \bigcup_{l=1}^{k} A_l$ falls $k \leq K_{ASE}$ und $ASE(k) = A$ falls $k \geq K_{opt}$

   so gilt folgendes Lemma:

   Seien für den k-ten Pass A_L und A_R durch den Algorithmus zur

   Zerlegung von A bestimmt so gilt: $A_L \cup A_R \subseteq ASE(k+1)$

   Beweis:

   Œ sei $A_k = A_L$ gewählt (andere Fälle sind analog),

   so ist $A_L \subseteq ASE(k) \subseteq ASE(k+1)$.

Seien A_L' und A_R' die durch den Algorithmus zur Zerlegung von A für den (k+1)-ten Pass bestimmten Attributmengen, so gilt $A_R - A_L \subseteq A_R'$ und $A_{k+1} = A_L'$ falls $A_R' \subseteq A_L'$ bzw. $A_{k+1} = A_R'$ sonst. Somit ist in beiden Fällen $A_R = (A_R \cap A_L) \cup (A_R - A_L) \subseteq A_L \cup A_R' \subseteq A_k \cup A_{k+1} \subseteq ASE(k+1)$ und daher $A_L \cup A_R \subseteq ASE(k+1)$ qed.

2) Nun zum Beweis des Satzes:

Der Fall $K_{opt} = 1$ bewirkt $K_{ASE} = 1$ und ist somit trivial,

daher Œ $K_{opt} > 1$. Sei O_k die Attributmenge, die die beim optimalen Verfahren im k-ten Pass auswertbaren Attribute enthält. Damit wird definiert

$$OPT(k) = \bigcup_{l=1}^{k} O_l \quad \text{falls } k < K_{opt} \quad \text{und} \quad OPT(k) = A \quad \text{falls } k \geq K_{opt}$$

Durch Induktion wird nun folgendes Lemma gezeigt:

$$OPT(k) \subseteq ASE(2k) \quad \text{für } k=1,2,\ldots K_{opt}-1$$

Beweis:

k=1:   Seien für den 1-ten Pass A_L und A_R durch den Algorithmus zur Zerlegung von A bestimmt. Trivialerweise ist $OPT(1) \subseteq A_L$ oder $OPT(1) \subseteq A_R$, nach dem Lemma aus 1) daher $OPT(1) \subseteq A_L \cup A_R \subseteq ASE(2)$.

k-1→k: Falls $OPT(k) \subseteq ASE(2(K-1))$, so gilt $OPT(k) \subseteq ASE(2k)$ trivialerweise

Sei also $OPT(k) \not\subseteq ASE(2(k-1))$ und seien für den (2k-1)-ten Pass A_L und A_R durch den Algorithmus zur Zerlegung von A bestimmt.

Sei $\Delta = OPT(k) - ASE(2(k-1))$. Wegen der Induktionsvorausetzung $OPT(k-1) \subseteq ASE(2(k-1))$ ist dann $\Delta \subseteq OPT(k) - OPT(k-1) = O_k$

also ist Δ in einem Pass auswertbar, d.h. $\Delta \subseteq A_L$ oder $\Delta \subseteq A_R$.

Mit Hilfe des Lemma aus 1) folgt

$OPT(k) \subseteq ASE(2(k-1)) \cup \Delta \subseteq ASE(2(k-1)) \cup (A_L \cup A_R) \subseteq ASE(2k)$ qed.

3) Sei $k = K_{opt}$, $\Delta = OPT(K_{opt}) - ASE(2(K_{opt}-1))$ und $_L$ und A_R für den

(2K_{opt}-1)-ten Pass durch den Algorithmus zur Zerlegung von A bestimmt.

Wegen $OPT(K_{opt}) = A$ ist $ASE(2(K_{opt}-1)) \cup \Delta = A$, d.h. $A_L \subseteq \Delta$ und $A_R \subseteq \Delta$.

Da nach dem Lemma aus 2) $\Delta \subseteq OPT(K_{opt}) - OPT(K_{opt}-1) = O_K$ gilt,

also Δ in einem Pass auswertbar ist, folgt $\Delta \subseteq A_L$ oder $\Delta \subseteq A_R$.

Zusammen also $A_L \subseteq A_R$ oder $A_R \subseteq A_L$ und $2(K_{opt}-1)+1$ Pässe genügen zur

Auswertung von $OPT(K_{opt}) = A$. Es gilt also $K_{ASE} \leq 2K_{opt} - 1$ qed.

2.5.4. Bestimmung der optimalen Richtungsfolge

Es wäre einfach vor jedem Pass die optimale Richtung zu "erraten";
dann wäre SELECT eine nichtdeterministische Prozedur und das Problem,
eine minimale Passanzahl zu bestimmen, in polynomialer Zeit lösbar.

Satz [RäU81]

Das Problem, für eine Multi-Pass-AG eine Zerlegung und eine optimale
Richtungsfolge (und damit eine Multi-Pass-Attributierung) zu konstruieren,
ist NP-vollständig

Beweis:

1) Der Beweis erfolgtdurch Zurückführen auf das

"shortest common supersequence"-Problem (vgl. Problem SR8 in [GaJ78]):

Sei ein String $\sigma' \in \Sigma^*$ gegeben, so ist eine "supersequence" σ von σ'

ein String $\sigma = \sigma_0 \sigma'_1 \sigma_1 \ldots \sigma'_f \sigma_f \in \Sigma^*$ mit $\sigma' = \sigma'_1 \ldots \sigma'_f$ und $\sigma_0, \ldots, \sigma_f \in \Sigma^*$.

σ' heißt "subsequence" von σ. Eine gemeinsame "supersequence" einer

Menge $\mathcal{S} = \{ \sigma^1 , \ldots , \sigma^g \}$ von Strings ist ein String $\sigma \in \Sigma^*$,

der "supersequence" eines jeden String aus $\mathcal{S}$ ist.

Das "shortest common supersequence"-Problem ist dann wie folgt gegeben:

Sei ein Alphabet Σ, eine endliche Menge $\mathcal{S}$ von Strings über Σ und eine Zahl $K \in \mathbb{N}$ gegeben. Existiert eine gemeine eine gemeinsame "supersequence" von $\mathcal{S}$ einer Länge $\leq K$?

Dieses Problem ist, wie [RUk81] zeigt, schon für ein binäres Alphabet im allgemeinen NP-vollständig.

2) Für die Zurückführung wird das Alphabet $\Sigma = \{L,R\}$ benutzt.

Sei $\mathcal{S} = \{ \sigma^1 , \dots , \sigma^g \}$, $\sigma^1 = \sigma^1_1 \dots \sigma^1_{f_1} , \dots , \sigma^g = \sigma^g_1 \dots \sigma^g_{f_g} \in \Sigma^*$

und $K \in \mathbb{N}$ gegeben. Sei dann folgende AG konstruiert:

$T = \{ t \}$, $N = \{ Y_1 , \dots , Y_g , X_1 , \dots , X_g , Z \}$

für $j=1,\dots,g$: $AI(X_j) = \{X_j.a_1, \dots, X_j.a_{f_j}\}$, $AS(X_j) = \{X_j.b_1, \dots, X_j.b_{f_j}\}$

$A(Y_1) = \dots = A(Y_g) = A(Z) = \{ \}$

$Z \to Y_1 , \dots , Y_g \qquad$ keine Attributierungsregel

für $j = 1,\dots,g$:

$Y_j \to X_j X_j \qquad X_j[1]\_a_1 \leftarrow 1 \;;\; X_j[2]\_a_1 \leftarrow X_j[1]\_b_1$ falls $\sigma^j_1 = L$

$\qquad\qquad\qquad X_j[1]\_a_1 \leftarrow X_j[2]\_a_1 \;;\; X_j[2]\_a_1 \leftarrow 1$ falls $\sigma^j_1 = R$

$\qquad\qquad$ für $h = 2,\dots,f_j$:

$\qquad\qquad\qquad X_j[1]\_a_h \leftarrow X_j[2]\_b_{h-1} \;;\; X_j[2]\_a_h \leftarrow X_j[1]\_b_h$ falls $\sigma^j_h = L$, $\sigma^j_{h-1} = L$

$\qquad\qquad\qquad X_j[1]\_a_h \leftarrow X_j[1]\_b_{h-1} \;;\; X_j[2]\_a_h \leftarrow X_j[1]\_b_h$ falls $\sigma^j_h = L$, $\sigma^j_{h-1} = R$

$\qquad\qquad\qquad X_j[1]\_a_h \leftarrow X_j[2]\_b_h \;;\; X_j[2]\_a_h \leftarrow X_j[2]\_b_{h-1}$ falls $\sigma^j_h = R$, $\sigma^j_{h-1} = L$

$\qquad\qquad\qquad X_j[1]\_a_h \leftarrow X_j[2]\_b_h \;;\; X_j[2]\_a_h \leftarrow X_j[1]\_b_{h-1}$ falls $\sigma^j_h = R$, $\sigma^j_{h-1} = R$

für $j = 1,\dots,g$:

$X_j \to t \qquad\qquad X_j\_b_h \leftarrow X_j\_a_h$ für $h = 1,\dots,f_j$

Die AG erzeugt einen Strukturbaum, wie z.B. für σ^3 = LRRLL im folgenden
angedeutet wird:

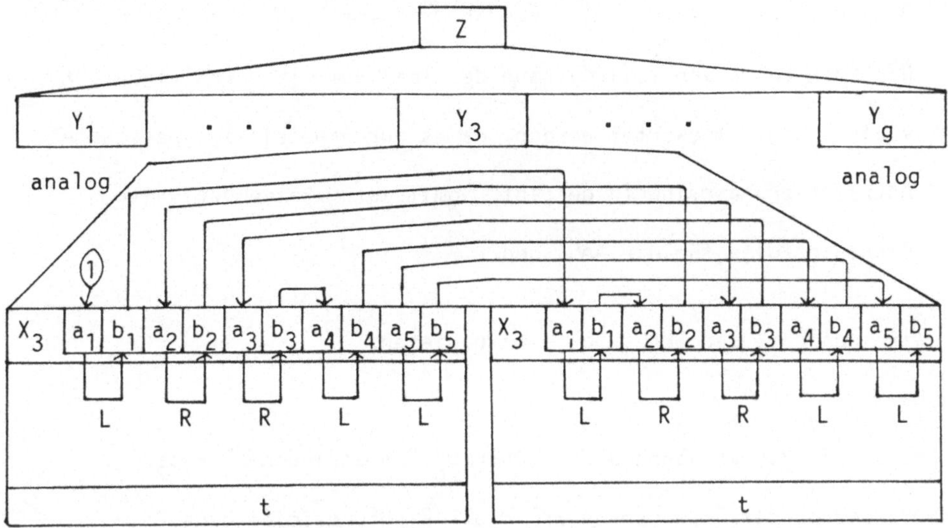

Nur eine einzige Attributierungsreihenfolge ist möglich.

3) Für diese AG gilt nun folgendes Lemma:

σ ist eine Richtungsfolge für die AG <=>
$\quad\quad\quad\quad\quad\quad$ σ ist eine gemeinsame "supersequence" von $\mathcal{S}$

Beweis:

"<=" Sei σ gemeinsame "supersequence" von $\mathcal{S}$. Zu zeigen ist, daß die

Attribute des Teilbaumes mit Wurzel Y_j (j $\in$ {1,....,g}) unter

Benutzung der Richtungsfolge σ ausgewertet werden können. Weil die

Attribute verschiedener Teilbäume nicht voneinander abhängen, können

dann alle Attribute mit der Richtungsfolge σ ausgewertet werden.

Seien $\sigma^j = \sigma_1^j...\sigma_{f_j}^j$ (j $\in$ {1,....,g}) eine "subsequence" aus σ und als

$\sigma^j = \sigma_0 \sigma_1^j \sigma_1...\sigma_{f_j}^j \sigma_{f_j}$ notiert. Die Existenz ergibt sich aus der

Tatsache, daß σ gemeinsame "supersequence" von $\mathcal{S}$ ist. Wegen des

Lemmas von Teil 4) können mit der Richtungsfolge σ^j und somit auch

mit σ alle Attribute des Teilbaumes mit Wurzel Y_j ausgewertet werden.

"=>" Annahme: σ ist keine gemeinsame "supersequence" von

Dann existiert ein $\sigma^j \in \mathcal{Y}$, so daß σ^j keine "subsequence" von σ ist.

Nach dem Lemma von Teil 4) kann der Teilbaum mit Wurzel Y_j nicht

vollständig ausgewertet werden, da es nur eine einzige geeignete

Attributierungsreihenfolge gibt. Somit ist σ keine geeignete

Richtungsfolge für die AAG. qed.

4) Hier wird nun das oben benutzte Lemma bewiesen:

Lemma

Für $h=1,\ldots,f_g$ können während des durch σ_h^j "beschriebenen" Passes

unter Benutzung der "supersequence" σ als Richtungsfolge genau die

Attribute $X_{j}.a_h$ und $X_j.b_h$ ausgewertet werden

Beweis:

Der Beweis erfolgt durch Induktion über den Symbolen σ_1^j, ..., $\sigma_{f_j}^j$:

σ_1^j: O σ_1^j = L (σ_1^j = R läuft analog)

Dann ist folgende Attributabhängigkeit gegeben

$X_j[1].a_1 \rightarrow X_j[1].b_1 \rightarrow X_j[2].a_1 \rightarrow X_j[2].b_1$

Bei Alternierenden AG muß $X_j[1].a_1$ und $X_j[2].a_1$ in demselben Pass

ausgewertet werden, ebenso $X_j[1].b_1$ und $X_j[2].b_1$. Somit müssen diese

Attribute alle in demselben Pass, und zwar in einem Links-Rechts-Pass

ausgewertet werden, was auch möglich ist. Es werden also zumindest die

Attribute $X_j.a_1$ und $X_j.b_1$ während des durch σ_1^j beschriebenen Passes

ausgewertet. Alle weiteren Attribute hängen direkt oder indirekt von

$X_j[2].b_1$ ab:

- im Falle $\sigma_2^j = L$ ergibt sich die Abhängigkeit aus $X_j[1].a_2 \leftarrow X_j[2].b_1$;

  $X_j.a_2$ und $X_j.b_1$ können also nicht in demselben Links-Rechts-Pass ausgewertet werden.

- im Falle $\sigma_2^j = R$ ergibt sich die Abhängigkeit aus

  $X_j[1].a_2 \leftarrow X_j[2].b_1 \leftarrow X_j[2].a_1$;

  $X_j.a_1$ und $X_j.a_2$ können also nicht in demselben Rechts-Links-Pass ausgewertet werden.

Somit können außer $X_j.a_1$ und $X_j.b_1$ keine weiteren Attribute im ersten Pass ausgewertet werden.

$\sigma_{l-1}^j \rightarrow \sigma_l^j$: Das Lemma gelte für σ_1^j , σ_2^j , ... , σ_{l-1}^j

Aus der Sicht des l-ten Passes sind vorher ausgewertete Attribute eigentlich. Nach der Induktionsannahme sind im $(l-1)$-ten Pass genau die Attribute $X_j.a_{l-1}$ und $X_j.b_{l-1}$ ausgewertet worden. Auf Grund der bereits beim Induktionsbeginn benutzten Argumentation werden im l-ten Pass die Attribute $X_j.a_l$ und $X_j.b_l$ ausgewertet, nicht jedoch Attribute $X_j.a_{l+1}$, $X_j.a_{l+2}$, ... , $X_j.b_{l+1}$, $X_j.b_{l+2}$, ... Somit werden im l-ten Pass genau die Attribute $X_j.a_l$ und $X_j.b_l$ ausgewertet.

5) Aus dem Lemma von Teil 3) ergibt sich folgende Folgerung:

  Die AG hat eine Richtungsfolge der Länge $\leq K$ <=>
  hat eine gemeinsame "supersequence" der Länge $\leq K$

Die AG kann in polynomialer Zeit konstruiert werden (Es sind lediglich ein paar geschachtelte FOR-Schleifen zu durchlaufen).

Da nach [RUk81] das Problem, eine gemeinsame "supersequence" von $\mathcal{S}$ zu finden, NP-vollständig ist, folgt mit vorheriger Folgerung die NP-Vollständigkeit des Problems, eine optimale Richtungsfolge zu bestimmen.

Somit ist der Satz bewiesen.

2.5.5. Markierter Attributabhängigkeitsgraph

Für das im vorherigen Abs.2.5.4. untersuchte NP-vollständige Problem hat
[RäU81] eine heuristische Lösung vorgeschlagen.

Definition (Markierter Attributabhängigkeitsgraph) [RäU81]

Ein markierter Attributabhängigkeitsgraph ist ein gerichteter Graph $D = (A,E)$
mit der Attributmenge A als Knotenmenge und
$(X_i.b,X_j.a) \in E \iff$ Es existiert $p \in P : X_i.b \to X_j.a \in DDP(p)$ als Kanten

Die Kanten sind mit $\delta(X_i.b,X_j.a) \in \{L,R,NO,ANY\}$ markiert, wobei die Marken
folgende Bedeutung haben:

$\delta(X_i.b,X_j.a) = L$ $X_i.b$ und $X_j.a$ können während desselben Links-Rechts-
Passes ausgewertet werden

$\delta(X_i.b,X_j.a) = R$ $X_i.b$ und $X_j.a$ können während desselben Rechts-Links-
Passes ausgewertet werden

$\delta(X_i.b,X_j.a) = ANY$ $X_i.b$ und $X_j.a$ können sowohl während desselben Rechts-
Links-Passes als auch während desselben
Links-Rechts-Passes ausgewertet werden

$\delta(X_i.b,X_j.a) = NO$ $X_i.b$ und $X_j.a$ können während desselben Links-Rechts-
Passes ausgewertet werden

Die Attributierte Grammatik kann ohne Beschränkung der Allgemeinheit
(vgl. Abs.1.3.) als in Normalform gegeben angenommen werden. Dann werden
folgende Markierungen durch $DDP(p)$ gegeben ($p \in P$):

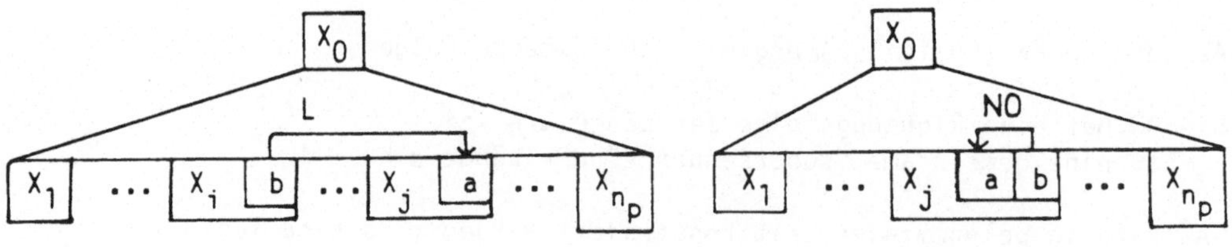

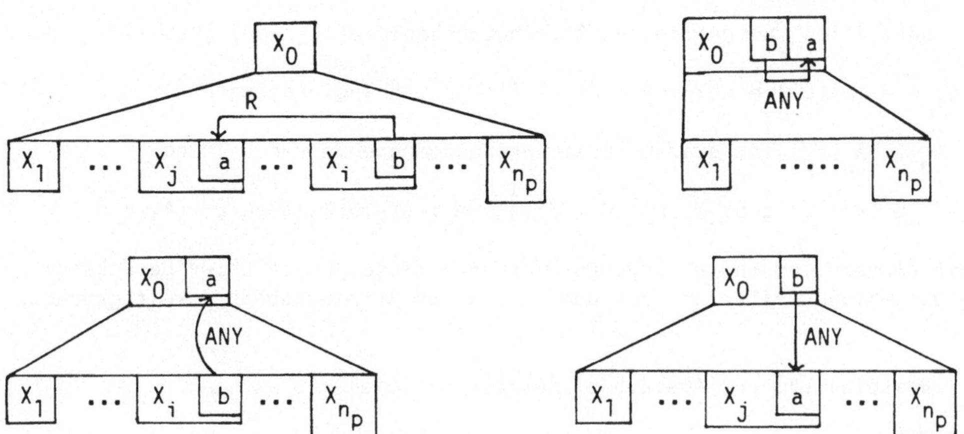

Müßte eine Kante auf Grund verschiedener DDP(p_1), DDP(p_2) (p_1, $p_2 \in P$) mit

mehreren Marken versehen werden, so wird folgendes Auswahlkriterium angewandt:

Sei $\Delta \subseteq \{ L,R,ANY,NO\}$ die Menge der für eine Kante $(X_i.b,X_j.a) \in E$ in Frage
kommenden Marken, so ist:

$$
\begin{aligned}
\delta(X_i.b,X_j.a) = \ &IF \ \ NO \in \Delta \ \ OR \ (\ L \in \Delta \ \ AND \ \ R \in \Delta \ ) \ \ THEN \ \ NO \\
&ELSE \ IF \ L \in \Delta \ \ THEN \ \ L \\
&ELSE \ IF \ R \in \Delta \ \ THEN \ \ R \\
&ELSE \ \ ANY \ \ FI \ \ FI \ \ FI
\end{aligned}
$$

Es seien $D_\rho = (A_\rho,E_\rho)$ ($\rho = 1,\ldots,r$) die starken Zusammenhangskomponenten

von $D = (A,E)$, d.h. $E_\rho = \{ \ (X_i.b,X_j.b) \in E \mid X_i.a, \ X_j.b \in A_\rho \ \}$

Seien $\Delta_\rho = \{ \ \delta(X_i.b,X_j.b) \mid (X_i.a,X_j.b) \in E_\rho \ \}$, so ist mit

$$
\begin{aligned}
\delta(D_\rho) = \ &IF \ \ NO \in \Delta_\rho \ \ OR \ (\ L \in \Delta_\rho \ \ AND \ \ R \in \Delta_\rho \ ) \ \ THEN \ \ NO \\[4pt]
&ELSE \ IF \ L \in \Delta_\rho \ \ THEN \ \ L \\[4pt]
&ELSE \ IF \ R \in \Delta_\rho \ \ THEN \ \ R \\[4pt]
&ELSE \ \ ANY \ \ FI \ \ FI \ \ FI
\end{aligned}
$$

eine Markierung der starken Zusammenhangskomponente D_ρ gegeben.

Insbesondere gilt: $\delta(D_\rho) = ANY$ für $\Delta_\rho = \{ \ \}$

Definition (Komprimierter Attributabhängigkeitsgraph) [RäU81]

Es heißt $C = (A',E')$ ein komprimierter Attributabhängigkeitsgraph mit

$A' = \{ A_\rho \mid (A_\rho, E_\rho)$ ist starke Zusammenhangskomponente von D $\}$ und

$(A_1, A_2) \in E' \iff$ Es gibt $X_i.b \in A_1$, $X_j.a \in A_2$: $(X_i.b, X_j.a) \in E$ $(A_1 \neq A_2)$

Die Markierungen der Kanten ergeben sich in analoger Weise unter Berücksichtigung des obigen Kriteriums aus dem markierten Attributabhängigkeitsgraphen.

Beispiel (AG aus Abs.2.5.3. letztes Beispiel)

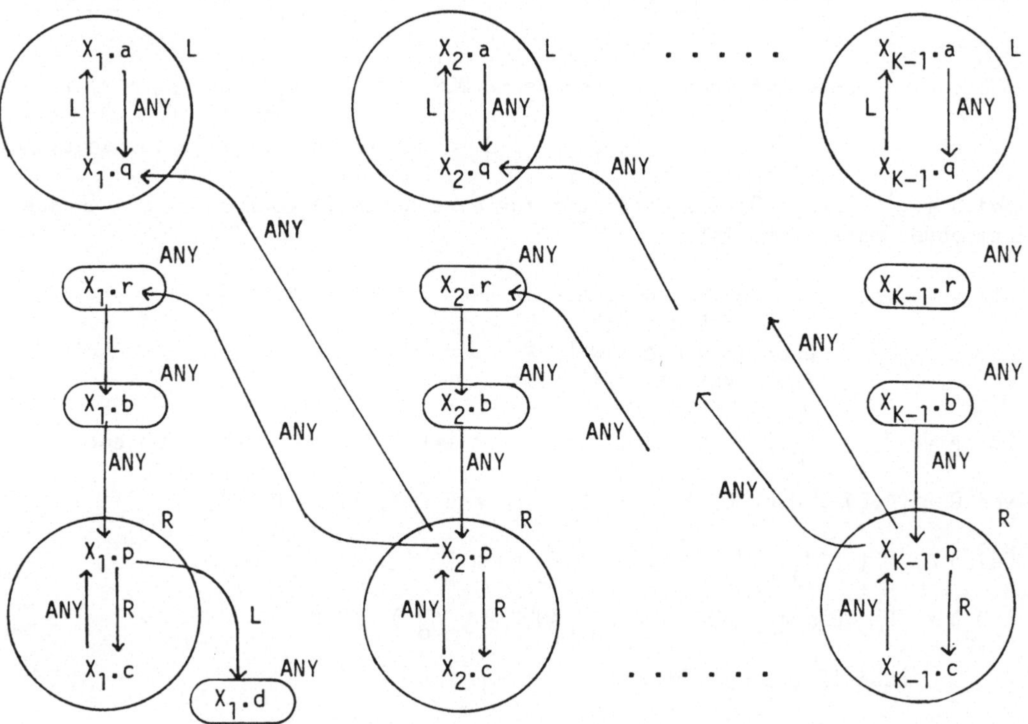

Lemma [RäU81]

Sei eine Multi-Pass-AG in Normalform gegeben,
D ein markierter Attributabhängigkeitsgraph, so gilt:

a) In einem Attributierungsalgorithmus für die AG müssen alle Attribute einer

starken Zusammenhangskomponente $D_\rho = (A_\rho, E_\rho)$ von D während desselben

Pass ausgewertet werden.

b) Sei $D_\rho = (A_\rho, E_\rho)$ eine starke Zusammenhangskomponente von D mit $\delta(D_\rho) \neq NO$

und keinen Eingangskanten nach A_ρ im komprimierten Attributabhängigkeitsgra-

phen, dann können alle Attribute aus A_ρ in demselbe Pass ausgewertet werden

Beweis: [RäU81]

a) Sei $X_j.a \in A_\rho$ und $X_i.b \in A_\rho$

Annahme: $X_i.b$ wird in einem Späteren Pass wie $X_j.a$ ausgewertet

Weil D_ρ stark zusammenhängend ist, existiert ein Weg von $X_i.b$ nach $X_j.a$

inerhalb von D_ρ. Das heißt aber, daß eine Abhängigkeit des Attributs $X_j.a$

vom Attribut $X_i.b$ möglich ist, also $X_i.b$ spätestens in demselben Pass wie

$X_j.a$ ausgewertet werden muß, im Widerspruch zur Annahme.

b) Gezeigt wird, daß die Attribute aus A_ρ in einem Pass mit der durch

$\delta(D_\rho)$ gegebenen Richtung ausgewertet werden können.

Sei O ein Links-Rechts-Pass gewählt., d.h. $\delta(D_\rho) = L$ oder $\delta(D_\rho) = ANY$

(Der Fall des Rechts-Links-Passes ist analog, $\delta(D_\rho) = NO$ ist nach
  Voraussetzung ausgeschlossen.)

Es wird gezeigt, daß $X_j.a \in A_\rho$ an allen Stellen des Strukturbaumes

ausgewertet werden kann, d.h. alle Argumente bekannt sind:

− falls $X_j.a \in AI(X_j)$:

wegen $\delta(D_\rho) \neq R$ und $\delta(D_\rho) \neq NO$ und weil die AG in Normalform ist,

sind folgende Fälle möglich:

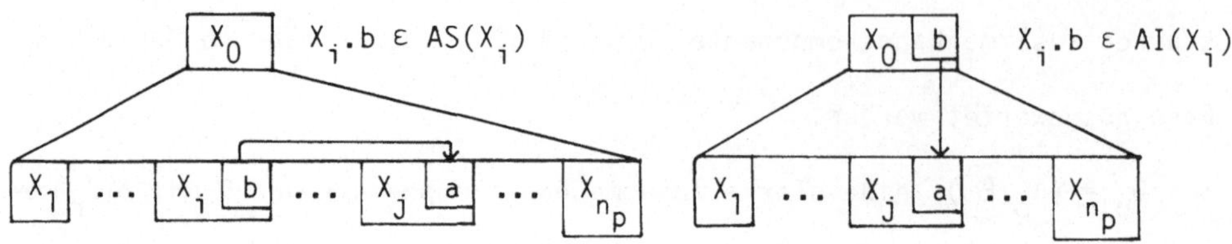

Weil es keine Eingangskanten nach A_ρ gibt, ist $X_i.b$ bzw. $X_0.b$ in A_ρ

enthalten und durch den bekannten Attributierungsalgorithmus in demselben

Links-Rechts-Pass vor $X_j.a$ auswertbar.

− falls $X_j.a \in AS(X_j)$:

weil die AG in Normalform ist, sind folgende Fälle möglich:

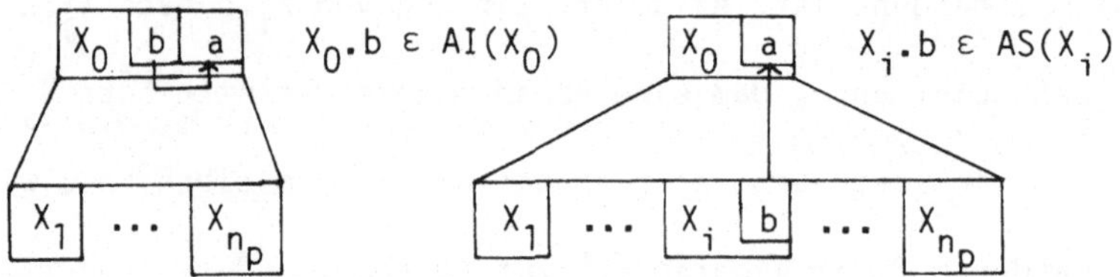

Weil es keine Eingangskanten nach A_ρ gibt, ist $X_0.b$ bzw. $X_i.b$ in A_ρ

enthalten und durch den bekannten Attributierungsalgorithmus in demselben

Links-Rechts-Pass vor $X_j.a$ auswertbar.

Somit ergibt sich folgender Satz, wobei die Normalform−Voraussetzung nur
beweistechnischer Natur ist, da jede beliebige AG in Normalform gebracht
werden kann:

Satz [RäU81]

Sei eine WAG in Normalform gegeben, so gilt:

Die AG ist eine Multi-Pass-AG <=>
Ihr markierter Attributabhängigkeitsgraph D enthält
keine starke Zusammenhangskomponente D_ρ mit $\delta(D_\rho)$ = NO

Beweis:

"<=" Sei C = (A',E') der komprimierte Attributabhängigkeitsgraph für D = (A,E).

Selbstverständlich enthält C keine Zyklen. Weil A' endlich ist, existiert

ein Knoten A_ρ, der keine Eingangskante besitzt; also hängen die Attribute

in A_ρ von keinem Attribut außerhalb A_ρ ab. Wegen $\delta(D_\rho) \neq$ NO können

nach dem Lemma Teil b) alle Attribute aus A_ρ in demselben Pass mit

Richtung $\delta(D_\rho)$ ausgewertet werden. Für alle weiteren Pässe können die

Attribute aus A_ρ als eigentlich betrachtet werden, die starke Zusammen-

hangskomponente D_ρ kann also aus dem Graphen C entfernt werden. Mit Hilfe

des Restgraphen kann der soeben angegebene Prozeß suksessive wiederholt

werden, bis der Graph abgearbeitet ist. Es ergibt sich eine endliche

Richtungsfolge,nach der attributiert werden kann, wenn Marken ANY durch L

oder R ersetzt werden.

"=>" Annahme: D enthält eine starke Zusammenhangskomponente $D_\rho = (A_\rho, E_\rho)$
            mit $\delta(D_\rho)$ = NO

Nach obigem Kriterium bedeutet es, daß

entweder eine Kante $(X_i.b, X_j.a) \in E_\rho$ mit $\delta(X_i.b, X_j.a)$ = NO existiert

oder eine Kante $(X_i.b, X_j.a) \in E_\rho$ mit $\delta(X_i.b, X_j.a)$ = L und

    eine Kante $(X_h.c, X_1.d) \in E_\rho$ mit $\delta(X_h.c, X_1.d)$ = R existiert.

Der erste Fall widerspricht dem Lemma Teil a).

Der zweite Fall ist deswegen widersprüchlich, weil die Attribute $X_h.c$ und $X_1.d$ nur in einem Links-Rechts-Pass und die Attribute $X_i.b$ und $X_j.a$ nur in einem Rechts-Links-Pass ausgewertet werden können, obwohl das Lemma Teil a) die Auswertung in demselben Pass verlangt.

Korollar [RäU81]

Sei eine WAG in Normalform gegeben, so gilt:

Die AG ist Multi-Pass-L-AG $\Longleftrightarrow$
Ihr markierter Attributabhängigkeitsgraph D enthält keine starke
Zusammenhangskomponente D_ρ mit $\delta(D_\rho) \in \{NO,R\}$

Bemerkung

Nach [Tar72] kann man starke Zusammenhangskomponenten in $O(\max(|A|,|E|))$ Schritten finden. Ist π die Anzahl der Attributabhängigkeiten der gegebenen AG, so ist $\pi \geq |E|$ und obiger Satz läßt sich in $O(\max(|A|,\pi))$ Schritten testen. Ein entsprechender Algorithmus folgt.

Zuvor werden mit $L(h)$ Mengen von Attributen definiert, die in einem Links-Rechts-Pass nach h vorausgehenden Rechts-Links-Pässen ausgewertet werden können; analog werden die Mengen $R(h)$ definiert.

Definition

Sei $C = (A',E')$ ein komprimierter Attributabhängigkeitsgraph, so ist:

$$L(h) = \{ A_\rho \in A' - \bigcup_{j=0}^{h-1} R(j) \mid \delta(A_\rho \in \{L,ANY\} \text{ AND } ((A_\sigma,A_\rho) \in E' \Rightarrow$$
$$(A_\sigma \in L(h) \text{ AND } \delta(A_\sigma,A_\rho) \in \{L,ANY\}) \text{ OR } A_\sigma \in \bigcup_{j=0}^{h-1} R(j)) \}$$

$$R(h) = \{ A_\rho \in A' - \bigcup_{j=0}^{h-1} L(j) \mid \delta(A_\rho \in \{R,ANY\} \text{ AND } ((A_\sigma,A_\rho) \in E' \Rightarrow$$
$$(A_\sigma \in R(h) \text{ AND } \delta(A_\sigma,A_\rho) \in \{R,ANY\}) \text{ OR } A_\sigma \in \bigcup_{j=0}^{h-1} L(j)) \}$$

Bemerkung

Es entsprechen $L(0) \triangleq A_L$, $R(0) \triangleq A_R$ den Attributmengen aus Abs.2.5.2.

Algorithmus (Zerlegung von A mit Hilfe von
komprimierten Attributabhängigkeitsgraphen) [RäU81]

Eingabe: komprimierter Attributabhängigkeitsgraph $C = (A',E')$
für eine Multi-Pass-AG in Normalform

Ausgabe: Passanzahl K, die Richtungsfolge $< d_1 , \ldots , d_K >$ und die
Zerlegung $A_1 , \ldots , A_K$ von A

1) $K := 0$; $A'' := A'$; $E'' := E'$; anzattr $:= |A|$;
2) REPEAT
$\quad$ $K := K + 1$;
3) $\quad$ berechne für den Graphen (A'',E'')
$\quad\quad$ die Attributmengen $L(h)$ und $R(h)$ für $h = 0,1,2,\ldots$.
4) $\quad$ IF $R(0) \subset L(0)$
5) $\quad\quad$ THEN $A_K := CHOOSE(L,L(0))$
$\quad\quad$ ELSE
6) $\quad\quad\quad$ IF $L(0) \subset R(0)$
7) $\quad\quad\quad\quad$ THEN $A_K := CHOOSE(R,R(0))$
$\quad\quad\quad\quad$ ELSE
8) $\quad\quad\quad\quad\quad$ IF (für alle $h>0$: $L(h) \subset L(0)$)
$\quad\quad\quad\quad\quad\quad$ THEN $A_K := CHOOSE(L,L(0))$
$\quad\quad\quad\quad\quad\quad$ ELSE
9) $\quad\quad\quad\quad\quad\quad\quad$ IF (für alle $h>0$: $R(h) \subset R(0)$)
10) $\quad\quad\quad\quad\quad\quad\quad\quad$ THEN $A_K := CHOOSE(R,R(0))$
$\quad\quad\quad\quad\quad\quad\quad\quad$ ELSE
12) $\quad\quad\quad\quad\quad\quad\quad\quad\quad$ $h_L := \min \{ h \mid L(h) \not\subset L(0) \}$;
$\quad\quad\quad\quad\quad\quad\quad\quad\quad$ $h_R := \min \{ h \mid R(h) \not\subset R(0) \}$;
13) $\quad\quad\quad\quad\quad\quad\quad\quad\quad$ $A_K := SEL(K,L(0),R(0),h_L,L(h_L),h_R,R(h_R))$
$\quad\quad\quad\quad\quad\quad\quad\quad$ FI
$\quad\quad\quad\quad\quad\quad\quad$ FI
$\quad\quad\quad\quad\quad$ FI
$\quad\quad\quad$ FI ;
14) $\quad$ $A'' := A'' - ($ IF $d_K = L$ THEN $L(0)$ ELSE $R(0)$ $)$;

15) $\quad$ $E'' := E'' \cap A'' \times A''$;

16) $\quad$ anzattr $:=$ anzattr $- |A_K|$

$\quad$ UNTIL anzattr $= 0$;

In Schritt 3) sind nur ichtleere Mengen zu berechnen.
Es ist in jedem Fall h $\leq$ K', meist aber deutlich kleiner.

Der Schritt 3) benötigt nach [AHU74] $O(\max\{|A''|, |E''|\})$ Schritte,
die Schleife 2) wird K-mal mit K $\leq$ K' $\leq$ |A| durchllaufen. Der Algorithmus
hat demnach in jedem Fall polynomiale Komplexität. Unter Beachtung des Satzes
aus Abs.2.5.4. kann der Algorithmus also nicht für beliebige AG eine optimale
Richtungsfolge liefern.

Dieser Algorithmus enthält gegenüber den Algorithmen aus Abs.2.5.2. wesentlich
mehr Kriterien zur Richtungswahl, setzt jedoch eine Multi-Pass-AG, also ein
positives Ergebnis des Test der AAG(K')-Eigenschaft für irgendein K'>0 voraus.
Man kann also auf diesem Wege für Multi-Pass-AG die Passanzahl verkleinern.

Es werden folgende Prozeduren benutzt:

- PROCEDURE CHOOSE(d,W) (*W ist L(0) bzw R(0) *)

$$d_K := d \; ; \; \text{CHOOSE} := \bigcup_{A_\rho \in W} A_\rho$$

- PROCEDURE SEL(K,L(0),R(0),h_L,L(h_L),h_R,R(h_R))

IF h_R < h_L THEN SEL := CHOOSE(L,L(0))

ELSE IF h_L < h_R THEN SEL := CHOOSE(R,R(0))

ELSE IF | L(h_L)-L(0) | > | R(h_R)-R(0) | THEN SEL := CHOOSE(L,L(0))

ELSE IF | R(h_L)-R(0) | > | L(h_R)-L(0) | THEN SEL := CHOOSE(R,R(0))

ELSE IF K = 1 THEN SEL := CHOOSE(L,L(0))

ELSE IF d_{K-1} = R THEN SEL CHOOSE(L,L(0))

ELSE (* d_{K-1} = R *) SEL CHOOSE(L,L(0))

FI FI FI FI FI FI ;

Die Prozedur SEL gibt für die Wahl der nächsten Richtung und der mit dieser
Richtung auswertbaren Attributmenge die heuristischen Kriterien an, die
sich im HLP78-Projekt (vgl. Abs.3.3.) für prozedurale Sprachen als sehr
vorteilhaft erwiesen haben (vgl. [Poz79], [RSS78], [RSS83], [Räi77]).

2.6. Multi-Sweep-Attributierte Grammatiken

Bei Attributierten Grammatiken mit LAG(K)-Eigenschaft werden die Teilbäume mit Wurzeln $X_1, \ldots, X_{n_p}$ eines Teilbaumes mit Wurzel X_0 in der Reihenfolge Teilbaum mit Wurzel $X_1, \ldots$,Teilbaum mit Wurzel X_{n_p}, also von links nach rechts, attributiert; bei AG mit RAG(K)-Eigenschaft erfolgt die Attributierung entsprechend von rechts nach links. Einer Produktion $p: X_0 \rightarrow X_1 \ldots X_{n_p}$ ist somit bei Multi-Pass-L-AG die Besuchsfolge $v(p) = \langle 1, \ldots, n_p \rangle$ und bei Multi-Pass-R-AG die Besuchsfolge $v(p) = \langle n_p, \ldots, 1 \rangle$ zugeordnet.

Bei Multi-Sweep-AG ist nun für jeden Pass als Besuchsfolge eine beliebige Permutation $\langle i_1, \ldots, i_{n_p} \rangle$ von $\langle 1, \ldots, n_p \rangle$ zur Attributierung erlaubt.

Definition (Multi-Sweep-AG)

- Eine AG hat die SAG(K)-Eigenschaft oder ist K-Sweep-AG $\Leftrightarrow$
  Es existiert ein festes $K \in \mathbb{N}$, so daß für alle $p: X_0 \rightarrow X_1 \ldots X_{n_p} \in P$
  die Attribute in der Reihenfolge

$$AI_1(X_0) \, , \, AI_1(X_{i_1^1}) \, , \, \ldots \, , \, AS_1(X_{i_{n_p}^1}) \, , \, AS_1(X_0)$$

$$AI_2(X_0) \, , \, AI_2(X_{i_1^2}) \, , \, \ldots \, , \, AS_2(X_{i_{n_p}^2}) \, , \, AS_2(X_0)$$

$$\ldots\ldots\ldots\ldots\ldots\ldots\ldots\ldots\ldots\ldots\ldots\ldots\ldots\ldots\ldots$$

$$AI_K(X_0) \, , \, AI_K(X_{i_1^K}) \, , \, \ldots \, , \, AS_K(X_{i_{n_p}^K}) \, , \, AS_K(X_0)$$

  ausgewertet werden können.
  Dabei sind sind $\langle i_1^1, \ldots, i_{n_p}^1 \rangle \, , \, \ldots \, , \, \langle i_1^K, \ldots, i_{n_p}^K \rangle$ jeweils Permutationen von $\langle 1, \ldots, n_p \rangle$
  und die Zerlegung von $A(X)$ wie in der Definition der Multi-Pass-L-AG
  (vgl. Abs.2.4.1.) gewählt.

- Eine AG heißt Multi-Sweep-AG $\Leftrightarrow$ Die AG ist K-Sweep-AG für irgendein $K \in \mathbb{N}$

Bemerkung

- Die Besuchsfolgen für die einzelnen Pässe

$$v^1(p) = <i_1^1,\dots,i_{n_p}^1> \text{ für den 1-ten Pass}$$

$$\dots\dots\dots\dots\dots\dots\dots\dots\dots\dots\dots\dots$$

$$v^K(p) = <i_1^K,\dots,i_{n_p}^K> \text{ für den K-ten Pass}$$

können durchaus verschieden sein.

- Für Alternierende AG lautet die Besuchsfolge

$$v^L(p) = <1,\dots,n_p> \text{ für Links-Rechts-Läufe (d=L)}$$

und $\quad v^R(p) = <n_p,\dots,1> \text{ für Rechts-Links-Läufe (d=R)}$

Als Verfahren zur Attributierung von 1-Sweep-AG ist der Algorithmus
aus Abs.2.3.2. zur Attributierung von 1-Visit-AG geeignet.
In der Tat entsprechen die 1-Visit-AG den 1-Sweep-AG.

Zur Attributierung von Multi-Sweep-AG ist folgender Algorithmus geeignet.

Algorithmus (Attributierung von K-Sweep-AG)

Eingabe: Strukturbaum, eigentliche Attribute sind bekannt
für alle $p \in P$ die Besuchsfolgen aller Pässe

$$v^1(p) = <i_1^1,\dots,i_{n_p}^1> , \dots , v^K(p) = <i_1^K,\dots,i_{n_p}^K>$$

die Zerlegung $A_1 , \dots , A_K$ von A

Ausgabe: Vollständig attributierter Strukturbaum

PROCEDURE Teilbaumbesuchen(X_0: Wurzel des Strukturbaumes, k:Passnummer);

1) FOR $\nu:=1(1)n_p$ (* $X_0 \to X_1\dots X_{n_p} \in P$ *)
    DO
2)   attributiere $AI_k(X_{i_\nu})$

3)   IF ($X_{i_\nu} \in N$) (* $<i_1^k,\dots,i_{n_p}^k>$ ist die anzuwendende Besuchsfolge *)
    THEN
4)   Teilbaumbesuchen(X_{i_ν},k)
    FI
  OD;
5) attributiere $AS_k(X_0)$;

Der Verfahren ist nun leicht angegeben durch

```
FOR k:=1(1)K
  DO
    Teilbaumbesuchen(Z:Wurzel des Strukturbaumes,k)
  OD;
```

Offen bleibt noch die Frage, wie die Besuchsfolgen $v^1(p)$, ... , $v^K(p)$ gefunden werden können

- Für 1-Sweep-AG sind Brudergraphen geeignet (vgl. Abs.2.3.2.)

- Die Algorithmen für AAG ergeben die trivialen Besuchsfolgen $v^L(p)$ und $v^R(p)$. Diese können heuristisch verbessert werden, um die Zahl der Pässe zu reduzieren.

Mehr von theoretischen Interesse ist noch folgender Satz.

Satz [EF181]

Die beiden folgenden Probleme sind NP-vollständig

- Hat eine gegebene AG die SAG(K)-Eigenschaft für festes $K \geq 2$?

- Ist eine gegebene AG eine Multi-Sweep-AG ?

Beweis: in [EF181]
  für $K \geq 3$ durch Zurückführung auf das K-Färbbarkeitsproblem der Graphentheorie (Problem GT4 in [GaJ79])

Bemerkung

Das Problem, ob eine gegebene AG 1-Sweep-AG ist, läßt sich mit Hilfe von Brudergraphen in polynomialer Zeit lösen (vgl. Abs.2.3.2.).

2.7. Multi-Visit und Geordnete Attributierte Grammatiken

Nach den pass-orientierten AG werden im folgenden die besuchs-orientierten Attributierungsverfahren vorgestellt.

2.7.1. Multi-Visit-Attributierte Grammatiken

Multi-Visit-AG sind Zerlegbare AG, deren Attributierung sich stets durch den Knoten des Strukturbaumes zugeordnete Besuchsfolgen beschreiben lassen. Dabei zeigt sich, daß Multi-Visit-AG eine Verallgemeinerung der Multi-Pass-AG und der Multi-Sweep-AG sind.
Ein Besuch eines Knotens X_0 eines Strukturbaumes besteht aus folgenden Operationen

- der Ausführung von von Attributierungsregeln zur Attributierung von einigen ererbten Attributen von X_0

- Besuchen des Teilbaumes einiger Nachfolger X_i von X_0 $i \in \{1,\dots,n_p\}$

  Dabei können in Gegensatz zu Multi-Sweep-AG einzelne Nachfolger auch mehrfach besucht werden; zudem ist über die Reihenfolge der Besuche nichts festgelegt.

- der Ausführung von Attributierungsregeln zur Attributierung von einigen abgeleiteten Attributen von X_0

- der Rückkehr zum Vorgänger von X_0

Definition (Besuch eines Knotens)

Sei X_0 ein Knoten eines Strukturbaumes t, $p : X_0 \rightarrow X_1 \dots X_{n_p} \in P$
die angewandte Produktion.
Die Folge $v_k = X_1 . a_1 \dots X_0 . a_s \ v_{k_1, i_1} \ \dots \ v_{k_g, i_g} \ X_0 . b_1 \dots X_0 . b_t \ v_{k,0}$

mit $\{ X_0 . a_1 , \dots , X_0 . a_s \} \subseteq A_{2k-1}(X_0) \subseteq AI(X_0)$

$\{ X_0 . b_1 , \dots , X_0 . b_t \} \subseteq A_{2k}(X_0) \subseteq AS(X_0)$

wobei $i_1 , \dots , i_g \in \{1,\dots,n_p\}$ $k_1 , \dots , k_g \in \{1,2,\dots \}$

$v_{k_1, i_1} , \dots , v_{k_g, i_g}$ Besuche des Nachfolgers X_i $(i = i_1,\dots,i_g)$ von X_0

$v_{k,0}$ Ende des Besuchs (d.h. Rückkehr zum Vorgänger von X_0)

heißt k-ter Besuch des Knotens X_0 von t

Beispiel

Für die Produktion $Z \to A\ B\ C$ und die Attribute $s_1 \in AI(Z)$, s_2, $s_3 \in AS(Z)$ wäre zum Beispiel folgender Besuch möglich:

$$v_1 = Z.s_1\ v_{1,2}\ v_{1,3}\ v_{1,1}\ v_{2,1}\ v_{2,2}\ v_{3,1}\ ^{Z.s_2}\ ^{Z.s_3}\ v_{1,0}$$

Bei diesem Besuch von Z wird

A dreimal, nämlich bei $v_{1,1}$, $v_{2,1}$ und $v_{3,1}v$ besucht,

B zweimal, nämlich bei $v_{1,2}$ und $v_{2,2}$ besucht,

C einmal, nämlich bei $v_{3,1}$ besucht.

Vereinfachung der Schreibweise

Ein Besuch $v_k = X_1.a_1 \ldots X_0.a_s\ v_{k_1,i_1}\ \ldots\ v_{k_g,i_g}\ X_0.b_1 \ldots X_0.b_t\ v_{k,0}$

mit $A_{2k-1}(X_0) = \{\ X_0.a_1\ ,\ \ldots\ ,\ X_0.a_s\ \}$, $A_{2k}(X_0) = \{\ X_0.b_1\ ,\ \ldots\ ,\ X_0.b_t\ \}$

wird auch $v_k = A_{2k-1}(X_0)\ v_{k_1,i_1}\ \ldots\ v_{k_g,i_g}\ A_{2k}(X_0)\ v_{k,0}$ geschrieben.

Bemerkung

Bei Multi-Pass-AG und bei Multi-Sweep-AG ist innerhalb von v_k der Besuch eines Nachfolgers nur genau einmal möglich.

Definition (Multi-Visit-AG)

- Eine AG heißt Multi-Visit-AG mit maximal K Besuchen oder auch K-Visit_AG

  <=> Für jedes $X \in V$ existiert eine zulässige Zerlegung $A_1(X)$, $\ldots$, $A_{m_X}(X)$ von $A(X)$ in $m_X \le 2K$ Attributmengen und es existiert ein Attributierungs-algorithmus, der beim k-ten Besuch ($1 \le k \le m_X$) von X genau die Attribut von $A_{2k-1}(X) \subseteq AI(X)$ und $A_{2k}(X) \subseteq AS(X)$ auswertet.

- Eine AG heißt Multi-Visit-AG

  <=> Die AG ist K-Visit-AG für irgendein $K \in \mathbb{N}$.

Bemerkung

Für jeden Knoten X des Strukturbaumes existiert somit eine Besuchsfolge

$$v_X = v_1 \ldots v_k \ldots v_{m_X} ,$$

wobei $v_k = A_{2k-1}(X_0) \, v_{k_1, i_1} \ldots v_{k_g, i_g} \, A_{2k}(X_0) \, v_{k,0}$ ist

Folgerung

Die 1-Visit-AG sind mit den 1-Sweep-AG identisch,

da: Bei diesen AG wird jeder Knoten genau einmal und die Nachfolger X_1 , ... , X_{n_p} eines Knoten X_0 in beliebiger Reihenfolge besucht.

Folgerung

- Jede K-Sweep-AG ist K-Visit-AG
  (insbesondere ist jede K-Pass-AG auch K-Visit-AG)

- Jede Multi-Sweep-AG ist Multi-Visit-AG
  (insbesondere ist jede Multi-Pass-AG auch Multi-Visit-AG)

Beweis:

Sei eine Multi-Sweep-AG mit K Pässen gegeben. Sei $p: X_0 \to X_1 \ldots X_{n_p} \in P$

$v^1(p) = <i_1^1, \ldots, i_{n_p}^1>$ die Besuchsfolge der Multi-Sweep-AG für den 1-ten Pass

$$\ldots\ldots\ldots\ldots\ldots\ldots\ldots\ldots\ldots\ldots\ldots\ldots\ldots\ldots\ldots\ldots$$

$v^K(p) = <i_1^K, \ldots, i_{n_p}^K>$ die Besuchsfolge der Multi-Sweep-AG für den K-ten Pass

also nach Definition eine Permutation von $<1, \ldots, n_p>$.

Dann lauten die Besuche der Multi-Visit-AG wie folgt:

$$v_1 = A_1(X_0) \, v_{1, i_1^1} \ldots v_{1, i_{n_p}^1} \, A_2(X_0) \, v_{1,0}$$

$$\ldots\ldots\ldots\ldots\ldots\ldots\ldots\ldots\ldots\ldots$$

$$v_K = A_{2K-1}(X_0) \, v_{K, i_1^K} \ldots v_{K, i_{n_p}^K} \, A_{2K}(X_0) \, v_{K,0}$$

Die Besuchsfolge ist dann $v_1 \ldots v_K$ mit $2K = m_X$, also genau K Besuchen von X_0

Ähnlich wie mit den Brudergraphen (vgl Abs.2.3.2.) ein Kriterium für 1-Vist-AG gegeben ist, ergibt sich mit Hilfe der folgenden Zerlegungsabhängigkeiten ein Kriterium für Multi-Visit-AG.

Definition (Zerlegungsabhängigkeiten für Multi-Visit-AG [EnF82]

Seien für alle $X \in V$ zulässige Zerlegungen gegeben, dann heißt die Menge

$$\Pi(p) = \{ \ (A_{k-1}(X_\nu, A_k(X_\nu)) \mid k \in \{2,\dots,m_{X_\nu}\}, \ \nu \in \{0,1,\dots,n_p\} \ \}$$
$$\cup \ \{ \ (A_i(X_\nu), A_j(X_\mu)) \mid \text{Es existieren } X_\nu.a \in A_i(X_\nu) \ , \ X_\mu.b \in A_j(X_\mu) : $$
$$X_\nu.a \to X_\mu.b \in DDP(p) \ \}$$

die Relation der Zerlegungsabhängigkeiten von $p \in P$.

Satz [EnF82]

Für eine AG seien für alle $X \in V$ zulässige Zerlegungen gegeben, dann gilt:

Für alle $p \in P$ ist die Relation der Zerlegungsabhängigkeiten $\Pi(p)$ azyklisch (d.h. hat eine irreflexive Hülle) <=> Die AG ist Multi-Visit-AG

Beweis: in [EnF82]
durch strukturelle Induktion über Besuchsfolgen.

Multi-Visit-AG sind mehr von theoretischem denn von praktischem Interesse, Compiler-erzeugende Systeme, die mit Multi-Visit-AG arbeiten, haben bisher keine Verbreitung gefunden, nicht zuletzt deshalb, weil wichtige Probleme NP-vollständig sind.

Satz

Die folgenden Probleme sind NP-vollständig

- Ist eine gegebene AG Multi-Visit-AG ?

- Ist eine gegebene AG K-Visit-AG für $K \geq 2$?

Beweis: in [ENF82]
durch Zurückführung auf das Erfüllbarkeitstheorem für boolesche Formeln (Problem LO7 in [GaJ79])

Bemerkung

- Die Frage,ob eine gegebene AG eine 1-Visit-AG ist, ist mit Hilfe eines Zyklentestes für Brudergraphen (vgl Abs.2.3.2.) selbstverständlich in polynomialer Zeit möglich.

- Offen bleibt weiter die Frage, wie für beliebige Multi-Visit-AG die Besuchsfolgen algorithmisch bestimmt werden können. Da ein solches Verfahren nicht polynomial ist, ist es von wenig praktischen Interesse.

Alle hier angesprochenen nichtpolynomialen Probleme sind für die Teilklasse der Geordneten AG, die in den nächsten Abschnitten behandelt wird, in polynomialer Zeit lösbar (vgl Abs.2.7.4.).

2.7.2. Attributzerlegungen für Geordnete AG

Da die Entscheidung , ob überhaupt für jedes $X \in V$ eine Zerlegung

$$A_1(X) , \ldots , A_{m_X}(X) \quad \text{von } A(X)$$

existiert, NP-vollständig ist, wird für Geordnete AG eine kanonische Zerlegung bestimmt, die Attribut X.a der Menge $A_k(X)$ mit bezüglich der Relation IDS maximalem Index k zuordnet (vgl. Abs.2.1.4.). Damit wird erreicht, daß jedes Attribut so spät wie möglich ausgewertet wird.

Es wird eine Abbildung PART: $A(X) \to \{1,\ldots,m_X\}$ definiert, so daß

$$\text{PART}(X.a) = k \iff X.a \in A_k(X)$$

Definition (Kanonische Attributzerlegung für OAG) [Kas80] [Kas84]

Die Abbildung PART: $A(X) \to \{1,\ldots,m_X\}$ wird wie folgt definiert:

(1) m_X ist gerade und minimal

(2) PART(X.a) ist gerade $\iff$ X.a $\in$ AS(X)

(3) X.a $\to$ X.b $\in$ IDS(X)$^+$ => PART(X.a) $\leq$ PART(X.b)

(4) Sei part: $A(X) \to \{1,\ldots,m_X\}$ eine Abbildung, die (1),(2) und (3)

   erfüllt, so gilt für alle X.a $\in$ A(X): PART(X.a) $\geq$ part(X.a)

und bestimmt die kanonische Attributzerlegung für Geordnete AG

Bemerkung

Bedingung (1) und (2) bedeuten

$$A_2(X) \, , \, \ldots \, , \, A_{m_X}(X) \subseteq AS(X) \quad \text{und} \quad A_1(X) \, , \, \ldots \, , \, A_{m_X-1}(X) \subseteq AI(X)$$

Es ist somit eine zulässige Zerlegung gegeben.

Bei der algorithmischen Berechnung der Zerlegung ist es am günstigsten zuerst $A_{m_X}(X)$, dann $A_{m_X-1}(X)$, ... und zuletzt $A_1(X)$ zu bestimmen.

Da m_X jedoch kein Eingabeparameter sein kann, sondern erst im Laufe des Verfahrens bestimmt wird, ist eine Umnumerierung in Schritt 11) des folgenden Algorithmus erforderlich. Der Algorithmus verwendet die Ausgabe des Algorithmus aus Abs.2.1.4. als Eingabe.

Algorithmus (Berechnung der Attributzerlegung für OAG) [Kas80]

Eingabe: Für alle $X \in V$: $IDS(X)^+$, wobei die aus $IDS(X)^+$ konstruierten
Graphen azyklisch sind

Ausgabe: Für alle $X \in V$: m_X Zahl der Attributmengen, Abbildung PART

```
1) FOR alle X ε V
      DO
2)      k:=1 ; notassigned := A(X) ;
3)      WHILE  notassigned <> { }
        DO
           found := FALSE ;
4)         FOR alle X.a ε notassigned ∩ (IF odd(k) THEN AS(X) ELSE AI(X) FI)
             DO
               notdepend := TRUE ;
5)             FOR alle X.b ε ntassigned
                  DO
6)                   IF  X.a → X.b ε IDS(X)+
                        THEN
                           notdepend := FALSE
                     FI
                  OD ;
7)             IF  notdepend
                  THEN
8)                   PART'(X.a) := k ;
                     notassigned := notassigned - {X.a} ;
                     found := TRUE
               FI
             OD ;
```

```
9)              IF  NOT found AND (notassigned <> { })
                   THEN
                      k := k + 1
                FI
             OD ;
10)     m_X := IF odd(k) THEN k+1 ELSE k FI

11)     FOR alle X.a ε A(X)
            DO
               PART(X.a) := m_X+1 - PART'(X) ;
            OD
        OD ;
```

Die Komplexität dieses Algorithmus beträgt $O(|V|*|X|^3)$,
wobei $|X|$ = max { $|A(X)|$ | $X ε V$ } ist.

Begründung:

Im ungünstigsten Fall enthält jedes $A_k(X)$ für $k < m_X$ nur ein Attribut
und A_{m_X} = { }. d.h.

Die Schleife 3) wird höchstens $2|X|+1$ mal durchlaufen ($|X|$ mal mit Erfolg,
$|X|$ mal ohne Erfolg). Die Schleifen 4) und 5) werden höchstens $|X|$ mal,
die Schleife 1) höchstens $|V|$ mal durchlaufen).

2.7.3 Geordnete Attributierte Grammatiken

Unter Berücksichtigung der kanonischen Attributzerlegung, die durch die Abbildung PART gegeben ist, werden die Attributabhängigkeitsrelationen erweitert:

Definition (Erweiterte Attributabhängigkeit) [Kas80]

- Sei IDS azyklisch und für alle $X ε V$ ein kanonische Attributzerlegung
    $A_1(X)$, ... , $A_{m_X}(X)$ gegeben

Der Attributabhängigkeitsgraph CDS heißt Vervollständigung von IDS <=>

$$CDS = (A , \bigcup_{X ε V} CDS(X))   \text{mit}$$

$$CDS(X) = IDS(X) \cup \{(X.a,X.b)|X.a ε A_{k-1}(X), A_k(X) \text{ für } 2≤k≤m_X\} \subseteq A(X) \times A(X)$$

– Der Graph der erweiterten Attributabhängigkeiten ist definiert als

$$EDP = (A , \bigcup_{p \in P} EDP(p)) \quad mit$$

$$EDP(p) = DDP(p) \cup \{(X_\nu.a, X_\nu.b) \in CDS(X_\nu) \mid \nu \in \{0,\dots,n_p\} \}$$

– CDS heißt mit den Attributabhängigkeiten vereinbar <=> EDP ist azyklisch

Beispiel [Kas80]

In folgender WAG ist CDS nicht mit den Attributabhängigkeiten vereinbar:

p_1: Z → X Y   X_a ← Y_h ; Y_e ← X_d

p_2: X → t   X_b ← X_a ; X_d ← X_c

p_3: Y → s   Y_f ← Y_e ; Y_h ← Y_g

im Strukturbaum t entsteht
in DT(t) kein Zyklus:

Es werden dargestellt für alle p ∈ P   DDP(p), IDP(p), EDP(p):
    durchgezogene Kanten : DDP
    gestrichelte Kanten : IDP – DDP   IDP   EDP
    gepunktete   Kanten : EDP – IDP

$DDP(p_1), IDP(p_1), EDP(p_1)$: $DDP(p_2), IDP(p_2), EDP(p_2)$: $DDP(p_3), IDP(p_3), EDP(p_3)$:

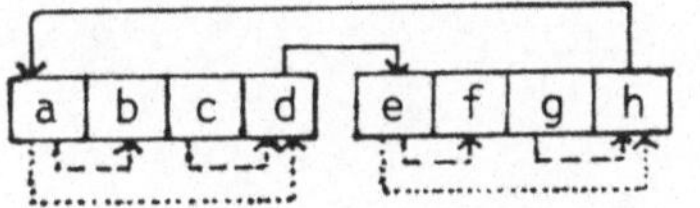 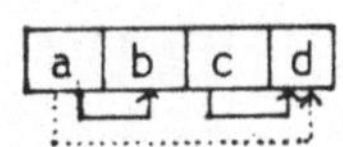 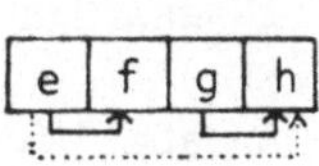

Für alle p ∈ P sind die aus DDP(p) und IDP(p) konstruierten Graphen azyklisch,
der aus $EDP(p_1)$ konstruierte Graph ist jedoch zyklisch

Definition (Geordnete AG) [Kas80]

Eine AG = (G,A,R,B) heißt Geordnete Attributierte Grammatik (OAG) <=>
CDS existiert und ist mit den Attributabhängigkeiten vereinbar.

Es folgt ein Verfahren zur Berechnung von erweiterten Attributabhängigkeiten:

Algorithmus (Berechnung von EDP und OAG-Test) [Kas80]

Eingabe: Induzierte Attributabhängigkeiten $EDP(p)^+$ für alle $p \in P$
        Abbildung PART (vgl. Abs2.7.2.)

Ausgabe: Erweiterte Attributabhängigkeiten $EDP(p)^+$ für alle $p \in P$
        Angabe, ob die AG eine OAG ist oder nicht

```
1) FOR jede Produktion p ε P
      DO
2)      TDP(p) := EDP(p)+ ;
3)      FOR ν:=0(1)n_p
          DO
4)          FOR jedes Attribut X_ν.a
              DO
5)              FOR jedes Attribut X_ν.b
                  DO
6)                  IF ( PART(X_ν.a) < PART(X_ν.b) )
                        THEN
7)                          ergänze (X_ν.a,X_ν.b) zu TDP(p) ;

8)                          bilde TDP(p) := TDP(p)+
                    FI
                  OD
              OD
          OD ;
9)      EDP(p)+ := TDP(p)
      OD ;
10) IF  EDP(p)+ azyklisch für alle p ε P
       THEN
          Angabe("AG ist OAG")
       ELSE
          Angabe("AG ist keine OAG")
    FI ;
```

Die Zeitkomplextät dieses Algorithmus beträgt $O(|G|*|X|^2*|D|^2)$

wobei $|G| = |P| * \max \{ n_p+1 \mid p \in P \}$ die größe der Grammatik und

$|X| = \max \{ |A(X)| \mid X \in V \}$ und $|D|$ wie in Abs.1.4. gewählt ist.

Begründung:

Schritt 8) hat lediglich eine Komplexität von $O(|D|^2)$, Schleifen 4) und 5)
brauchen $O(|X|)$, Schleife 3) braucht $O(\max\{n_p+1 \mid p \in P\})$ und Schleife 1) braucht
$|P|$ Zeit.

Trivialerweise ist folgende wichtige Eigenschaft erfüllt:

Folgerung

Jede Geordnete AG isi Multi-Visit-AG

Beweis:

Die Abbildung PART erzeugt eine zulässige Zerlegung $A_1(X)$, ... , $A_{m_X}(X)$

mit $A_{2k-1}(X) \subseteq AI(X)$ und $A_{2k}(X) \subseteq AS(X)$.

Durch den Attributierungsalgorithmus werden beim k-ten Besuch eines Knoten X des Strukturbaumes t genau die Attribute dieser beiden Attributmengen ausgewertet.

Aber auch für Alternierende AG sind die OAG-Methoden geeignet:

Definition (Anordnung einer AG) [Kas80]

Seien DDP(p) die direkten Attributabhängigkeiten und ADS $\subseteq A \times A$ eine beliebige

Menge von Attributabhängigkeiten, genannt hinzukommende Attributabhängigkeiten,

und $DDP'(p) = DDP(p) \cup \{ (X_\nu.a, X_\nu.b) \mid (X_\nu.a, X_\nu.b) \in ADS, \nu \in \{0,...,n_p\} \}$,

so heißt die AG angeordnet durch ADS <=>

Die AG ist mit $DDP'(p)$ für alle $p \in P$ eine OAG

Satz [Kas80]

Jede Alternierende AG ist OAG oder kann durch hinzukommende Attributabhängigkeiten angeordnet werden.

Beweis:

Für jede AAG sind IDP und IDS azyklisch naach Vorausetzung.
Falls die Vervollständigung CDS zu einem zyklischen erweiterten Attributabhängigkeitsgraphen EDP führt, ordne man wie folgt an:

Sei $A_1,\ldots,A_K$ die Zerlegung von A. Sei

IDS-AAG(X) = { (X.a,X.b) | X.a $\in$ A_i, X.b $\in$ A_j mit

$\qquad$ (i<j OR (i=j AND X.a $\in$ AI(X) AND X.b $\in$ AS(X))) }

Für alle X $\in$ V ist IDS(X) $\subseteq$ IDS-AAG(X) und die aus IDS-AAG(X)

konstruierten Graphen sind definitionsgemäß azyklisch.

Mit der Wahl von ADS = $\bigcup_{X \in V}$ IDS-AAG(X) als hinzukommende Attributabhängig-

keiten ist die Vervollständigung mit den Attributabhängigkeiten vereinbar,

also die AG eine OAG.

$\qquad$ Beispiel [Kas80]

Folgende OAG ist nicht AAG:

p_1: Z $\rightarrow$ Y $\qquad$ Y_c $\leftarrow$ Y_b

p_2: Y $\rightarrow$ t Y $\qquad$ Y[0]_b $\leftarrow$ Y[0]_a ; Y[0]_d $\leftarrow$ Y[1]_d
$\qquad\qquad\qquad\qquad$ Y[1]_a $\leftarrow$ Y[0]_c ; Y[1]_c $\leftarrow$ Y[1]_b

p_3: Y $\rightarrow$ t $\qquad$ Y_b $\leftarrow$ Y_a ; Y_d $\leftarrow$ Y_c

Es ist AI(Y) = {Y.a,Y.c}
$\quad$ und AS(Y) = {Y.b,Y.c}

Die Attribute von Y werden
ausgewertet in der Reihenfolge

$\qquad$ Y.a , Y.b , Y.c , Y.d

d.h. $\quad$ A_1(Y) = {Y.a}

$\qquad$ A_2(Y) = {Y.a}

$\qquad$ A_3(Y) = {Y.a}

$\qquad$ A_4(Y) = {Y.a}

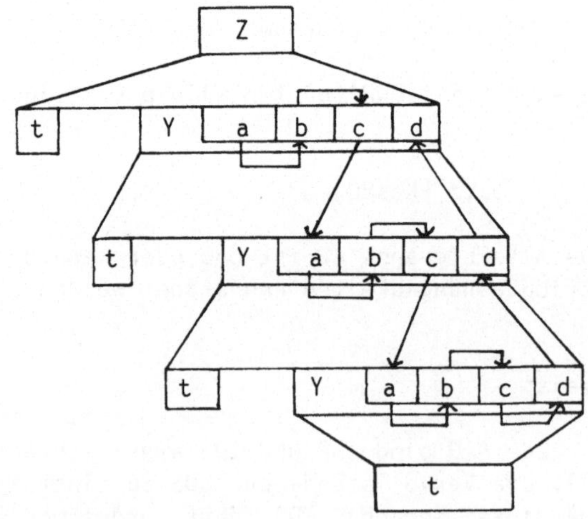

2.7.4 Besuchsfolgen für Geordnete Attributierte Grammatiken

Für Geordnete AG werden Besuchsfolgen $VS(p)$ für alle $p \in P$ konstruiert.

Ist $p: X_0 \rightarrow X_1 \ldots X_{n_p} \in P$ die auf den Knoten X_0 angewandte Produktion, so wird stets ein- und dieselbe Besuchsfolge $v_{X_0} = v_1 \ldots v_K = VS(p)$ ausgeführt. Daher im folgenden die Definition der Besuchsfolgen für OAG.

Definition (Besuchsfolgen für OAG) [Kas80]

Eine Besuchsfolge $VS(p)$ ist eine linear geordnete Relation über Attributierungen und Traversierungsoperationen, genauer über

$$AV(p) = DO(p) \cup \{ v_{k,i} \mid 0 \leq i \leq n_p, \; 1 \leq k \leq \tfrac{1}{2} m_{X_0} \}$$

wobei $v_{k,0}$ den k-ten Besuch des Vorgängers von X_0

$v_{k,i}$ den k-ten Besuch des Teilbaumes von X_0 $(1 \leq i \leq n_p)$ anzeigt

Mit der partiellen Abbildung MAPVS, die Knoten von EDP auf $AV(p)$ gemäß

$$MAPVS(X_i.a) = \begin{cases} X_i.a & \text{falls } X_i.a \in DO(p) \\ v_{k,i} & \text{mit } k = (j+1) \text{ DIV } 2, \text{ falls } X_i.a \in A_j(X_i) - DO(p) \end{cases}$$

abbildet, wird $VS(p)$ so gebidet, daß

- $\{ (MAPVS(X_i.a, MAPVS(X_j.)) \mid (X_i.a, X_j.b) \in EDP(p) \} \subseteq VS(p)$

- $VS(p)$ ist linear geordnet

- $VS(p)$ hat $v_{k,0}$ mit $k = \tfrac{1}{2} m_{X_0}$ als größtes Element

Beispiele für Besuchsfolge finden sich in Abs.2.7.5.

Bemerkung

Wie die Attributierung mit Hilfe von Besuchsfolgen abläuft, sei anhand folgender
Situation erläutert:

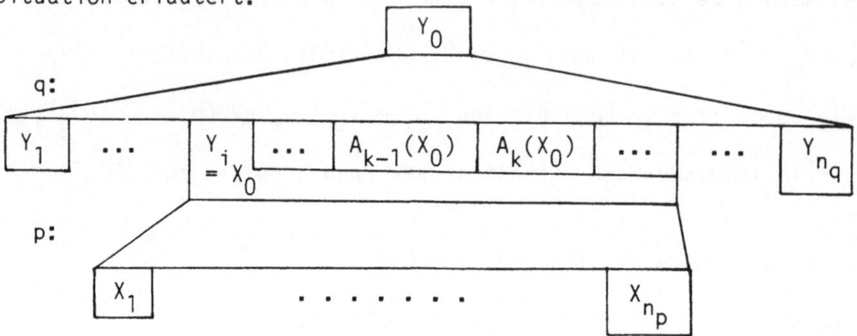

Die beiden Besuchsfolgen seien auszugsweise angegeben:

$$VS(q) = (\ \dots \ v_{k,i} \ \dots \ )$$

$$VS(p) = (\ \dots \ v_{k-1,0}, \ \underbrace{X_0 \cdot a_1, \ X_0 \cdot a_2, \ \dots \ , }_{A_{k-1}(X_0) \ \subseteq \ AI(X_0)} \ \underbrace{X_0 \cdot b_1, \ X_0 \cdot b_2,}_{A_k(X_0) \ \subseteq \ AS(X_0)} \ v_{k,0} \ \dots \ )$$

Der k-te Besuch des Teilbaumes mit Wurzel $Y_i = X_0$ ist durch folgende
Operationen gekennzeichnet:

- Attributierung von $A_{k-1}(X_0) \subseteq AI(X_0)$

- eventuell Besuchen der Teilbäume mit den Wurzel $X_1, \dots, X_{n_p}$, wobei
  jeder Besuch mit der Rückkehr zu X_0 endet.

- Attributierung von $A_k(X_0) \subseteq AS(X_0)$

- Rückkehr $v_{k,0}$ zum Vorgänger Y_0

Bemerkung

Für praktische Zwecke faßt man besser

$v_{k,0}$ als Übergangsoperation zum Vorgänger

$v_{k,i}$ als Übergangsoperation zum Nachfolger X_i auf.

Die Auffassung, bei der man $v_{k,i}$ als Besuch eines Teilbaumes betrachtet,

entspricht eher der bei allgemeinen Multi-Visit-AG üblichen Notation.

Bemerkung (Attributierung von Geordneten AG)

Die Attributierung eines Strukturbaumes erfolgt bei OAG, indem die Besuchsfolge

der Startproduktion p: $Z \to \ldots Y \ldots$ des Strukturbaumes ausgeführt wird. Beim

Besuch des Knotens Y wird die Besuchsfolge der Produktion q: $Y \to \ldots\ldots$ ausge-

führt. Automatisch werden alle weiteren erforderlichen Besuchsfolgen ausge-

führt. Mit der Operation $v_{k,0}$ der Wurzel Z des Strukturbaumes mit $k = \frac{1}{2} m_Z$

endet die Attributierung.

Zur Attributierung ist zum Beispiel der Attributierungsalgorithmus für
Multi-Visit-AG (vgl. Abs.2.7.6.) geeignet. Wesentlich interessanter ist jedoch
ein Algorithmus zur inkrementellen Attributierung (vgl. Abs.2.7.7.).

Es folgt ein Algorithmus zur Konstruktion von Besuchsfolgen von OAG, der an die
bisher konstruierten Algorithmens anknüpft.

Algorithmus (Berechnung von Besuchsfolgen) [Kas80]

Eingabe: Abb. PART und m_X für alle $X \in V$ (wie im Abs.2.7.2. konstruiert)
          $EDP(p)^+$ für alle $p \in P$ (wie im Abs.2.7.3. konstruiert)

Ausgabe: Besuchsfolgen VS(p) für alle $p \in P$

```
1) FOR jede Produktion p ε P
      DO
2)       TDP(p) := EDP(p)+
3)       FOR jede Abhängigkeit Xi.a → Xj.b ε TDP(p)
         DO
4)           ki := ( PART(Xi.a) + 1 ) DIV 2 ;

             kj := ( PART(Xj.b) + 1 ) DIV 2 ;

5)           VS(p) := VS(p) ∪ { (IF Xi.a ε DO(p) THEN Xi.a ELSE vki,i FI,
                             { (IF Xj.b ε DO(p) THEN Xj.b ELSE vkj,i FI) }

6)           VS(p) := VS(p)+
         OD ;
```

(* ergänze Kanten bis VS(p) linear geordnet ist *)

```
7)      FOR jedes g ε AV(p)
          DO                    (* AV(p) = DO(p) ∪ { v_{k,i} | ... } *)
8)        FOR jedes h ε AV(p)
            DO
9)            IF (g,h) ∉ VS(p) AND (h,g) ∉ VS(p)
                THEN
                  IF g = v_{k,0} mit k = ½ m_{X_0}
                    THEN
10)                   VS(p) := VS(p) ∪ {(h,g)}
                    ELSE
                      VS(p) := VS(p) ∪ {(g,h)}
                  FI ;
11)               VS(p) := VS(p)^+
              FI
            OD
          OD
      OD ;
```

Die Zeitkomplexität dieses Algorithmus beträgt $O(|P|*|D|^4)$, wobei
$|D| = \max \{ n_p+1 \mid p \in P \} * \max \{ |A(X)| \mid X \in V \}$ wie in Abs.1.4. gewählt ist.

Begründung:
Das Ergänzen von Kanten und das Bilden des transitiven Abschluß benötigt $O(|D|^2)$
Schritte, die Schleife 1) wird $|P|$ mal und die Schleifen 3) 7) und 8) werden
maximal $O(|D|)$ mal durchlaufen.

Somit passen die Algorithmen der vorherigen Abschnitte zusammen, und es können
nacheinander folgende Algorithmen auf Grund der gegebenen Grammatik ausgeführt
werden:

Schritt	Algorithmus	Zeitkomplexität	Abschnitt
1.	Berechnung von DDP(p)$^+$	$O(|P|*|D|^4)$	Abs.1.4.
2.	Berechnung von IDP(p)$^+$	$O(|G|*|X|^2*|D|^2)$	Abs.2.1.5.
3.	Konstruktion der Attributzerlegung Berechnung von PART, m_X	$O(|V|*|X|^3)$	Abs.2.7.2.
4.	Berechnung von EDP(p)$^+$ Test, ob die AG eine AG ist	$O(|G|*|X|^2*|D|^2)$	Abs.2.7.3.
5.	Berechnung von Besuchsfolgen	$O(|P|*|D|^4)$	Abs.2.7.4.

Unter der Annahme, daß $|V| \leq |G| \leq |P| * \max\{ |A(X)| \mid X \in V \}$ gilt
(was meist erfüllt ist), ergibt sich eine Gesamtkomplexität von

$$O(|P|*|D|^4) + O(|G|*|X|^2*|D|^2) + O(|G|*|X|^3) =$$

$$O(\ |G|*|R|^3*|X|^4 + |G|*|R|^2*|X|^2 + |G|*|X|^3\ ) = O(|G|*|R|^3*|X|^4)$$

mit $|G| = |P| * \max\{ n_p+1 \mid p \in P \}$, $|X| = \max\{ |A(X)| \mid X \in V \}$,

$\quad |R| = \max\{ n_p+1 \mid p \in P \}$

Entscheidend ist für Programmiersprachen, daß hier $|G|$ nur linear eingeht.

Zur Laufzeit des Compilers stehen dann die Besuchsfolgen zur Attributierung
zur Verfügung.

Beispiel [Kas80]

Für PEARL gilt zum Beispiel $|X| = 25$, $|G| = 849$, $|R| = 8$
Die Schritte 1. bis 5. benötigen zusammen nur ca. 60 sec auf SIEMENS 7760.

2.7.5 Beispiel von Kontextbeziehungen in Programmiersprachen

Das folgende etwas umfangreiche Beispiel einer Geordneten AG
enthält typische kontextabhängigge Eigenschaften von Programmiersprachen
wie Scope-Rules, Typen, Operatoridentifikation,... :

Beispiel [Kas80]

```
p₁: PROGRAM → PRIMARY
        PRIMARY_access ← { }
        PRIMARY_postmode ← PRIMARY_primode

p₂: PRIMARY → DECLARATION ASSIGNMENT
        DECLARATION_access ← PRIMARY_access
        ASSIGNMENT_access ← include(PRIMARY_access,DECLARATION_description)
        PRIMARY_primode ← ASSIGNMENT_primode
        ASSIGNMENT_postmode ← PRIMARY_postmode
        PRIMARY_evaluable ← FALSE
        PRIMARY_value ← UNDEFINED
```

p_3: PRIMARY → IDENTIFIER
       PRIMARY_primode ← identify(IDENTIFIER_id,PRIMARY_access)
       PRIMARY_evaluable ← FALSE
       PRIMARY_value ← UNDEFINED

p_4: PRIMARY → INTCONSTANT
       PRIMARY_primode ← INT
       PRIMARY_evaluable ← TRUE
       PRIMARY_value ← IF PRIMARY_postmode = REAL
                         THEN convert(INTCONSTANT_value)
                         ELSE INTCONSTANT_value
                       FI

p_5: PRIMARY → REALCONSTANT
       PRIMARY_primode ← REAL
       PRIMARY_evaluable ← TRUE
       PRIMARY_value ← REALCONSTANT_value

p_6: ASSIGNMENT → IDENTIFIER EXPRESSION
       EXPRESSION_access ← ASSIGNMENT_access
       ASSIGNMENT_primode ← identify(IDENTIFIER_id,ASSIGNMENT_access)
       EXPRESSION_postmode ← ASSIGNMENT_primode

p_7: EXPRESSION → EXPRESSION PLUS PRIMARY
       EXPRESSION[1]_access ← EXPRESSION[0]_access
       PRIMARY_access ← EXPRESSION[0]_access
       EXPRESSION[0]_primode IF EXPRESSION[1]_primode = INT
                                AND PRIMARY_primode = INT
                              THEN INT
                              ELSE REAL
                           FI
       EXPRESSION[1]_postmode ← EXPRESSION[0]_primode
       PRIMARY_postmode ← EXPRESSION[0]_primode
       EXPRESSION[0]_evaluable ← EXPRESSION[1]_evaluable AND PRIMARY_evaluable
       EXPRESSION_value ← IF EXPRESSION[0]_evaluable
                           THEN EXPRESSION[1]_value + PRIMARY_value
                           ELSE UNDEFINED
                          FI

p_8: EXPRESSION → PRIMARY
       EXPRESSION_primode ← PRIMARY_primode
       EXPRESSION_evaluable ← PRIMARY_evaluable
       EXPRESSION_value ← PRIMARY_value
       PRIMARY_postmode ← EXPRESSION_postmode
       PRIMARY_access ← EXPRESSION_access

P_9: DECLARATION → NEW IDENTIFIER EXPRESSION
      EXPRESSION_access ← DECLARATION_access
      DECLARATION_description ← (IDENTIFIER_id,EXPRESSION_primode)
      EXPRESSION_postmode ← EXPRESSION_primode

Die Attribute bedeuten:
X.access   Menge der Beschreibungen der sichtbaren Objekte (scope rule)
X.primode   Typ von X vor Typanpassung
X.postmode   Typ von X auf Grund des Kontextes nach Typanpassung
X.evaluable   Indikator, ob der Wert von X statisch berechenbar ist
X.id   eindeutige Darstellung eines IDENTIFIER
DECLARATION.description   ein Paar(id,Typ) als Objektbeschreibung

Folgende Funktionen werden benutzt:

convert: INT → REAL   Typkonvertierung

identify(id,a)   ist der Typ von id auf Grund der Beschreibung von a,
                     wobei a eine Menge von Beschreibungen von Objekten ist.

include(a,d)   ergänzt die Menge der Beschreibungen von Objekten um d
                     (falls der IDENTIFIER in d = (id,Typ) schon in a
                     vorhanden ist, wird der alte Wert gelöscht.)

Eigentliche Attribute sind   IDENTIFIER.id
                             REALCONSTANT.value
                             INTCONSTANT.value

In den folgenden Graphen sind füralle p ε P diee Relationen
DDP(p)   durchgezogen,
IDP(p) − DDP(p)   gestrichelt,
EDP(p) − IDP(p)   gepunktet dargestellt.

P_1:

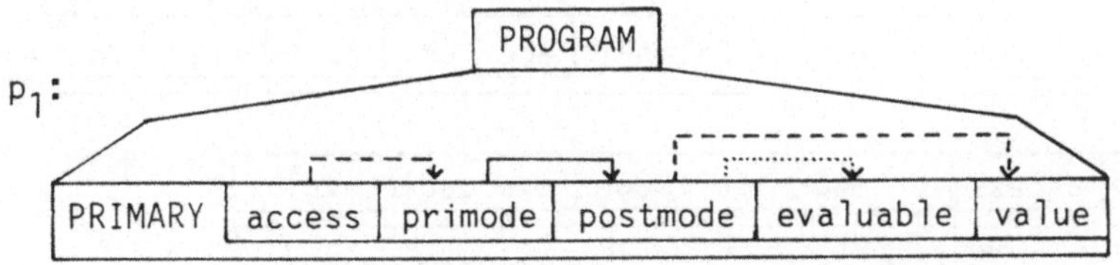

P_2:

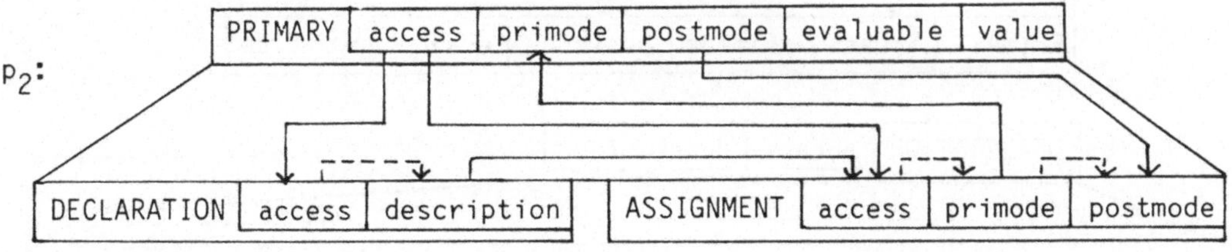

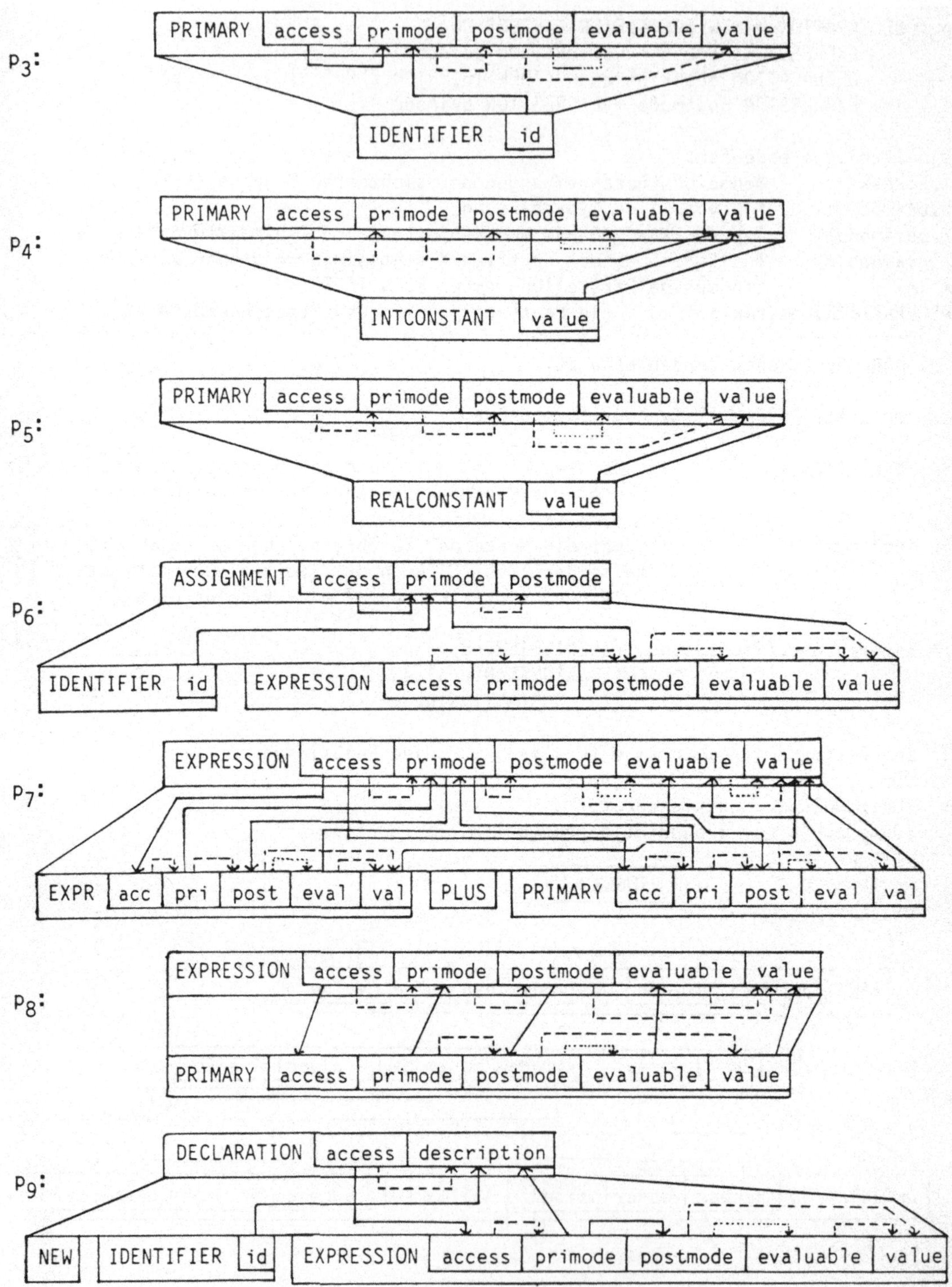

Es folgt ein Beispiel eines Strukturbaumes:

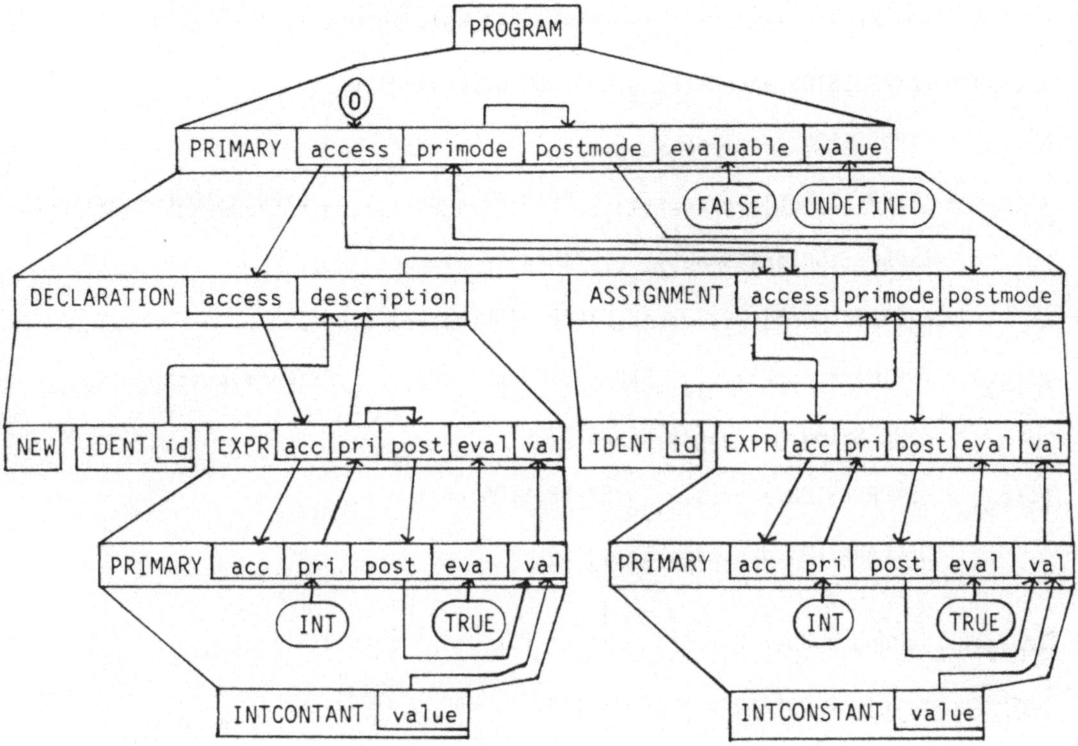

Es ergibt sich folgende Attributzerlegung:

X	$A_1(X)$	$A_2(X)$	$A_3(X)$	$A_4(X)$	m_X
PRIMARY	access	primode	postmode	evaluable,value	4
EXPRESSION	access	primode	postmode	evaluable,value	4
ASSIGNMENT	access	primode	postmode	–	4
DECLARATION	access	description	–	–	2

Es ergeben sich folgende Besuchsfolgen:

$$VS(p_1) = (PRIMARY.access, v_{1,1}, PRIMARY.postmode, v_{2,1}, v_{1,0})$$

$$VS(p_2) = (DECLARATION.access, v_{1,1}, ASSIGNMENT.access, v_{1,2}, PRIMARY.primode, v_{1,0},$$

$$PRIMARY.evaluable, PRIMARY.value, ASSIGNMENT.postmode, v_{2,2}, v_{2,0})$$

$$VS(p_3) = VS(p_4) = VS(p_5) =$$

$$(PRIMARY.primode, v_{1,0}, PRIMARY.evaluable, PRIMARY.value, v_{2,0})$$

$$VS(p_6) = (EXPRESSION.access, v_{1,2}, ASSIGNMENT.primode, v_{1,0},$$

$$EXPRESSION.postmode, v_{2,2}, v_{2,0})$$

$$VS(p_7) = (EXPRESSION[1].access, v_{1,1}, PRIMARY.access, v_{1,3}, EXPRESSION[0].primode,$$

$$EXPRESSION.postmode, v_{2,1}, PRIMARY.postmode, v_{2,3}, v_{1,0},$$

$$EXPRESSION[0].evaluable, EXPRESSION[0].value, v_{2,0})$$

$$VS(p_8) = (PRIMARY.access, v_{1,1}, EXPRESSION.primode, v_{1,0}, PRIMARY.postmode, v_{2,1},$$

$$EXPRESSION.evaluable, EXPRESSION.value, v_{2,0})$$

$$VS(p_9) = (EXPRESSION.access, v_{1,3}, EXPRESSION.postmode, v_{2,3},$$

$$DECLARATION.description, v_{1,0})$$

Implementierungen über Koroutinen oder Rekursion enthält [Kas80].

Weitere Beispiele befinden sich in [Kas75] und [Kas84].

2.7.6. Attributierung von Multi-Visit-AG und Geordneten AG

Einen Attributierungsalgorithmus für Multi-Visit-AG anzugeben, ist nicht schwer, jedoch ist der Algorithmus praktisch nur für Geordnete AG zu gebrauchen, da die als Eingabedaten benötigten Besuchsfolgen

- für Multi-Visit-AG im allgemeinen nur schwer

- für Geordnete AG aber in polynomialer Zeit durch die Algorithmen aus Abs.2.7.2. und Abs. 2.7.4.

bestimmt werden können. Um so mehr ist der Algorithmus von theoretischem Interesse, da durch nur leichte Modifikationen im Schritt 3) sich Attributierungsalgorithmen für Multi-Sweep-AG und Multi-Pass-AG ergeben.

Daher definiert [EF181] auch die Multi-Pass-AG, Multi-Sweep-AG und die
Multi-Visit-AG mit Hilfe eines dem folgenden gleichwertigen Algorithmus.

Algorithmus (Attributierung von Multi-Visit-AG und OAG)

Eingabe: Strukturbaum, eigentliche Attribute sind bekannt
        alle Besuchsfolgen der Multi-Visit-AG/Geordneten AG
        $A_1(X)$, ... , $A_{m_X}(X)$ Zerlegung von $A(X)$ für alle $X \in V$

Ausgabe: vollständig attributierter Strukturbaum

PROCEDURE Teilbaumbesuchen (X_0: Wurzel des Strukturbaumes,
                        k : Nummer des Besuches dieses Teilbaumes)

(* Sei p: $X_0 \rightarrow X_1 ... X_\nu ... X_{n_p}$ die auf X_0 angewandte Produktion

     $v_1 ... v_k ... v_m$ die zugehörige Besuchsfolge ($m = \frac{1}{2} m_{X_0}$)

     mit $v_k = A_{2k-1}(X_0) \, v_{k_1, i_1} \, ... \, v_{k_g, i_g} \, A_{2k}(X_0) \, v_{k,0}$

     und $2k_1 \leq m_{X_{i_1}}$, ... , $2k_g \leq m_{X_{i_g}}$ *)

1) attributiere $A_{2k-1}(X_0) \subseteq AI(X_0)$;

2) IF ($X_0 \in N$)
   THEN
3)   FOR $(\nu, h) = (i_1, k_1)$, ... , (i_g, k_g)
      DO
4)   Teilbaumbesuchen(X_ν, h)
      OD
  FI ;
5) attributiere $A_{2k}(X_0) \subseteq AS(X_0)$;

Der Algorithmus lautet nun wie folgt:

  FOR k = 1 (1) $\frac{1}{2} m_Z$
   DO
    Teilbaumbesuchen(Z:Wurzel des Strukturbaumes,k)
   OD ;

Bemerkung

- Für K-Sweep-AG lautet der Schritt 3)

```
FOR ν = 1(1)n_p   (* Besuchsfolge <i_1^k,...,i_{n_p}^k > *)
  DO
    Teilbaumbesuchen(X_{i_ν^k}, k)
  OD ;
```

Man beachte, daß bei den Multi-Sweep-AG die Passnummer k beim Aufruf der Unterprozedur festliegt, während bei Multi-Visit-AG die Nummer des Besuches variiert.

- Für Multi-Visit-AG mit K Pässen lautet Schritt 3)

```
IF  ( d_k = L )
  THEN                     (* Besuchsfolge ist <1,...,n_p> *)
    FOR ν = 1(1)n_p
      DO
        Teilbaumbesuchen(X_n, k)
      OD
  ELSE  (* Besuchsfolge ist <n_p,...,1> *)
    FOR ν = n_p(-1)1
      DO
        Teilbaumbesuchen(X_ν, k)
      OD
FI ;
```

2.7.7. Inkrementelle Attributierung von Geordneten AG

Werden Attributierungsalgorithmen innerhalb einer Programmierumgebung interaktiv zusammen mit Editoren eingesetzt, ist es angebracht, die Attributierung inkrementell durchzuführen. Zusammen mit einem inkrementellen Parser ergeben sich so bei nur unbedeutenden Quellmodifikationen sehr kurze Compilerlaufzeiten.

Die Attribute X.a eines modifizierten Strukturbaumes bestehen aus

- Attributen X.a, die vor der Modifikation im alten Strukturbaum noch nicht vorhanden waren,

- Attributen X.a, die vor der Modifikation im alten Strukturbaum zwar schon vorhanden waren, aber deren Wert X_a sich verändert hat,

- Attributen X.a, die vor der Modifikation im alten Strukturbaum vorhanden
waren und deren Wert X_a unverändert blieb.

Zur dritten Gruppe gehören bei inkrementeller Attributierung die Mehrzahl der
Attribute, nur Attribute der ersten beiden Gruppen müssen bei inkrementeller
Attributierung ausgewertet werden. Die Auswertung von Attributen der zweiten
gruppe heißt Reattributierung.

Der folgende Algorithmus erweitert einen einfachen Algorithmus zur Attribu-

tierung von OAG. Er verwendet einen Keller für die Aufrufhierarchie der

Besuchsfolgen. Die Einträge im Keller bestehen aus der Nummer g der angewandten

Produktion p_i als Verweis auf die zugehörige Besuchsfolge $VS(p_1)$. Für jede

Besuchsfolge $VS(p_1)$ wird ein Index j auf den nächsten auszuführenden Eintrag

der Folge gehalten.

Algorithmus (Inkrementelle Attributierung von OAG) [Yeh83]

Eingabe: Der alte attributierte Strukturbaum vor der Modifikation,
         der neue Strukturbaum nach der Modifikation mit Markierung (NEW)
         aller durch das inkrementelle Parsing neu hinzugekommener Knoten.

Ausgabe: Der neue vollständig attributierte Strukturbaum

```
1) FOR jeden Knoten X des neuen Strukturbaumes
      DO
2)      IF X ist mit NEW markiert
          THEN
3)            FOR  jedes Attribut X.a
                DO
                  X_a := ⊥ (* undefiniert *)
                OD
          ELSE
4)            FOR jedes Attribut X.a
                DO
                  X_a := Wert des entsprechenden Attributes X_a des alten
                         Strukturbaumes
                OD
       FI
    OD;
```

```
5) push(stack,0); (* VS(p₁ ) Besuchsfolge der Startproduktion Z   ...  *)

6) REPEAT
7)    l := top(stack);
      cur_visit_seq := VS(p₁);
      j := Index(VS(p₁));

8)    IF j-ter Eintrag von cur_visit_seq ist ein Attribut X_a
         THEN
9)          Index(top(stack)) := Index(top(stack)) + 1;
10)         IF X_a = ⊥
               THEN
11)              attributiere X.a ;
12)              IF NOT( X_A = Wert des entsprechenden Attributes X_a
                             des alten Strukturbaumes )
                    THEN
13)                   FOR jedes Attribut Y.b mit X.a → Y.b ε ⋃ DDP(p)
                                                            pεP
                         DO
                            Y_b := ⊥  (* Reattributierung erforderlich *)
                         OD
                      FI
               FI
         ELSE
14)         IF j-ter Eintrag von cur_visit_seq = v_{k,i} AND i>0
               THEN
15)              Index(top(stack)) := Index(top(stack)) + 1;
16)              l := Nummer der Produktion q: X_i → Y_1...Y_{n_q} ;
17)              push(stack,l)
               ELSE          (* v_{k,0} *)
18)              pop(stack)
            FI
      FI
   UNTIL stack is empty ;
```

Einige pragmatische Verbesserungen dieses Algorithmus befinden sich in
[Yeh83]. Die Korrektheit zeigt ebenfalls [Yeh83].

2.8. Reine Attributierte Grammatiken

2.8.1. Reine Multi-Pass-Attributierte Grammatiken

Bei den bisher behandelten Multi-Pass-AG, Multi-Sweep-AG und Multi-Visit-AG wird die Zerlegung der Attributmenge $A(X)$ für alle $X \in V$ zum Generierungszeitpunkt auf Grund der gegebenen AG bestimmt. Man spricht von einer Reinen Attributierten Grammatik, wenn die Zerlegung erst während der Attributierung, also zur Laufzeit des Compilers gefunden wird. Diese Zerlegung ist meistens nur nicht-deterministisch zu bestimmen. Daher sind die Reinen AG mehr von theoretischem als von praktischem Interesse.

   Definition (Reine Multi-Pass-AG)

- Eine AG heißt Reine K-Pass-L-attributierte Grammatik <=>
  Es existiert ein $K \in \mathbb{N}$, so daß für jeden Strukturbaum die Attributierung
  in maximal K Links-Rechts-Pässen erfolgen kann

- Eine AG heißt Reine Multi-Pass-L-attributierte Grammatik <=>
  Die AG ist Reine K-Pass-L-AG für irgendein $K \in \mathbb{N}$

- Eine AG heißt Reine K-Pass-AG <=>
  Es existiert ein $K \in \mathbb{N}$ und eine Richtungsfolge $<d_1,\ldots,d_K>$, so daß
  für jeden Strukturbaum die Attributierung in
  maximal K Pässen gemäß dieser Richtungsfolge $<d_1,\ldots,d_K>$ erfolgen kann.

- Eine AG heißt Reine Multi-Pass-AG <=>
  Die AG ist Reine K-Pass-AG für irgendein $K \in \mathbb{N}$

   Bemerkung

- Entsprechende Begriffsbidungen gibt es als Verallgemeinerung
  von Multi-Pass-R-attributierten Grammatiken oder auch
  von Alternierenden AG mit Richtungsfolge <L,R,L,R,...>.

- Reine K-Pass-L-attributierte Grammatiken unterscheiden sich von K-Pass-L-AG
  dadurch, daß bei letzteren bestimmte Attributexemplare X.a an verschiedenen
  Knoten X des Strukturbaumes t stets in demselben Lauf ausgewertet werden,
  was bei Reinen K-Pass-L-AG nicht gefordert ist.

- Reine K-Pass-attributierte Grammatiken unterscheiden sich von K-Pass-AG
  dadurch, daß bei letzteren bestimmte Attributexemplare X.a an verschiedenen
  Knoten X des Strukturbaumes t stets in demselben Lauf ausgewertet werden,
  was bei Reinen K-Pass-AG nicht gefordert ist.

Für den Fall einer Reinen Multi-Pass-L-AG ist folgender Algorithmus gedacht:

Algorithmus (Attributierung von Reinen Multi-Pass-L-AG)

Eingabe: Strukturbaum, eigentliche Attribute sind bekannt

Ausgabe: Vollständig attributierter Strukturbaum

PROCEDURE Teilbaumbesuchen(X_0: Wurzel des Strukturbaumes);

```
1) FOR ν:=1(1)n_p  (* X_0 → X_1...X_n_p  ε P *)
      DO
2)      FOR jedes Attribut X_ν.a ε AI(X_ν)
          DO
3)          IF X_ν.a noch nicht ausgewertet AND
                 alle Argumente von f^P_(a,ν) sind bereits ausgewertet

              THEN
4)               führe X_ν_a ← f^P_(a,ν)( ... ) aus
            FI
          OD ;
5)      IF ( X_ν ε N )
            THEN
6)               Teilbaumbesuchen(X_ν)
          FI
    OD;
7)      FOR jedes Attribut X_0.a ε AI(X_0)
          DO
8)      IF X_0.a noch nicht ausgewertet AND
                 alle Argumente von f^P_(a,0) sind bereits ausgewertet
            THEN
9)               führe X_0_a ← f^P_(a,0)( ... ) aus
          FI
        OD;
```

Das Verfahren ist nun leicht angegeben durch

```
10) WHILE es existiert ein noch nicht ausgewertetes Attribut
        DO
11)     Teilbaumbesuchen(Z:Wurzel des Strukturbaumes)
        OD;
```

Jeder Aufruf von 10) entspricht einem Lauf, jedes Attribut wird so früh wie
möglich ausgewertet. Verschiedene Attributexemplare eines bestimmten Attributs
X.a kann abhängig vom jeweiligen Strukturbaum t auch in verschiedenen Läufen
ausgewertet werden. Wird dagegen die Attributzerlegung auf Grund der Grammatik
unabhängig von einem speziellen Strukturbaum bestimmt, so wird jedes Attribut
in einem vorbestimmten Pass ausgewertet.

Der obige Algorithmus kann für Rechts-Links-Läufe leicht abgewandelt werden:

1) FOR $\nu:=n_p(-1)1$ (* $X_0 \rightarrow X_1 \ldots X_{n_p} \varepsilon P$ *)
       DO ... OD ;

Für Reine K-Pass-L-AG (und auch Reine K-Pass-AG) lautet Schleife 10):

10) FOR $k:=1(1)K$
       DO ... OD ;

Zum Vergleich von K-Pass-AG und Reinen K-Pass-AG mögen folgende Beispiele
dienen.

        Beispiel [Alb81]

p_1: $Z \rightarrow E\ E$ $E[1]\_in \leftarrow E[2]\_out$; $E[2]\_in \leftarrow 1$; $Z\_result \leftarrow E[1]\_out$

p_2: $E \rightarrow term$ $E\_out \leftarrow E\_in$

einziger möglicher

attributierter Strukturbaum

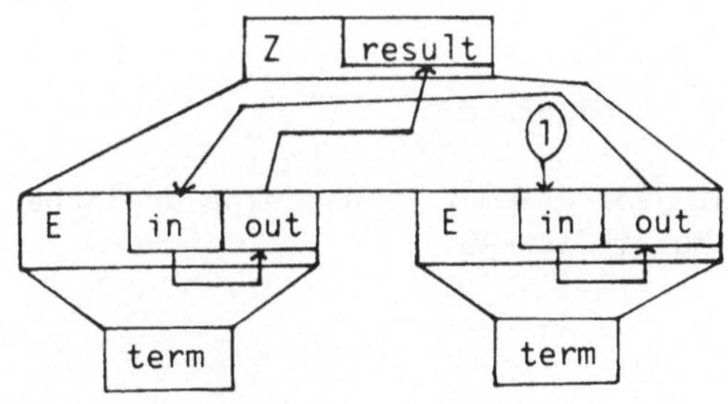

Diese AG ist keine Multi-Pass-L-AG, da für die Attributierungsregel von p_2
kein fester Lauf bestimmt werden kann.
Jedoch ist sie R-attributierbar (also in einem Rechts-Links-Pass
attributierbar) und Reine 2-Pass-L-AG, also auch Reine Multi-Pass-AG.

Beispiel [Alb81]

p_1: Z → E C   Z_result ← C_out ; E_in ← 1 ; C_in ← E_out

p_2: C → E D   D_in ← C_in ; E_in ← D_out ; C_out ← E_out

p_3: E → e   E_out ← E_in

p_4: D → d   D_out ← D_in

Diese AG ist Reine 2-Pass-AG
gemäß den Richtungsfolgen
<L,L>,<L,R> oder <R,R>,
aöso Reine Multi-Pass-AG.
Jedoch ist sie keine
Multi-Pass-AG, da E_out
nicht in einem festen
Lauf attributierbar ist.

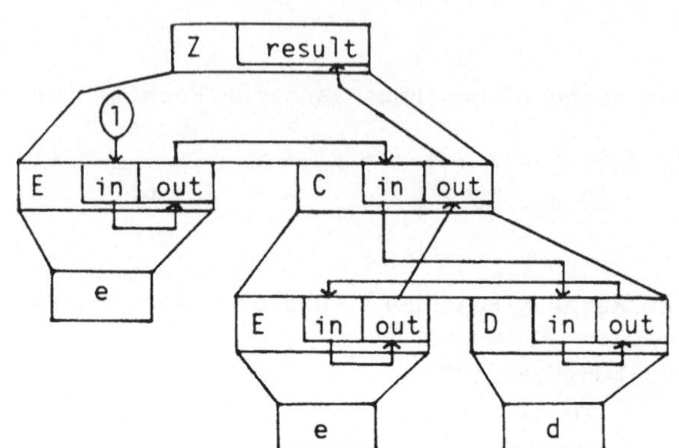

Beispiel

Für die Beispiele aus Abs.2.4.5. gilt im

ersten Fall: Die AG ist nicht Reine Multi-Pass-L-AG, aber R-attributierbar.

zweiten Fall: Die AG ist nicht Reine Multi-Pass-R-AG, aber L-attributierbar.

Folgerung

Nicht jede Grammatik, die eine endliche, also reguläre Sprache erzeugt,
ist Multi-Pass-AG.

Von theoretischem Interesse sind noch folgende Aussagen:

      Satz [EnF80] [EFi81]

- Die Frage, ob eine gegebene AG Reine Multi-Pass-AG bzw. Reine Multi-Pass-L-AG
  ist, ist ein weiteres echt exponentielles Problem.

- Dagegen ist in polynomialer Zeit entscheidbar, ob eine gegebene AG eine
  K-Pass-L-AG bzw. K-Pass-AG ist.

Beweis: in [EFi81]

Der Beweis der ersten Aussage ist mit hohen technischen Aufwand verbunden
und benötigt Aussagen über "Finite-Copying Top-Down Tree Transducers",
"Writing Pushdown Acceptors" und die Abgeschlossenheit der durch diese
Automaten konstruierten Sprachklassen unter der GSM-Abbildung.

2.8.2. Reine Multi-Sweep-AG

Bei Multi-Sweep-AG (vgl. Abs.2.6.) wird allein auf Grund der Grammatik eine

Zerlegung der Attributmenge bestimmt, nach der dann zur Laufzeit des Compilers

attributiert werden kann. Als Besuchsfolge ist für jede Produktion $p \in P$ eine

beliebige Permutation $<i_1^k,\ldots,i_{n_p}^k>$ von $<1,\ldots,n_p>$ erlaubt.

Bei Reinen K-Sweep-AG werden erst zur Laufzeit des Compilers in Abhängigkeit
von dem zu attributierenden Strukturbaum die in einem Pass auszuwertenden
Attribute bestimmt, aber die Attributierung läuft ansonsten wie bei K-Sweep-AG
mit einer festen Höchstpasszahl K ab. Eine AG heißt wieder Reine Multi-Sweep-AG,
falls sie Reine K-Sweep-AG für irgendein $K \in \mathbb{N}$ ist. Die Besuchsfolgen bleiben
gegenüber den Multi-Sweep-AG unverändert.

In Erweiterung der Reinen Multi-Pass-AG (vgl. Abs.2.8.1.) sind bei Reinen

Multi-Sweep-AG als Besuchsfolgen nicht nur $<1,\ldots,n_p>$ und $<n_p,\ldots,1>$, sondern

jede beliebige Permutation von $<1,\ldots,n_p>$ zugelassen.

Algorithmus (Attributierung von Reinen K-Sweep-AG)

Eingabe: Strukturbaum, eigentliche Attribute sind bekannt
für alle $p \in P$ die Besuchsfolgen

$$v^1(p) = \langle i_1^1, \ldots, i_{n_p}^1 \rangle , \ldots , v^K(p) = \langle i_1^K, \ldots, i_{n_p}^K \rangle$$

soweit sie für die Attributierung erforderlich sind

Ausgabe: vollständig attributierter Strukturbaum

PROCEDURE Teilbaumbesuchen(X_0: Wurzel des Strukturbaumes, k:Passnummer);

1) FOR $\nu:=1(1)n_p$ (* $X_0 \rightarrow X_1 \ldots X_{n_p} \in P$ *)
      DO
      (* $\langle i_1^k, \ldots, i_{n_p}^k \rangle$ ist die auszuwertende Besuchsfolge des k-ten Passes *)

2)   wähle die auszuwertenden Attribute $\mathrm{curevalAI}(X_{i_\nu}) \subseteq \mathrm{notevalAI}(X_{i_\nu})$;

3)   attributiere $\mathrm{curevalAI}(X_{i_\nu})$;

4) $\mathrm{notevalAT}(X_{i_\nu}) := \mathrm{notevalAI}(X_{i_\nu}) - \mathrm{curevalAI}(X_{i_\nu})$;

5)   IF ($X_{i_\nu} \in N$)
           THEN
6)   Teilbaumbesuchen(X_{i_ν})
         FI
      OD ;

7) wähle die auszuwertenden Attribute $\mathrm{curevalAS}(X_0) \subseteq \mathrm{notevalAS}(X_0)$;

8) attributiere $\mathrm{curevalAS}(X_0)$;

9) $\mathrm{notevalAS}(X_0) := \mathrm{notevalAS}(X_0) - \mathrm{curevalAS}(X_0)$;

Das Verfahren ist nun angegeben durch:

10) FOR alle Knoten X des Strukturbaumes
      DO
        $\mathrm{notevalAI}(X) := \mathrm{AI}(X)$;
        $\mathrm{notevalAS}(X) := \mathrm{AS}(X)$
      OD ;

```
11) k := 0 ;
12) REPEAT
       k := k + 1 ;
       (* die erforderlichen Besuchsfolgen v^k(p) = <i^k_1,...,i^k_{n_p}>
          müssen bekannt sein *)
13)    Teilbaumbesuchen(Z:Wurzel des Strukturbaumes,k);
    UNTIL alle Attribute ausgewertet  OR k = K ;
14) IF NOT ( alle Attribute ausgewertet )
       THEN
          Angabe("AG ist nicht Reine K-Sweep-AG") ;
          STOP
    FI ;
```

Der Nachteil dieses Algorithmus ist die Nichtdeterminiertheit in Schritt 2),
da für die Methode der Auswahl keine Vorschrift angegeben ist. Daher haben die
Reinen Multi-Sweep-AG, wie alle Reinen Attributierten Grammatiken,
hauptsächlich theoretische Bedeutung.

        Satz [EF 181]

Die beiden folgenden Probleme sind entscheidbar:

- Ist eine gegebene AG für festes K > 0 Reine K-Sweep-AG ?

- Ist eine gegebene AG Reine Multi-Sweep-AG ?

Beweis: in [EF 181]

Die Beweise und Verfahren dazu führten bisher nicht zu in Compiler-erzeugenden
Systemen verwertbaren Ergebnissen und sollen daher hier nicht wiedergegeben
werden.

Damit ist natürlich auch das Problem, für eine gegebene AG das kleinste K > 0
zu finden, so daß die AG eine Reine K-Sweep-AG ist, entscheidbar.

        2.8.3. Reine Multi-Visit-AG

Der recht einfache Attributierungsalgorithmus für Multi-Visit-AG (vgl.
Abs.2.7.6.) kann so verallgemeinert werden, daß jede wohldefinierte AG
damit attributierbar ist.

Definition (Reine Multi-Visit-AG) [EF181]

- Sei $K \in \mathbb{N}$ fest vorgegeben
  Eine AG heißt Reine Multi-Visit-AG mit maximal K Besuchen
  oder Reine K-Visit-AG
  $\Leftrightarrow$ Jeder Strukturbaum kann mit dem folgenden nichtdeterministischen
      Verfahren vollständig und eindeutig attributiert werden,
      wobei jeder Knoten des Strukturbaumes maximal K-mal besucht wird.

Verfahren (Attributierung von Reinen Multi-Visit-AG) [EF181]

PROCEDURE Teilbaumbesuchen(X_0:Wurzel des Teilbaumes);

(* Sei $X_0 \to X_1 \ldots X_\nu \ldots X_{n_p} \in P$ die angewandte Produktion *)

1) attributiere einige noch nicht ausgewertete Attribute aus $AI(X_0)$

2) IF ($X_0 \in N$)
      THEN
3)   Bestimme eine Folge $i_1, \ldots, i_l$ von Besuchen der Nachfolger X_ν ;
4)   FOR $\nu = i_1, \ldots, i_l$
            DO
5)   Teilbaumbesuchen(X_ν)
            OD
      FI ;
6) attributiere einige noch nicht ausgewertete Attribute aus $AS(X_0)$

Das Verfahren lautet:

    FOR $k = 1(1)K$
      DO
          Teilbaumbesuchen(Z:Wurzel des Strukturbaumes)
      OD

- Eine AG heißt Reine Multi-Visit-AG
  $\Leftrightarrow$ Die AG ist Reine K-Visit-AG für irgendein $K \in \mathbb{N}$

Bemerkung

Dieses Verfahren ist in zweifacher Hinsicht nichtdeterministisch

- Die bei einem Besuch eines Knotens auszuwertenden Attribute werden wie bei
  allen Reinen AG erst zur Compilerlaufzeit nichtdeterministisch bestimmmt
  ("geraten").

- Auch die Folge der Besuche der Teilbäume werden erst zur Compilerlaufzeit nichtdeterministisch bestimmt ("geraten").

Bei Multi-Visit-AG (vgl. Abs.2.7.1.) sind dagegen die Attributzerlegung und die Besuchsfolgen vorgegeben. Da Besuchsfolgen und Attributzerlegungen bei Reinen Multi-Visit-AG aber erst zur Compilerlaufzeit bestimmt werden, ist es hilfreich, nicht nur Besuchsfolgen einzelner Produktionen (wie bei Geordneten AG) oder Nichtterminalen $X \in V$ zu betrachten, sondern auch die Folge der Besuche des gesamten Strukturbaumes als eine Besuchsfolge eines Baumes zu definieren.

Definition (Besuchsfolge eines Baumes) [Nie83]

Eine Besuchsfolge des Strukturbaumes t mit Wurzel X_0 ist eine Folge von

Symbolen $(X, A_k(X))$, wobei $X \in V$ ein Knoten von t und $A_k(X) \subseteq A(X)$ ist,

mit folgenden Bedingungen:

- Die leere Folge ε ist eine Besuchsfolge eines jeden Teilbaumes.

- Ist $p: X_0 \rightarrow X_1 \ldots X_{n_p} \in P$ und s_ν eine Besuchsfolge des Teilbaumes t_ν mit der

  Wurzel X_ν für $\nu \in \{1, \ldots, n_p\}$ und $A_{2k-1}(X_0) \subseteq AI(X_0)$, $A_{2k}(X_0) \subseteq AS(X_0)$, so ist

  $s = (X_0, A_{2k-1}(X_0)) \, s_1 \, \ldots \, s_{n_p} \, (X_0, A_{2k}(X_0))$ eine Besuchsfolge des Baumes t.

- Sind s_1, s_2 zwei Besuchsfolgen des Baumes t, so ist auch $s_1 s_2$ eine Besuchs-

  folge des Baumes t.

In der folgenden Definition werden aus diesen Besuchsfolgen Teilfolgen ausgezeichnet:

Definition (Teilfolgen von Besuchsfolgen eines Baumes) [Nie83]

Sei X_0 ein Knoten des Strukturbaumes t, $p: X_0 \rightarrow X_1 \ldots X_{n_p} \in P$ die auf X_0

angewandte Produktion und s eine Besuchsfolge des Baumes t mit Wurzel X_0,

so wird definiert:

- die Einschränkung $s(X_0,p)$ der Besuchsfolge s auf X_0 und die direkten

  Nachfolger $X_1 , \ldots , X_{n_p}$ ergibt sich aus der Folge s durch

  - Entfernen aller Symbole $(X,A_k(X))$ mit Ausnahme der zur Wurzel X_0 und

    seinen direkten Nachfolgern $X_1 , \ldots , X_{n_p}$ gehörenden Symbole und

  - Ersetzen aller Symbole $(X_0,A_k(X_0))$ durch $(0,A_k(X_0))$ und

    aller Symbole $(X_\nu,A_k(X_\nu))$ durch $(\nu,A_k(X_\nu))$ ($\nu \in \{1,\ldots,n_p\}$)

- Die Besuchsfolge s_ν des ν-ten Teilbaumes t_ν ($\nu \in \{1,\ldots,n_p\}$)

  mit der Wurzel X_ν ergibt sich aus der Besuchsfolge s durch

  - Entfernen aller Symbole $(X,A_k(X))$, bei denen X nicht zum Teilbaum t_ν

    mit Wurzel X_ν gehört.

Mit diesen Bezeichnungen wird jetzt rekursiv eine Auswertungsfolge, in der der

Strukturbaum vollständig und eindeutig attributiert werden kann, definiert:

Definition (Auswertungsfolge) [Nie83]

Sei X_0 ein Knoten des Strukturbaumes t, p: $X_0 \rightarrow X_1 \ldots X_{n_p} \in P$ die auf X_0

angewandte Produktion, so heißt eine Besuchsfolge s des Baumes t mit Wurzel X_0

eine Auswertungsfolge des Baumes t mit Wurzel X_0 <=>

- Die Attributmengen $A_1(X_0) , \ldots , A_{m_{X_0}}(X_0)$ der Einschränkung $s(X_0,p)$

  von s ergeben eine zulässige Zerlegung von $A(X_0)$,

  die DDP(p) erfüllt (vgl Abs.2.1.2.) und

- Für alle $\nu \in \{1,\ldots,n_p\}$ ist die Besuchsfolge s_ν der ν-ten Teilbaumes t_ν

  mit der Wurzel X_ν eine Auswertungsfolge für t_ν.

Eine Auswertungsfolge beschreibt gerade die Attributierung eines bestimmten Strukturbaumes einer Reinen Multi-Visit-AG in einer statischen Form. Jeder Strukturbaum einer Reinen Multi-Visit-AG hat eine solche Auswertungsfolge.

Mit Hilfe von Auswertungsfolgen erhält man ein Kriterium für die Wohldefiniertheit von AG:

Satz [Nie83]

Eine AG ist wohldefiniert <=> Jeder Strukturbaum t hat eine Auswertungsfolge

Beweis: in [Nie81]

Der Beweis basiert auf dem Zyklenfreiheitstest aus [Knu68] (vgl. Abs.2.2.1.).

Nach Definition ist jede Reine Multi-Visit-AG wohldefiniert.
Aus obigem Satz folgt aber auch die umgekehrte Aussage.

Folgerung

Jede wohldefinierte AG ist Reine Multi-Visit-AG

Beweis:

Jeder Strukturbaum einer wohldefinierten AG besitzt eine Auswertungsfolge, nach der der Strukturbaum vollständig und eindeutig attributiert werden kann. Der obige Algorithmus leistet dieses mit endlich vielen Besuchen pro Knoten. Somit ist die AG Reine Multi-Visit-AG.

Von theoretischem Interesse ist noch folgendes Ergebnis.

Satz [RiS81]

Die Frage,ob eine gegebene AG K-Visit-AG ist, ist entscheidbar.

Beweis: in [RiS81]

2.9. Absolut zyklenfreie Attributierte Grammatiken

2.9.1. Charakterisierung von Absolut zyklenfreien AG

Vorab ein paar Definitionen, die denen der induzierten Abhängigkeiten ähneln:

Definition (ANC-induzierte Attributabhängigkeiten für Produktionen)

Die ANC-induzierten Attributabhängigkeiten $ANCIDP(p) \subseteq AP(p) \times AP(p)$ werden wie folgt sukzessiv berechnet:

1) für alle $p \in P$: $ANCIDP(p) := NDDP(p)$

2) REPEAT
   für alle $p \in P$:
   $$ANCIDP(p) := ANCIDP(p) \cup \{ (X_\nu.a, X_\nu.b) \quad \nu \in \{1,\ldots,n_p\} \text{ AND}$$

   $$\text{Es gibt eine Produktion } q: Y_0 \to Y_1 \ldots Y_{n_q} \in P$$

   $$\text{mit } Y_0 = X_\nu \text{ AND } (Y_0.a, Y_0.b) \in ANCIDP(q)^+ \}$$

   UNTIL für alle $p \in P$ sind $ANCIDP(p)$ stationär.

Hier werden alle möglichen, aber auch unmöglichen Abhängigkeiten erfaßt, die sich auf Grund der Attributierungsregeln $R(p)$ und aller Teilbäume ergeben. Da nicht mehrere Regeln q gleichzeitig angewandt werden können, treten im konkret vorhandenen Strukturbaum eventuell nicht alle dieser Attributabhängigkeiten auf. Daher ist die folgende Definition angebracht.

Definition (Absolut zyklenfreie AG)

Eine AG heißt Absolut zyklenfreie AG oder ANCAG $<=>$

Für alle $p \in P$ sind die aus $ANCIDP(p)^+$ konstruierten Graphen azyklisch

Definition (ANC-induzierte Attributabhängigkeiten für Symbole)

Die ANC-induzierten Attributabhängigkeiten für Symbole $X \in V$ sind dann gegeben mit:

$$ANCIDS(X) = \{ (X.a, X.b) \mid \text{Es gibt } p \in P: (X.a, X.b) \in ANCIDP(p)^+ \}$$

Beispiel

Die folgende AG ist WAG, da stets entweder p_2 oder p_3 angewendet wird.

p_1: S → X   X_b ← X_a ; X_d ← X_c

p_2: X → t_1 X_c ← X_d p_3: X → t_2 X_a ← X_d

Die AG ist jedoch keine ANCAG wegen des Zyklus

$$ANCIDP(p_1) = \{ X.a → X.b , X.b → X.c , X.c → X.d , X.d → X.a \}$$

Bemerkung [Nie83] [Knu68]

Die ANC-induzierten Attributabhängigkeiten werden auch gekennzeichnet als

$$D(p)[[D(X_1),\ldots,D(X_{n_p})]], \quad D_p[D(X_1),\ldots,D(X_{n_p})] \text{ oder ähnlich.}$$

Beispiel

Die folgende AG ist ANCAG, aber nicht OAG

p_1: S → X t   X_b ← X_a

p_2: S → X v   X_d ← X_c

p_3: X → u   X_c ← X_b

p_4: X → w   X_a ← X_d

wegen $ANCIDP(p_1) = \{ X\_a → X\_b , X\_b → X\_c , X\_d → X\_a \}$

        $ANCIDP(p_2) = \{ X\_c → X\_d , X\_d → X\_a , X\_b → X\_c \}$

aber $IDS(X) = \{ X\_a → X\_b, X\_b → X\_c, X\_c → X\_d, X\_d → X\_a \}$

Satz

Jede Geordnete AG ist Absolut zyklenfreie AG

Beweis:

In jeder AG ist für alle $p \in P$: $ANCIDP(p)^+ \subseteq IDP(p)^+$.
In einer OAG ist EDP azyklisch, folglich sind alle aus $IDP(p)$ konstruierten
Graphen azyklisch und somit auch alle aus $ANCIDP(p)$ konstruierten Graphen,
d.h. die OAG ist auch ANCAG.

Mit Hilfe von Auswertungsfolgen gelingt eine Charakterisierung von ANCAG;
dazu ein paar Definitionen:

Definition (Zerlegungsfolge) [Nie83]

- Eine Zerlegungsfolge π_p der Attribute der Produktion p: $X_0 \to X_1 \ldots X_{n_p}$
  ist eine Folge
$$\pi_p = (h_1, A_{i_1}(X_{h_1})) \, , \, \ldots \, , \, (h_r, A_{i_r}(X_{h_r}))$$
  mit $h_1, \ldots, h_r \in \{1, \ldots, n_p\}$, $i_1 \in \{1, \ldots, m_{X_{h_1}}\}$, $\ldots$, $i_r \in \{1, \ldots, m_{X_{h_r}}\}$

- π_p^j ist die Einschränkung dieser Folge auf Elemente mit erster
     Komponente $j \in \{0, \ldots, n_p\}$

- Eine Zerlegungsfolge π_p erfüllt DDP(p) $\Longleftrightarrow$

  Für alle $\rho \in \{1, \ldots, r\}$ und alle $X_{h_\rho}.a \in A_{i_\rho}(X_{h_\rho})$ folgt

  aus $X_\nu.b \to X_{h_\rho}.a \in DDP(p)$ gerade $X_\nu.b \in A_1(X_\nu)$ mit $1 < i_\rho$ und $\nu = h$.

Definition [Nie83]

- Sei $\Pi(X)$ die Menge aller zulässigen Zerlegungen von $A(X)$,

  p: $X_0 \to X_1 \ldots X_{n_p} \in P$, so heißt die Abbildung

  $TDA(p)$: $\Pi(X_0) \to \Pi(X_1) \times \ldots \times \Pi(X_{n_p})$ Top-Down-Zerlegung

- Eine Auswertungsfolge s des Baumes t mit Wurzel X_0 heißt uniform

  bzgl. einer Zerlegung $\{ A_1(X_0) , \dots , A_{m_{X_0}}(X_0) \}$ <=>

  - Die Attributmengen $A_i(X)$ in den zweiten Komponenten von $s(X_0,p)$

    sind die Attributmengen der Zerlegung $\{ A_1(X_0) , \dots , A_{m_{X_0}}(X_0) \}$

  - Für alle $p \in P$ wird durch TDP(p) der Zerlegung $\{ A_1(X_0) , \dots , A_{m_{X_0}}(X_0) \}$

    genau ein Tupel von Zerlegungen

    $$(\{ A_1(X_1) , \dots , A_{m_{X_1}}(X_1) \} , \dots , \{ A_1(X_{n_p}) , \dots , A_{m_{X_{n_p}}}(X_{n_p}) \})$$

    $\in \Pi(X_1) \times \dots \times \Pi(X_{n_p})$ zugeordnet.

  - Für alle $p \in P$ sind die Besuchsfolgen s_ν der ν-ten Teilbäume t_ν mit

    der Wurzel X_ν ($\nu = 1,\dots,n_p$) Auswertungsfolgen, die bezüglich ihrer

    jeweiligen Zerlegung $\{ A_1(X_\nu) , \dots , A_{m_{X_\nu}}(X_\nu) \} \in \Pi(X_\nu)$ uniform sind

Im Unterschied zu beliebigen Auswertungsfolgen werden bei uniformen

Auswertungsfolgen durch die Top-Down-Zerlegung den Auswertungsfolgen

der Teilbäume t_ν eines Strukturbaumes t gewisse Beschränkungen

auf Grund der zugeordneten zulässigen Zerlegung auferlegt.

Definition (uniforme AG) [Nie83]

Eine AG = (G,A,R,B) heißt uniform <=>

Für alle $p \in P$ existieren Top-Down-Zerlegungen TDA(p), so daß für jeden

Strukturbaum mit Wurzel Z (Startsymbol von G) eine uniforme Auswertungsfolge

existiert.

Beispiel (uniforme AG) [Nie83]

p_1: Z → A A   Z_g ← A[1]_g + A[2]_g
                  A[1]_a ← A[2]_d ; A[1]_b ← 1 ; A[2]_a ← A[1]_d ; A[2]_b ← 2

p_2: A → u A   A[0]_g ← A[1]_g ; A[0]_d ← A[1]_d
                  A[1]_a ← A[0]_a ; A[1]_b ← A[0]_b

p_3: A → v   A_g ← A_a ; A_d ← 0

p_4: A → w   A_g ← 2 ; A_d ← A_b

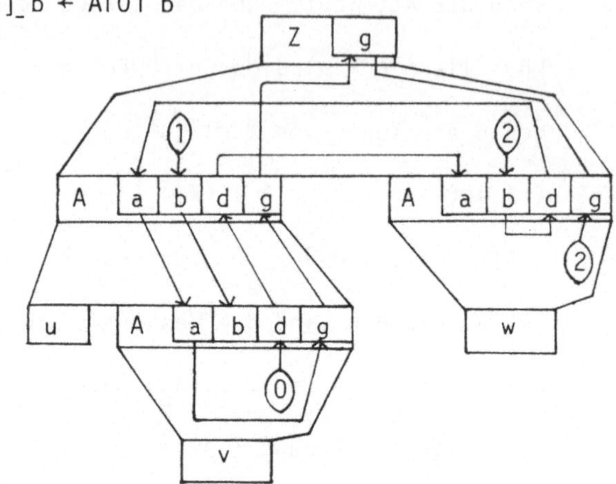

$A_1(Z) = \{\ \}$ $A_2(Z) = \{g\}$ ist

eine zulässige Zerlegung,

d.h. $\{\ \{\ \},\{g\}\ \} \in \Pi(Z)$.

Elementweise geschrieben sind die

Top-Down-Zerlegungen gegeben mit:

TDA(p_1) ($\{\ \{\ \},\{g\}\ \}$) = ($\{\ \{a,b\},\{g,d\}\ \}$, $\{\ \{b\},\{d\},\{a\},\{g\}\ \}$)

TDA(p_2) ($\{\ \{a,b\},\{g,d\}\ \}$) = ($\{\ \}$, $\{\ \{a,b\},\{g,d\}\ \}$)

TDA(p_2) ($\{\ \{b\},\{d\},\{a\},\{g\}\ \}$) = ($\{\ \}$, $\{\ \{b\},\{d\},\{a\},\{g\}\ \}$)

TDA(p_3) ($\{\ \{a,b\},\{g,d\}$) = ($\{\ \}$)

TDA(p_3) ($\{\ \{b\},\{d\},\{a\},\{g\}\ \}$) = ($\{\ \}$)

TDA(p_4) identisch mit TDA(p_3)

Eine uniforme Auswertungsfolge ist $(Z,\{\ \})\ s_1\ s_2\ (Z,\{g\})$

mit $s_1 = (A,\{a,b\})\ s_1'\ s_2'\ (A,\{g,d\})$ $s_2 = (A,\{b\})\ \varepsilon\ (A,\{d\})\ (A,\{a\})\ \varepsilon\ (A,\{g\})$

$s_1' = \varepsilon$ $s_2' = (A,\{a,b\})\ \varepsilon\ \varepsilon\ (A,\{g,d\})$

folglich ist die AG uniform.

Mit Hilfe dieser Begriffsbildung folgt der folgende Satz über ANCAG:

Satz [Nie83]

Eine AG ist Absolut zyklenfreie AG $<=>$ Die AG ist uniform

Beweis: [Nie83] [Nie81]

(Der Beweis wird aus Umfangsgründen gekürzt wiedergegeben)

"$=>$" Diese Richtung des Beweises erfolgt mit Hilfe zweier Lemmas. Das Lemma 1 sagt aus, daß für jede Absolut zyklenfreie AG eine Top-Down-Zerlegung, die bestimmte Bedingungen erfüllt, konstruiert werden kann. Sodann wird die Konstruktion von Auswertungsfolgen für einen Strukturbaum mit Hilfe von Auswertungsfolgen für die Teilbäume t' von t angegeben. Mit diesen Methoden wird durch strukturelle Induktion gezeigt, daß die ANCAG uniform ist.

Definition

Eine Zerlegung $\{ A_1(X) , \ldots , A_{m_X}(X) \}$ von $A(X)$ genügt

den induzierte Attributabhängigkeiten $ANCIDS(X)$ $<=>$

Für $i \in \{1,\ldots,m_X\}$ gilt: Für alle $X.a \in A_i(X)$ mit $X.b \to X.a \in ANCIDS(X)$

$$\text{existiert ein } j < i \text{ mit } X.b \in A_j(X)$$

Lemma 1

Für eine Absolut zyklenfreie AG existiert eine Top-Down-Zerlegung mit:

Ist $p\colon X_0 \to X_1 \ldots X_{n_p} \in P$ und $\{ A_1(X_0) , \ldots , A_{m_{X_0}}(X_0) \}$ eine nichtleere

zulässige Zerlegung von $A(X_0)$, die $ANCIDS(X_0)$ genügt, dann existiert

eine nichtleere Zerlegungsfolge $\pi \neq \varepsilon$ mit:

- π_p^0 entspricht der Zerlegung $\{ A_1(X_0) , \ldots , A_{m_{X_0}}(X_0) \}$

- $\pi_p^j \neq \varepsilon$ für $j \in \{1,\ldots,n_p\}$

- π erfüllt $ANCIDP(p)$

- $TDA(p) (\{ A_1(X_0) , \ldots , A_{m_{X_0}}(X_0) \}) =$

$$(\{A_1(X_1),\ldots,A_{m_{X_1}}(X_1)\} , \ldots , \{A_1(X_{n_p}),\ldots,A_{m_{X_{n_p}}}(X_{n_p})\})$$

Beweis des Lemma 1
durch Angabe eines Algorithmus zur Konstruktion der Zerlegungsfolge:

Sei $B \subseteq A(X_1)$ $(1 \in \{0,\dots,n_p\})$ und $j \in \{1,\dots,n_p\}$ und zur Darstellung

des folgenden Algorithmus definiert:

NEWINH$(j,B,\text{ANCIDP}(p))$ =

$\{ X_j.a \mid X_j.a \in AI(X_j) - B$, aus $X_i.b \to X_j.a \in \text{ANCIDP}(p)$ folgt $X_i.b \in B \}$

NEWSYN$(j,B,\text{ANCIDP}(p))$ =

$\{ X_j.a \mid X_j.a \in AS(X_j) - B$, aus $X_i.b \to X_j.a \in \text{ANCIDP}(p)$ folgt $X_i.b \in B \}$

Algorithmus (Konstruktion von Zerlegungsfolgen) [Nie83]

Eingabe: zulässige Zerlegung $\{A_1(X_0),\dots,A_{m_{X_0}}(X_0)\}$, p: $X_0 \to X_1\dots X_{n_p} \in P$

Ausgabe: zulässige Zerlegungen für $X_1,\dots,X_{n_p}$, Zerlegungsfolge π_p für p

1) $B := \{ \} ; \pi_p := \varepsilon ;$

2) $\nu_1 := 0 ; \dots ; \nu_{n_p} := 0 ;$

3) FOR $\nu = 1$ (2) m_{X_0} $(\text{Œ } m_{X_0}$ gerade)
   DO
4) $B := B \cup \{ X_0.a \mid X_0.a \in A_\nu(X_0) \} ;$

5) $\pi_p := \pi_p (0, A_\nu(X_0))$

6)   IF $(\nu = 1)$
      THEN
7)   WHILE es existiert ein $j \in \{1,\dots,n_p\}$ mit

        $(AI(X_0) = \{ \}$ oder NEWSYN$(j,0,\text{ANCIDP}(p)) \neq \{ \})$
      DO

8) $A_2(X_j) := \text{NEWSYN}(j,0,\text{ANCIDP}(p)) ; A_1(X_j) := \{ \} ;$

9) $B := B \cup \text{NEWSYN}(j,0,\text{ANCIDP}(p)) ;$

10) $\pi_p := \pi_p (j,\{ \}) (j,A_2(X_j)) ; \nu_j := 2$

      OD
   FI ;

11)   WHILE es existiert ein $j \in \{1,\ldots,n_p\}$ mit NEWINH$(j,B,$ANCIDP$(p))\neq\{\ \}$
       DO
           $\nu_j := \nu_p + 1$;

12) $A_{\nu_j}(X_j) :=$ NEWINH$(j,B,$ANCIDP$(p))$;

           $B := B \cup$ NEWINH$(j,B,$ANCIDP$(p))$;

13) $A_{\nu_j+1}(X_j) :=$ NEWSYN$(j,B,$ANCIDP$(p))$;

           $B := B \cup$ NEWSYN$(j,B,$ANCIDP$(p))$;

14) $\nu_j := \nu\ (j,A_{\nu_j}(X_j))\ (j,A_{\nu_j+1}(X_j))$;

           $\nu_j := \nu_j + 1$

       OD ;

15) $B := B \cup \{\ X_0.a \mid X_0.a \in A_{\nu+1}(X_0)\ \}$;

16) $\pi_p := \pi_p\ (0,A_{\nu+1}(X_0))$

    OD ;

Auf eine Verifikation dieses Algorithmus wird hier verzichtet,
stattdessen ein paar Anmerkungen:

- Die Mengen NEWSYN$(\ldots)$ und NEWINH$(\ldots)$ werden benutzt,

  um sicherzustellen, daß alle Attribute $X_i.b$, von denen ein gegebenes

  Attribut $X_j.a$ abhängt, vor $X_i.a$ ausgewertet werden.

- Die Schleife 7) stellt sicher, daß alle Attribute, die durch $p \in P$

  betroffen sind, ausgewertet werden, z.B. auch die eigentlichen;

  nur so kann π_p wirklich eine Zerlegungsfolge von p sein.

- Der Test auf AI$(X_0) = \{\ \}$ in Schleife 7) bewirkt,

  daß keine Zerlegungsfolge mit $\pi_p^j = \varepsilon$ entsteht.

- Weil die gegebene Zerlegung ANCIDS(X_0) genügt, erfüllt nach der

  Konstruktion die Zerlegungsfolge π_p die Abhängigkeit ANCIDP(p).

Lemma 2

Sei t ein Strukturbaum mit Wurzel X_0, p: $X_0 \to X_1 \ldots X_{n_p}$, p_ν: $X_\nu \to \ldots \in P$, π_p eine Zerlegungsfolge, die DDP(p) erfüllt, mit $\pi_1^1 \neq \varepsilon$, $\ldots$, $\pi_p^n \neq \varepsilon$, s_ν eine Auswertungsfolge des ν-ten Teilbaumes t_ν mit $s_\nu(X_\nu, p_\nu)\big|_{X_\nu} = \pi_p^\nu$ für $\nu = 1, \ldots, n_p$, dann existiert eine Auswertungsfolge s des Struktur-baumes t mit $s(X_0, p) = \pi_p$ und die Traversierung des ν-ten Teilbaumes ist die Auswertungsfolge s_ν.

Beweisidee:

Sei $\{ A_1(X_0), \ldots, A_{mX_0}(X_0) \}$ eine zulässige Zerlegung gemäß π_p, so kann π_p geschrieben werden als $\qquad$ (Œ mX_0 gerade)

$$\pi_p = (0, A_1(X_0))\, u_1\, (0, A_2(X_0))\, (0, A_3(X_0)\, u_2\, \ldots$$

$$\ldots\, (0, A_{mX_0-2}(X_0))\, (0, A_{mX_0-1}(X_0))\, u_{\frac{1}{2}mX_0}(0, A_{mX_0}(X_0))$$

mit $u_1, \ldots, u_{\frac{1}{2}mX_0}$ als zweielementige Teilfolgen von π_p^ν

Werden diese Teilfolgen durch die entsprechenden Teilfolgen der Auswer-tungsfolgen s_ν ersetzt – da die Einschränkung von $s_\nu(X_\nu, p_\nu)$ auf Elemente mit erster Komponente ν nach Voraussetzung mit π_p^ν übereinstimmt, ist dies stets möglich –, und außerdem "0" durch "X_0" ersetzt, so entsteht eine Auswertungsfolge s für einen Strukturbaum t mit Wurzel X_0 und $s(X_0, p) = \pi_p$. Die weiteren Bedingungen sind durch die Konstruktion erfüllt.

Beweis von "=>" des Satzes:

Sei eine Absolut zyklenfreie AG gegeben. Sei eine Top-Down-Zerlegung gemäß

Lemma 1 und dem angegebenen Algorithmus für alle $p \in P$ konstruiert,

so wird die Uniformität der AG bewiesen, indem für einen beliebigen

Strukturbaum t (mit Wurzel Z) gezeigt wird:

Für einen jeden Strukturbaum t mit Wurzel X_0 und eine beliebige

zulässige Zerlegung von $A(X_0)$ existiert eine Auswertungsfolge s,

die uniform bezüglich der gegebenen Zerlegung von $A(X_0)$ ist.

Beweis durch strukturelle Induktion über dem Strukturbaum t:

Induktionsbeginn:

Die Auswertungsfolgen der Blätter sind trivialerweise uniform, da die

zulässigen Zerlegungen existieren und Terminale nicht ableitbar sind

(also die weiteren Bedingungen der Uniformität leer bleiben).

Induktionsschritt:

Seien die Auswertungsfolgen s_ν der Teilbäume t_ν von t uniform.

Die Auswertungsfolge s existiert gemäß Lemma 2, da die Zerlegungsfolge π_p

gemäß Lemma 1 ANCIDP(p), also erst recht DDP(p) erfüllt.

Die Eigenschaft der Uniformität von s ist gegeben wegen

- $s(X_0, p) = \pi_p$

- der Konstruktion der TDP(p) gemäß Lemma 1

- der Uniformität der Auswertungsfolgen s_ν (Induktionsannahme)

"<=" Der Beweis, daß eine uniforme AG eine Absolut zyklenfreie AG ist,
erfolgt ebenso mit zwei Lemmas:

Definition

Eine Eigenschaft E einer Auswertungsfolge bleibt unter Substitution

erhalten <=>

Für zwei beliebige Strukturbäume t und t' mit Wurzel Z und eine beliebige

Auswertungsfolge s für t mit der Eigenschaft E gilt:

Falls für irgendeinen Knoten X_ν die Strukturbäume t und t' bis auf die

Teilbäume t_ν und t'_ν übereinstimmen (letzte Übereinstimmmung bei X_ν),

dann hat t' eine Auswertungsfolge s' mit der Eigenschaft E und

$$s(X_\nu,p_\nu)\big|_{X_\nu} = s'(X_\nu,p_\nu)\big|_{X_\nu} \quad (p\colon X_0 \to X_1 \ldots X_\nu \ldots X_{n_p},\ p_\nu\colon X_\nu \to \ldots\ )$$

Lemma 3

Existieren für eine AG Top-Down-Zerlegungen und für alle $X \in V$ uniforme

Auswertungsfolgen bzgl. der zulässigen Zerlegungen $\{A_1(X),\ldots,A_{m_X}(X)\}$,

dann bleibt diese Eigenschaft der Uniformität unter Substitution erhalten.

Beweisidee:

Seien t_0 und t'_0 zwei beliebige Strukturbäume mit Wurzel Z, die bis auf

einen beliebigen Teilbaum t_ν (mit Wurzel X_ν) bzw. t'_ν (mit Wurzel X_ν)

übereinstimmen. Seien s bzw. s' uniforme Auswertungsfolgen von t bzw. t'.

Induktion über den Ast von Z bis X ergibt: $s(X_\nu,p_\nu)\big|_{X_\nu} = s'(X_\nu,p_\nu)\big|_{X_\nu}$

Die Uniformität bleibt unter Substitution erhalten.

Lemma 4

Existiert für eine AG eine Eigenschaft E von Auswertungsfolgen mit

- jeder Strukturbaum t_0 mit Wurzel Z hat eine Auswertungsfolge
  mit Eigenschaft E,

- Eigenschaft E bleibt unter Substitution erhalten,

dann ist die AG eine Absolut zyklenfreie AG.

Beweis:

Durch Induktion wird gezeigt:

  Für jeden Strukturbaum t mit einer Auswertungsfolge s, die Eigenschaft E

  hat, genügt für jeden Knoten X_ν des Strukturbaumes t die $s(X_\nu, p_\nu)\big|_{X_\nu}$

  entsprechende Zerlegung $ANCIDS(X_\nu)$.

Weil Eigenschaft E unter Substitution erhalten bleibt, ist diese Aussage

unabhängig von den im Teilbaum t_ν mit Wurzel X_ν angewandten Produktionen.

Daraus folgt, daß für alle Knoten X_ν die jeweilige Zerlegung den Attribut-

abhängigkeiten $ANCIDS(X_\nu)$ genügt. Weil dazu noch nach der Definition

der Auswertungsfolgen die $s(X_\nu, p)$ entsprechende Zerlegung $DDP(p)$ erfüllt

$(p: X_0 \rightarrow X_1 \ldots X_{n_p})$, erfüllt diese Zerlegung auch $ANCIDP(p)$.

Somit sind für alle $p \in P$ die aus $ANCIDP(p)^+$ konstruierten Graphen

azyklisch; also ist die AG eine Absolut zyklenfreie AG qed.

  Beweis von "<=" des Satzes:

Die Voraussetzungen von Lemma 3 sind für uniforme AG erfüllt.
Die Voraussetzungen von Lemma 4 sind nach Lemma 3 erfüllt.
Also ist die uniforme AG eine Absolut zyklenfreie AG.

2.9.2. Der Attributierungsalgorithmus von Kennedy-Warren

Der Algorithmus von Kennedy-Warren zur Attributierung von ANCAG basiert trotz seiner Komplexität auf wenigen Grundprinzipien:

- Der Algorithmus ist ein Algorithmus zur Traversierung des Strukturbaumes, der mehrmaligen Besuch eines Knotens erlaubt. Zur Informationsübermittlung zwischen verschiedenen Besuchen eines Knotens und zum Festhalten des Attributierungszustandes wird für jeden Knoten ein Zustand geführt. Zusätzlich wird der Algorithmus für einen Teilbaum rekursiv und mit einem Parameter aufgerufen. Mit Hilfe des Zustandes und des Parameters kann ausreichend Kontextinformation übermittelt werden.

- An jedem Knoten innerhalb des Strukturbaumes wird ein Plan, das ist eine endliche Folge von Instruktionen, sequentiell und ohne Verzweigungen ausgeführt. Eine Instruktion ist wiederum entweder eine Attributierungsregel, die auszuführen ist, oder ein rekursiver Aufruf des Attributierungsalgorithmus. An jedem Knoten werden soviele Attributierungsregeln wie möglich ausgeführt; dann wird der jeweilige Teilbaum ausgewertet oder der Aufruf des Algorithmus beendet. Der Grad der Auswertung wird im Zustand festgehalten.

- Die Pläne können auf Grund der AG zur Generationszeit des Compilers bestimmt werden und sind zur Compilerlaufzeit fest vorgegeben. Innerhalb des Algorithmus ist kein Test notwendig, ob eine Attributierungsregel anwendbar ist, da diese Prüfung bei der Konstruktion des Algorithmus (vgl. Abs.2.9.3./2.9.4.) erledigt wird und notwendige Daten in Tabellen mit konstanten Einträgen gehalten werden.

Zur formalen Definition des Kennedy-Warren-Algorithmus:

Definiton (Kennedy-Warren-Algorithmus) [KeW76]

Der KW-Algorithmus ist ein 6-Tupel $(Q, q_0, ES, IS, GOTO, PLAN)$ mit

Q endlichen Menge von Ruhezustände

$q_0: P \rightarrow Q$ legt für $p \in P$ einem Anfangszustand $q_0(p)$ fest

ES endliche Menge von Eingangszuständen

IS endliche Menge von aktuellen Eingabemengen, $\{ \} \in IS$

$GOTO: Q \times IS \rightarrow ES$ partiell definiert

PLAN: $ES \rightarrow \{ (s_1 \ldots s_m, q) \mid s_1 \ldots s_m$ ist ein Plan (Instruktionenfolge), $q \in Q \}$

     dabei ist eine Instruktion s_i

       entweder eine Attributierungsregel $f^p_{(a,\nu)}$

       oder $s_i = VISIT(\nu, I)$ mit $\nu \in N$, $I \in IS$

Die Prozedur EVALUATE (X_0 , I)

mit den Parametern X_0 als Baumknoten und $I \in IS$ $(p: X_0 \rightarrow X_1 \ldots X_\nu \ldots X_{n_p})$

arbeitet wie folgt:

1) Sei q der Zustand des Baumknoten X_0 : $e := GOTO(q, I)$

2) Führe PLAN(e) aus gemäß

  − FOR $i:=1(1)m$ führe s_i am Knoten X_0 aus

  − Setze den Zustand von Knoten X_0 auf q

Die Ausführung der Instruktion s_i am Knoten X_0 verläuft wie folgt:

− falls s_i eine Attributierungsregel $f^p_{(a,\nu)}$ ist: Werte $f^p_{(a,\nu)}$ aus

− falls $s_i = VISIT(\nu, I)$: EVALUATE(X_k, I) $(\nu \in N$, $I \in IS)$

Im ersten Fall ist die Attributierungsregel $f^p_{(a,\nu)}$ auswertbar,
  da alle Argumente bekannt sind,
  was durch die Konstruktion gemäß Abs.2.9.3./2.9.4. sichergestellt ist.

Im zweiten Fall wird die Prozedur EVALUATE rekursiv für den ν-ten Teilbaum
aufgerufen.

   Algorithmus (Attributierungsalgorithmus für ANCAG) [KeW76]

Eingabe: Strukturbaum, AG, KW-Algorithmus

Ausgabe: vollständig attributierter Strukturbaum

1) Markiere alle Knoten X_0 des Strukturbaumes mit ihren Anfangszuständen $q_0(p)$,

  wobei $p: X_0 \rightarrow X_1 \ldots X_{n_p}$ die jeweils angewandte Produktion ist.

2) EVALUATE $(Z , \{ \})$ (Z ist die Wurzel des Strukturbaumes)

Der Kennedy-Warren-Algorithmus

- vermeidet die Festlegung einer A-Priori-Traversierungsreihenfolge

- vermeidet blindes Suchen im Strukturbaum oder Backtracking

- nutzt die Idee der lokal-definierten Semantik aus der Definition der AG

- enthält die wesentliche Kontrollinformation in den Tabellen für q_0, GOTO

  und PLAN, die bereits zum Generierungszeitpunkt berechnet werden.

Die Besetzung der Tabellen und insbesondere die Festlegung der Funktionen PLAN, GOTO und q_0 wird in den Abs.2.9.3./2.9.4. behandelt.

Ein Beispiel folgt in Abs.2.9.4.

2.9.3. Konstruktion eines Kennedy-Warren-Algorithmus

Bevor ein Verfahren zur Konstruktion der Funktionen GOTO und PLAN angegeben wird, ein paar vorbereitende Begriffsbildungen.

Definition (Attributierungszustand) [KeW76]

- $(p , \{ (a,v) \in AO(p) \mid X_v.a$ bereits ausgewertet $\})$

  ist der Attributierungszustand.

- $\{ (a,v) \mid X_v.a \in AS(X_n)$ noch nicht ausgewertet,

  aus $X_v.b \rightarrow X_v.a \in ANCIDS(X_v)$ folgt: $X_v.b$ bereits ausgewertet $\}$

  heißt der Ertrag des v-ten Teilbaumes in diesem Zustand der Attributierung

Bemerkung

Eine Attributierungsregel $X_v.a \rightarrow f^p_{(a,v)}(\ldots)$ ist auswertbar, falls

alle Argumente bereits ausgewertet sind und $X_v.a$ noch nicht ausgewertet ist

Zur Beschreibung der Auswertungsreihenfolge an einem Knoten wird die Idee des Petrinetzes aufgegriffen und definiert:

Definition (Besuchsnetz) [KeW76]

Ein Besuchsnetz (QN,EN,AA,VA) ist ein nicht unbedingt zusammenhängender gerichteter Graph (QN $\cup$ EN , AA $\cup$ VA) mit
    zwei disjunkten Knotenmengen QN, EN   QN $\cap$ EN = { }
    Ankunftskanten AA $\underline{c}$ QN $\times$ EN
    Besuchskanten VA $\underline{c}$ EN $\times$ QN

Bemerkung

Ein Besuchsnetz ist ein unmarkiertes Petrinetz.

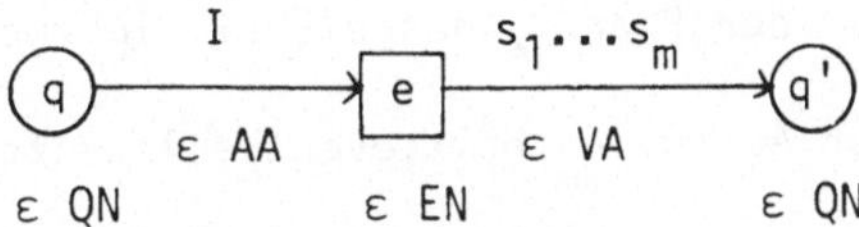

Jeder Ankunftskante 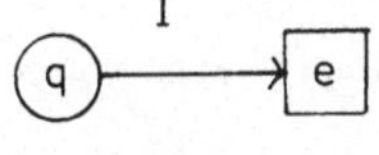 entspricht GOTO(q,I) = e

Jeder Besuchskante 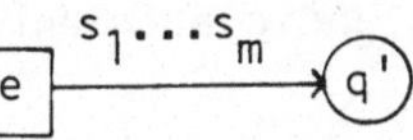 entspricht PLAN(e) = $(s_1 \ldots s_m, q')$

Beispiel (Besuchsnetz) [Saa78]

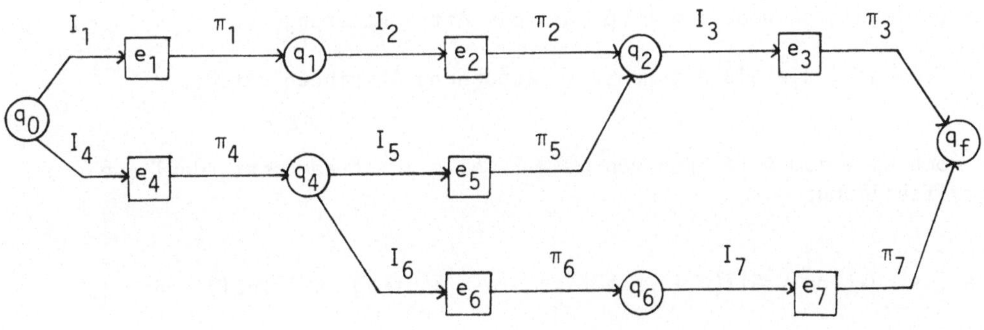

Das Besuchsnetz beschreibt die möglichen Aktionen an einem Knoten X_0 eines Strukturbaumes während der Attributierung.

e_1 , e_2 , ... , e_7 sind dabei Eingangszustände

q_0 , q_1 , ... , q_f sind Ruhezustände

I_1 , ... , I_7 sind die Eingabemengen (Attributpositionen der als Argumente
verwendbaren Attribute)

π_1 , ... , π_7 sind Pläne, also Instruktionsfolgen

Am Beginn ist X_0 mit Zustand q_0 markiert; abhängig von I_1 und I_4 wird entweder

der Plan π_1 oder der Plan π_4 ausgeführt. Im zweiten Fall ist X_0 nach Ausführung

von π_4 – dieser Aufruf enthält eventuell weitere Aufrufe, die einen Teilbaum

auswerten – mit Ruhezustand q_4 markiert. Beim nächsten Besuch von X_0 ist der

auszuführende Plan entweder π_5 oder π_6 abhängig vom Kontext, usw.,

bis im Ruhezustand q_f der Knoten X_0 vollständig attributiert ist.

Im betrachteten Besuchsnetz ist übrigens z.B. $I_1 \cup I_2 = I_4 \cup I_5$.

Es beschreibt GOTO ((p',A) , I) = e = (p',A') die bereits ausgeführten

Attributierungen, wobei q = (p',A) ein Attributierungszustand ist und die

Eingabemenge I die als Argumente verwendbaren Attribute umfaßt.

Nun noch eine zum Auffinden von GOTO-Tabellen-Einträgen erforderliche
Begriffsbildung:

Eine Instruktion VISIT(v,I) benötigt einen Eintrag GOTO(q,I) = e

<=> Der v-te Teilbaum des aktuellen Knoten des Strukturbaumes kann mit

Zustand q markiert werden und e ist der Eingangszustand zu q und I.

Algorithmus (Konstruktion eines KW-Algorithmus - Version 1) [KeW76]

Eingabe: AG

Ausgabe: KW-Algorithmus

PROCEDURE Plankonstruktion(e)

  mit dem Eingangszustand e = (p',A) als Parameter, wobei A die Attributexemplare der bereits ausgewerteten Attribute X_ν.a des Knotens X_ν enthält

```
1) S := ε (leerer Plan) ;  A' := A ;
   Abbruch := FALSE ;

2) REPEAT
3)    IF es existiert eine auswertbare Attributierungsregel f^{p'}_{(a,\nu)}
         THEN
4)          S := S f^{p'}_{(a,\nu)} ; (* erweitern des Planes *)

5)          A' := A' ∪ {(a,\nu)} ; (* ergänzen des Attributierungszustands *)
         ELSE
6)          IF es existiert ein Teilbaum mit nichtleerem Ertrag Y
               THEN
7)                S := S VISIT(\nu,I)  (* erweitern des Planes *)
                     wobei I = { (a,0) ε AO(p_\nu) | a ε AI(X_\nu) ∩ A' } (* p_\nu → ... *)

8)                A' := A' ∪ Y ;
               ELSE
                  Abbruch := TRUE
            FI
      FI
   UNTIL Abbruch ;

9) q := (p',A') ; (* Attributierungszustand als neuer Ruhezustand *)

10) Plankonstruktion := (S,q) ;
```

Die Prozedur liefert einen Plan (S,q).

Nun lautet das Verfahren wie folgt:

```
11) Für alle p ε P:
      q_0(p) := (p, { (a,\nu) ε AO(p) | X_\nu.a ε A(X_\nu) ist eigentlich } ) ;
```

12) Seien GOTO, PLAN leer (betrachtet als Menge) und EN := AA := VA := { } ;
    (das entspricht einem Besuchsnetz (QN,EN,AA,VA) = (P,{ },{ },{ }),
      in dem alle p ε QN mit $q_0(p)$ markiert sind.)

13) Ergänze zu EN einen neuen Knoten e' ε EN markiert mit $q_0(p_0)$;

14) Ergänze eine Ankunftskante markiert mit { } von Knoten p_0 nach e' ;
    $GOTO(q_0(p_0),\{ \}) := q_0(p_0)$;

    Abbruch := FALSE

15) REPEAT
16)   IF es existiert eine Instruktion VISIT(ν,I),
           die einen Eintrag GOTO(q,I) = e benötigt
         THEN
17)   Ergänze eine Ankunftskante markiert mit I
             von q' ε QN markiert mit q ε Q
             nach e' ε EN markiert mit e ε ES ,
             dabei ergänze fehlende Knoten q' bzw. e' ;

18)   GOTO(q,I) := e
         ELSE
19)   IF es existiert ein e' ε EN markiert mit e ε ES ohne Ausgangskante
            THEN
20) $(s_1 \ldots s_m,q)$:= Plankonstruktion(e) ;

21)   Ergänze eine Besuchskante markiert mit $s_1 \ldots s_m$
                 von e' ε EN markiert mit e ε ES
                   nach q' ε QN markiert mit q ε Q,
                 dabei ergänze fehlende Knoten e' bzw. q' ;

22)   PLAN(e) := $(s_1 \ldots s_m,q)$
             ELSE
23)   Abbruch := TRUE
           FI
       FI
     UNTIL Abbruch ;

24) Sei Q die Menge aller Zustände von Knoten aus QN,
        ES die Menge aller Zustände von Knoten aus EN,
        IS die Menge aller Zustände von Ankunftskanten,
    setze den KW-Algorithmus mit $(Q,q_0,ES,IS,GOTO,PLAN)$ an.

Dieser Algorithmus ist in gewisser Hinsicht elegant, da er geschickt mit
Besuchsnetzen den Kontext und die Attribute eines Nonterminal simuliert.
Praktikabler ist jedoch der Algorithmus des folgenden Abs.2.9.4.

2.9.4. Automatische Konstruktion eines Kennedy-Warren-Algorithmus

Um den Test in Schritt 16) des vorherigen Konstruktionsalgorithmus
(vgl. Abs.2.9.3.) zu vermeiden, wird für jeden Knoten $n \in EN \cup QN$ eine Menge

STATES(n) = { (ν,q) | q ist der Zustand, mit dem der ν-te Nachfolger von n
im Strukturbaum markiert werden kann }

eingeführt.

In einer weiteren Menge NEW(n) werden bisher nicht untersuchte Zustände
gehalten. Auf Grund der Einträge in NEW(n) werden in der folgenden
Prozedur EN-Knoten-untersuchen neue GOTO-Einträge erstellt.

Bevor der Algorithmus angegeben wird, einige Hilfsprozeduren:

- PROCEDURE Knoten-kreieren (QN/EN)

  mit einer Kennung, ob ein Koten aus QN oder EN benötigt wird

  1) Ergänze einen neuen Knoten $q' \in QN$ bzw. $e' \in EN$ zum Besuchsnetz.

  2) Je nach Kennung (QN/EN) entweder STATES(q') := { }
                             oder   STATES(q') := { } ; NEW(e') := { } ;

- PROCEDURE GOTO-Eintrage ((q,I),e)

  mit Parametern $(q,I) \in Q \times IS$, $e \in ES$

  3) Kreiere fehlende Knoten $q' \in QN$ bzw. $e' \in EN$
     und markiere mit $q \in Q$ bzw. $e \in ES$;
     Ergänze eine Ankunftskante markiert mit I
       von $q' \in QN$ markiert mit $q \in Q$
       nach $e' \in EN$ markiert mit $e \in ES$;
     GOTO(q,I) := e ;

  4) NEW(e') := NEW(e') $\cup$ (STATES(q') - STATES(e')) ;

  5) $(s_1 \ldots s_m, q_1)$:= Plankonstruktion(e) ;

     Ergänze eine Besuchskante markiert mit $s_1 \ldots s_m$
       von $e' \in EN$ markiert mit $e \in ES$
       nach q' QN markiert mit $q_1 \in Q$,
     dabei kreiere fehlenden Knoten q' ;

     PLAN(e) := $(s_1 \ldots s_m, q_1)$;

In der folgenden Prozedur wird Knoten e' untersucht und geprüft, ob eine Instruktion s_i = VISIT(ν,I) einen neuen GOTO-Eintrag des ν-ten Nachfolgers im Strukturbaum benötigt wird, dieser Eintrag wird nachgetragen:

- PROCEDURE EN-Knoten-untersuchen(e')

  mit Parameter e' ε EN

  1) CURRENT := NEW(e') ;
     STATES(e') := STATES(e') $\cup$ NEW(e') ;
     NEW(e') := { } ;

  2) Sei e' ε EN mit e markiert

     $(s_1...s_m,q_1)$:= Plankonstruktion(e) ;

     PLAN(e) := $(s_1...s_m,q_1)$;

  3) FOR i:=1(1)m
         DO
  4)   IF s_i = VISIT(ν,I)

            THEN

  5)   WHILE es existiert (ν,q) CURRENT AND GOTO(q,I) ist undefiniert
                  DO
  6)   GOTO-Eintrag((q,I),e)
                  OD ;

  7)   Lösche alle (ν,q) aus CURRENT und ergänze

                  $\{ (\nu,q_2) \mid$ (q) $\xrightarrow{\ I\ }$ [e] $\xrightarrow{\ s_1...s_m\ }$ (q_2) und p: $X_\nu \to$ ... $\}$;
            FI
         OD ;

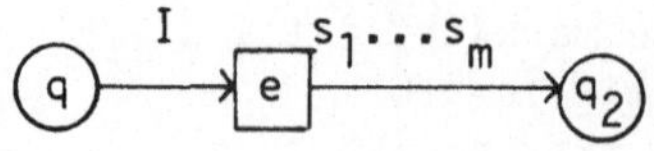

  8) Sei $q_1' \varepsilon$ Q mit q_1 markiert (* es ist PLAN(e) = $(s_1...s_m,q_1)$ *)

     DIFF := CURRENT - STATES(q_1') ;

     STATES(q_1') := STATES(q_1') $\cup$ DIFF ;

```
  9) IF DIFF <> { }
        THEN
 10)      WHILE es existiert eine Ankunftskante von q'_1 nach einem e'_1
             DO
                NEW(e'_1) := NEW(e'_1) ∪ (DIFF - STATES(e'_1))
             OD
      FI ;
```

Der Algorithmus zur Konstruktion des Kennedy-Warren-Algorithmus lautet nun
wie folgt:

      Algorithmus (Konstruktion des KW-Algorithmus - Version 2) [KeW76]

Eingabe: AG

Ausgabe: KW-Algorithmus

11) Für alle $p \in P$:
    $q_0(p) := (p, \{ (a,v) \in AO(p) \mid X_v.a \in A(X_v)$ ist eigentlich $\}) $;

12) Seien GOTO, PLAN leer (betrachtet als Menge) und EN := VA := AA := { } ;
    (das entspricht einem Besuchsnetz (QN,EN,AA,VA) = (p,{ },{ },{ }),
      in dem alle $p \in QN$ mit $q_0(p)$ markiert sind)

13) STATES(q') := { } mit $q' \in QN$;

14) GOTO-Eintrage ($(q_0(p_0),\{ \})$, $q_0(p_0)$) ;

15) WHILE NOT (NEW(e') <> { } für alle $e' \in EN$)
    DO
16)   Sei $e' \in EN$ mit NEW(e') <> { } beliebig gewählt
      EN-Knoten-untersuchen(e')
    OD ;

24) Sei Q die Menge aller Zustände von Knoten aus QN
      ES die Menge aller Zustände von Knoten aus EN,
      IS die Menge aller Zustände von Ankunftskanten,
   setze den KW-Algorithmus mit (Q,q ,ES,IS,GOTO,PLAN) an.

In obigen Schritten 11) 12) 14) und 24) vergleiche man die Analogie zur
Version 1. Die Prüfungen aus Version 1 Schleife 15) finden sich jetzt in der
Prozedur EN-Knoten-untersuchen. Die Konstruktion des Besuchsnetzes
ist in die Prozeduren GOTO-Eintrage und Knoten-kreieren ausgelagert.

Beispiel [Saa78] [KeW76] (in verbesserter Form)

p_0: $Z \to A$ $Z\_r \leftarrow A\_z$; $A\_c \leftarrow 1$ $q_0(p_0) = q_1$

p_1: $A \to t\ B$ $A\_z \leftarrow B\_y$; $B\_a \leftarrow A\_c$; $B\_b \leftarrow B\_x$ $q_0(p_1) = q_3$

p_2: $A \to t\ t\ B$ $A\_z \leftarrow B\_x$; $B\_a \leftarrow B\_y$; $B\_b \leftarrow A\_c$ $q_0(p_2) = q_5$

p_3: $B \to u$ $B\_x \leftarrow B\_a$; $B\_y \leftarrow B\_b$ $q_0(p_3) = q_7$

p_4: $B \to u\ u$ $B\_x \leftarrow B\_a$; $B\_y \leftarrow 2$ $q_0(p_4) = q_{11}$

Den Knoten auf den linken Seiten der Produktionen entsprechen folgende Besuchsnetze:

q_1 — { } — e_1 — $A\_c \leftarrow 1$;VISIT$(1,\{(c,0)\})$;$Z\_r \leftarrow A\_z$ — q_2

q_3 — $\{(c,0)\}$ — e_2 — $A\_b \leftarrow A\_c$;VISIT$(2,\{(a,0)\})$;$B\_b \leftarrow B\_x$;VISIT$(2,\{(a,0),(b,0)\})$;$A\_z \leftarrow B\_y$ — q_4

q_5 — $\{(c,0)\}$ — e_3 — $B\_b \leftarrow A\_c$;VISIT$(3,\{(b,0)\})$;$B\_a \leftarrow B\_y$;VISIT$(3,\{(a,0),(b,0)\})$;$A\_z \leftarrow B\_x$ — q_6

q_7 — $\{(a,0)\}$ — e_4 — $B\_x \leftarrow B\_a$ — q_8 — $\{(a,0),(b,0)\}$ — e_5 — $B\_y \leftarrow B\_b$ — q_{10}

q_7 — $\{(b,0)\}$ — e_6 — $B\_y \leftarrow B\_b$ — q_9 — $\{(a,0),(b,0)\}$ — e_7 — $B\_x \leftarrow B\_a$ — q_{10}

q_{11} — $\{(a,0)\}$ — e_8 — $B\_x \leftarrow B\_a$; $B\_y \leftarrow 2$ — q_{12} — $\{(a,0),(b,0)\}$ — e_9 — ε — q_{14}

q_{11} — $\{(b,0)\}$ — e_{10} — $B\_y \leftarrow 2$ — q_{13} — $\{(a,0),(b,0)\}$ — e_{11} — $B\_x \leftarrow B\_a$ — q_{14}

d.h. $Q = \{ q_1 , \ldots , q_{14} \}$, $ES = \{ e_1 , \ldots , e_{11} \}$

$IS = \{\ \{ \} , \{(c,0)\} , \{(a,0)\} , \{(b,0)\} , \{(a,0),(b,0)\}\ \}$

Die GOTO-Funktion ist wie folgt gegeben:

GOTO	q_1	q_2	q_3	q_4	q_5	q_6	q_7	q_8	q_9	q_{10}	q_{11}	q_{12}	q_{13}	q_{14}
{ }	e_1													
{(c,0)}			e_2		e_3									
{(a,0)}							e_4				e_8			
{(b,0)}							e_6				e_{10}			
{(a,0),(b,0)}								e_5	e_7				e_9	e_{10}

Die Prozedur Plankonstruktion(e) erzeugt folgende Pläne:

ES	Plan	Q
e_1	A_c ← 1 ; VISIT(1,{(c,0)}) ; Z_r ← A_z	q_2
e_2	B_a ← A_c;VISIT(2,{(a,0)});B_b ← B_x;VISIT(2,{(a,0),(b,0)});A_z ← B_y	q_4
e_3	B_b ← A_c;VISIT(3,{(b,0)});B_a ← B_y;VISIT(3,{(a,0),(b,0)});A_z ← B_x	q_6
e_4	B_x ← B_a	q_8
e_5	B_y ← B_b	q_{10}
e_6	B_y ← B_b	q_9
e_7	B_x ← B_a	q_{10}
e_8	B_x ← B_a ; B_y ← 2	q_{12}
e_9	ε	q_{14}
e_{10}	B_y ← 2	q_{13}
e_{11}	B_x ← B_a	q_{14}

Ein weiteres ähnliches Verfahren, bei dem nach jedem Aufruf VISIT(.,.) ein
neuer Plan angesteuert wird, wird von [GiW77] angegeben. Da die Unterschiede
gering sind, soll hier auf die Wiedergabe verzichtet werden.

2.9.5. Rekursive Attributierung von Absolut zyklenfreien AG

Die in den vorherigen Abschnitten dargestellten Verfahren für ANCAG basieren
auf tabellengesteuerten Algorithmen.

Ausgehend von Ideen der Dynamischen Attributierung (vgl. Abs.2.10.3.)
können auch rekursive Algorithmen zur Attributierung bei ANCAG entwickelt
werden. Die theoretischen Grundlagen zu dieser Vorgehensweise sind in [CFz82]
zusammengefaßt und sollen hier aus Umfangsgründen nicht wiedergegeben werden.
Dagegen werden die sich ergebenden wichtigsten Algorithmen im folgenden kurz
skizziert.

Beim rekursiven Vorgehen wird für jedes abgeleitete Attribut eine
Auswertungsfunktion bestimmt. Die ererbten Attribute werden durch eine
spezielle Funktion, Argumentselektor genannt, bestimmt. Attributierung eines
Strukturbaumes ist dann die Attributierung der abgeleiteten Attribute der
Wurzel des Strukturbaumes.

Der Attributwert eines abgeleiteten Attributes $X_0.a \in AS(X_0)$ hängt ab

- von den Attributwerten beliebiger Knoten des Teilbaumes

- von den Attributwerten der ererbten Attribute aus $AI(X_0)$

Für die Auswertung eines abgeleiteten Attributes $X_0.a \in AS(X_0)$ wird eine
Funktion wie folgt definiert:

PROCEDURE Fkt-von-$X_0.a$ (Strukturbaum mit Wurzel X_0,

$\quad \{X_0\_c_1, \ldots X_0\_c_{m_0}\}$ Menge der Werte ererbter Attribute aus $AI(X_0)$):$X_0.a$

$\quad$ (* Es sei $ASel(X_0.a) = \{X_0\_c, \ldots, X_0\_c_{m_0}\}$ *)

1) IF $\quad X_0\_a = \perp$ (* undefined *)
$\quad$ THEN
2) $\quad$ RETURN X_0_a
$\quad$ ELSE
$\quad\quad$ (* Sei $p:X_0 \rightarrow X_1 \ldots X_{n_p} \in P$ die auf X_0 angewandte Produktion *)

3)   CASE p OF

    (* Seien $p_1,\ldots,p_{l(X_0)} \in P$ alle die Produktionen mit X_0
        auf der linken Seite *)

4) p_1: $X_0\text{--}a$:=

5) $f^p_{(a,0)}(\ \ldots$

6) $X_0\text{--}c_i$ (* falls $X_0.b_j = X_0.c_i \in AI(X_0)$ *)

7)   Fkt-von-$X_0.b_j$(Strukturbaum mit Wurzel $X_0, \{X_0.c_1,\ldots,X_0.c_{m_0}\}$)

    (* falls $X_0.b_j \in AS(X_0)$ *)

8)   Fkt-von-$X_j.b_j$(Teilbaum mit Wurzel X_j, Wertemenge
     $\{X_j\text{--}d_1,\ldots,X_j\text{--}d_{m_j}\}$ ererbter Attribute aus $AI(X_j)$)

    (* mit $ASel(X_j.b_j) = \{X_j\text{--}d_1,\ldots,X_j\text{--}d_{m_j}\}$ *)

    (* falls $X_j.b_j \in AI(X_j)$ auf Attributposition (b_j,ν_j) *)

9)   ) ;

10) p_2: $X_0\text{--}a$:=

11)   analog den Schritten 5) bis 9)

   ....

12) $p_{l(X_0)}$: $X_0\text{--}a$:=

13)   analog den Schritten 5) bis 9)

  ESAC ;

15)   Speichere $X_0\text{--}a$; RETURN $X_0\text{--}a$

  FI

Die Alternative 7) ist für AG in Normalform nicht erforderlich.

Der Argumentselektor $\text{ASel}: \bigcup_{X \in V} AS(X) \to \mathcal{P}(\ \{\ X\_a\ |\ X.a \in \bigcup_{X \in V} AI(X)\ \}\ )$

gibt für jedes abgeleitete Attribut die zur Auswertung benötigten Werte
ererbter Attribute an.

ASel ist abgeschlossen, d.h. für alle $X \in V$ gilt:

   $X.a \to X.b \in IDS(X)$, $X.a \in AS(X)$, $X.b \in AI(X) \Rightarrow X\_b \in ASel(X.a)$

Außerdem ist ASel zyklenfrei; dazu sei zuerst folgende Relation definiert:

$X.a \underset{p}{\to} X.b \Leftrightarrow X.a \to X.b \in DDP(p)$ oder es existiert ein Index $1 \le \nu \le n_p$ mit:

$$X.a = X_\nu.a \in AS(X),\ X.b = X_\nu.b \in AI(X),\ X_\nu\_b \in ASel(X_\nu.a)$$

ASel heißt zyklenfrei $\Leftrightarrow$ Für alle $p \in P$ hat $\underset{p}{\to}$ eine irreflexive Hülle.

Durch die Eigenschaften "abgeschlossen und zyklenfrei" ist ASel aber noch nicht
eindeutig bestimmt.

Allerdings gibt es folgendes Ergebnis.

   Satz [CFz82]

Für jede AG gibt es einen minimalen abgeschlossenen Argumentselektor $ASel_0$ und

($ASel_0$ ist zyklenfrei $\Leftrightarrow$ Die AG ist Absolut zyklenfrei)

Beweis: in [CFz82]

ASel kann in polynomialer Zeit und mit polynomialem Speicherplatzbedarf
berechnet werden. Ein Algorithmus befindet sich in [Jon84].

Die Prozeduren $Fkt\text{-}von\text{-}X_0.a$ können für jede AG mit folgendem Algorithmus
berechnet werden.

Werden im Folgenden Teile von Prozeduren kreiert, so sind die Variablen
jeweils durch die Namen dr Funktionen, Werte der Attributpositionen,
Bezeichnung der Produktion, Darstellung der Bäume,... zu ersetzen.

Algorithmus (Berechnung der Proz.zur Rek. Attributierung von ANCAG)

Eingabe: ANCAG, möglichst in Normalform

Ausgabe: Prozeduren Fkt-von-X.a für alle abgeleiteten Attribute

1) FOR jedes abgeleitetes Attribut $X_0.a \in \bigcup_{X \in V} AS(X)$
   DO

2)   kreiere den Kopf und die Schritte 1) bis 3) von Fkt-von-X_0.a

3)   FOR jede Produktion p' mit X_0 auf der linken Seite
         DO

4)   IF ($X_0.a \in AS(X_0)$)
             THEN

5)   kreiere Schritte 4) und 5) von Fkt-von-X_0.a
                 oder analoge Schritte;

6)   print-attr-def(X_0.a,p',(a,0),TRUE);

7)   kreiere Zeile 9) von Fkt-von-X_0.a oder analoge Zeile
           FI
         OD;
8)   kreiere die Schritte 14) bis 15)
     OD;

Zur Kreation der jeweiligen Argumente der Attributierungsprozeduren ist
folgende Prozedur geeignet:

PROCEDURE print-attr-def(X_ν.a,p,(a,ν),expand);

9) IF $X_\nu.a \in \bigcup_{X \in V} AI(X)$ AND $\nu = 0$

     THEN
10)   kreiere " X_0_a " (* Schritt 6 *)

11) ELSEIF $X_\nu.a \in \bigcup_{X \in V} AS(X)$ AND $\nu > 0$

12)   kreiere " Fkt-von-X_ν.a (Teilbaum mit Wurzel X_ν, "

```
        (* kreiere Wertemenge ererbter Attribute aus AI(X_ν) *)

13)    FOR jedes X_ν_c ε ASel(X_ν.a)
         DO                                         (* kreiere X_ν_c *)
14)        print-attr-def(X_ν.c,p,(a,ν),FALSE)
         OD;
15)    kreiere die korrekte Mengenschreibweise;

       kreiere " ) " (* öffnende Klammer in Schritt 12) kreiert *)

16)  ELSEIF X_ν.a ε ⋃   AS(X) AND ν=0 AND expand = FALSE
                   XεV

       THEN
17)      kreiere " Fkt-.von-X_0.a ( Strukturbaum mit Wurzel X_0,
                   Wertemenge ererbter Attribute aus AI(X_0) } "
18)  ELSE
       kreiere die rechten Seiten der Attributierungsregel f^p_(a,ν) ε R(p),
       wobei jedes Argument X_b durch Kreation der
             Prozedur print-attr-def(X_b,p,(b,ν'),FALSE)
             ersetzt wird (* (b,ν') ε UO(p) *)
     FI
```

Der boolsche Parameter "expand" ist nur für AG, die nicht in Normalform sind,
erforderlich. Für AG in Normalform entfallen dann selbstverständlich die
Schritte 16) und 17).

Ein sehr ähnliches Verfahren für die rekursive Attributierung von ANCAG mit
Hilfe von Prozeduren ist in [Kat84] angegeben.

2.10. Dynamische Attributierung

2.10.1. Einfache Dynamische Attributierung

Bei der dynamischen Attributierung wird die Reihenfolge der Attributierung
dynamisch zur Laufzeit des Compilers bestimmt. Es kann ausgenutzt werden, daß
die auszuwertenden Attribute des Strukturbaumes und die dafür auszuführenden
Attributierungsregeln zur Laufzeit des Compilers alle bekannt sind.

Ein auf Besuchsfolgen basierender dynamischer Attributierungsalgorithmus
bestimmt die Besuche (Folgen oder Pläne) erst zur Laufzeit des Compilers.
[Ker79] stellt eine Verallgemeinerung des Kennedy-Warren-Algorithmus vor,
bei dem die Pläne erst zur Compilerlaufzeit konstruiert werden. Wegen der
aufwendigen Konstruktionen zur Laufzeit des Compilers sind diese Ideen trotz
linearer Zeit- und Speicherkomplexität (gemessen in der Anzahl der Konten des
Strukturbaumes) bisher nicht realisiert worden.

Das älteste Verfahren zur Dynamischen Attributierung ist prozess-orientiert
(vgl. [Fan72]). Dabei wird jeder Attributierungsregel ein Prozess zugeordnet,
der erst dann aktiviert werden kann, wenn alle Argumente der Regel ausgewertet
sind. Bei Wohldefinierten AG arbeitet dieses Verfahren stets korrekt. Dieses
Verfahren wurde im System FOLDS (vgl. Abs.3.5.) erprobt. So einfach dieses
Attributierugsverfahren auch ist, die große Anzahl der Prozesse hat jedoch
ein relativ langsame Attributauswertung und damit auch lange Compilierzeiten
zur Folge.

Die Attributexemplare X.a der einzelnen Knoten eines Strukturaumes bilden bei
Wohldefinierten AG einen zyklenfreien Attributabhängigkeitsgraphen DT(t).
Dieser Graph wird topologisch sortiert und gemäß der sich ergebenden topologischen Ordnung attributiert. Ein solches Verfahren wurde in System DELTA
(vgl. Abs.3.5.) erprobt. Die Attributabhängigkeitsgraphen sind jedoch stets
recht groß, meist wesentlich größer als der Strukturbaum, und müssen zur
topologischen Sortierung zumindest virtuell konstruiert werden. Sowohl die
Konstruktion als auch die Sortierung kosten viel Zeit.

Beim folgenden Ansatz wird ein Attributexemplar erst ausgewertet, wenn es als
Argument einer Attributierungsregel auftritt. Die Auswertung eines Argument-
attributes kann bedeuten, daß weitere Attributexemplare ausgewertet werden
müssen. Der Attributierungsalgorithmus wird angewandt für alle abgeleiteten
Attribute der Wurzel des Strukturbaumes. Ist nun der Attributabhängigkeitsgraph DT(t) über dem Strukturbaum t azyklisch und die AG in Normalform, so
können die Attribute, die für die Auswertung eines abgeleiteten Attributs der

Strukturbaumwurzel, eventuell indirekt, benötigt werden, als Baum dargestellt
werden; dieser kann depth-first-links-rechts traversiert werden. Bei dieser
Darstellung müssen mehrfach als Argument verwendete Attributexemplare ein-
schließlich ihrer Teilbäume mehrfach dargestellt werden. Beginnend mit den
eigentlichen Attributen werden die bereits ausgewerteten Attribute samt ihrer
Dupklikate zu Blättern des Baumes.

Der folgende Algorithmus realisiert die Traversierung mit Hilfe eines Kellers,
in dem bereits besuchte, aber noch nicht ausgewertete Attribute gehalten
werden. Neben dem Speicherplatz für den Attributwert X_a enthält jedes
Attributexemplar $X.a$ eine zusätzliche Kennung, genannt Status, der die drei
folgenden möglichen Werte annehmen kann:

nicht besucht	Das Attributexemplar $X.a$ ist im Attributabhängigkeits- graphen noch nicht besucht worden (Initialwert).
besucht	Das Attributexemplar $X.a$ ist im Attributabhängigkeits- graphen besucht worden, aber noch nicht ausgewertet.
ausgewertet	Das Attributexemplar $X.a$ wurde ausgewertet, der Attributwert X_a ist also bekannt.

Algorithmus (einfache Dynamische Attributierung) [Jal83] [Jal85]

Eingabe: AG in Normalform, Strukturbaum t, eigentliche Attribute sind bekannt

Ausgabe: Attributierter Strukturbaum
(d.h. alle abgeleiteten Attribute der Wurzel Z von t und alle zur
Auswertung dieser Attribute erforderlichen Attribute sind ausgewertet)
oder AG ist nicht zyklenfrei

```
1) FOR jedes Attributexemlar X.a des Strukturbaumes t
   DO
      status von X.a := " nicht besucht"
   OD ;
2) FOR jedes  Z.a ε AS(Z) der Wurzel Z des Strukturbaumes
   DO
3)    push(Z.a)          (* Initialisierung *)
   OD;
```

```
4) WHILE Keller <> leer
      DO
5)      current-attribute := top(Keller);
6)      IF Status von current-attribute <> "ausgewertet"
          THEN
7)          auswertbar := TRUE;
8)          FOR jedes Attributexemplar X.b, das Argument für die Auswertung von
                Auswertung von current-attribute ist
              DO
9)              IF status von X.b =  "nicht besucht"
                  THEN
10)                 auswertbar := FALSE;
11)                 push(X.b)
                  ELSE        ( * Status von X.b = "besucht" *)
                    THEN
12)                   IF X.b bereits im Keller
                        THEN
13)                       Angabe("AG ist nicht zyklenfrei");
                          STOP
                      FI
                FI
              OD ;
14)         IF auswertbar = TRUE
              THEN
15)             attributiere current-attibute ;
16)             Status von current-attribute := "ausgewertet" ;
17)             pop(current-attribute)
              ELSE    (* noch nicht auswertbar *)
18)             Status von current-attribute := "besucht"
          FI
        ELSE
19)       pop(current-attribute)
        FI
    OD  ;
```

Man beachte, daß Attribute, von denen kein Attribut der Wurzel Z - auch nicht
indirekt - abhängt, nicht ausgewertet werden.

Dynamische Attributierungsalgorithmen erkennen Zyklen im Attributabhängigkeitsgraphen DT(t) erst zur Laufzeit des Compilers und können daher auch auf nicht
zyklenfreie AG angewandt werden. Sie sind besonders gut zum Test von neuen AG
geeignet, da der stets aufwendige Test auf Zyklenfreiheit oder eine andere
stärkere Eigenschaft (wie LAG, AAG, SAG, OAG, ANCAG, ...) entfällt.
Die extensive Ausnutzung der Möglichkeiten des Kellers bedingen jedoch einen
enorm hohen Platz- und Zeitbedarf zur Compilierzeit. Ein Ausweg wäre, diesen
Algorithmus mit Hilfe der Wirbeltraversierung zu realisieren; Ansätze in dieser
Richtung fehlen bisher.

2.10.2. Inkrementelle Dynamische Attributierung

Beim Test von Attributierten Grammatiken wird man auf der Basis eines unver-
änderten Strukturbaums wiederholt Attributierungen ausführen, die sich nur
wenig unterscheiden. Daher sind für diese Zwecke inkrementelle Attributierungsalgorithmen, die, wie der Algorithmus des vorherigen Abschnitts, den stets aufwendigen Test auf Zyklenfreiheit oder andere Eigenschaften nicht voraussetzen,
besonders gut geeignet. Der folgende Algorithmus erfüllt diese Eigenschaften.

Wie bei der einfachen Dynamischen Attributierung erhält jedes Attributexemplar
X.a eine Statuskennung, diesmals jedoch mit Werte aus IN_0.

Jeder Strukturbaum erhält einen Inkrementzähler, der beginnend bei 0, vor
jeder Attributierung um 3 erhöht wird.

Es entspricht dann (vgl. Abs.2.10.1.) der Status

    "nicht besucht" $\leq$ Inkrementzähler $-$ 3

    "besucht"   = Inkrementzähler $-$ 2

    "ausgewertet und Attributwert verändert"   = Inkrementzähler $-$ 1

    "ausgewertet und Attributwert unverändert" = Inkrementzähler

In Ergänzung zur einfachen Dynamischen Attributierung wird hier bei ausgewerteten Attributen noch unterschieden, ob der Wert verändert wurde oder nicht.
Sind alle Argumente einer Attributierungsregel "ausgewertet und Attributwert
unverändert", so braucht diese Attributierungsregel nicht mehr ausgeführt zu
werden. Das zugehörige Attribut erhält dann ebenfalls den Status "ausgewertet
und Attributwert unverändert".

Außerdem erhält jedes Attribut X.a des Strukturbaumes eine Kennung, genannt
Zeit, die, beginnend bei 0 für Attributwert undefiniert, mit jeder Änderung
des Attributwertes um 1 erhöht wird.

    Algorithmus (Inkrementelle Dynamische Attributierung) [Jal85]

Eingabe: AG in Normalform, Inkrementzähler
        falls Inkrementzähler = 0 : Strukturbaum mit Status "nicht besucht"
                                   und Zeit 0 für alle Attributexemplare,
                                   eigentliche Attribute sind bekannt
        falls Inkrementzähler > 0 : alter attributierter Strukturbaum mit Zeit
                                   und Status für alle Attributexemplare

Ausgabe: Attributierter Strukturbaum
          (d.h. alle abgeleiteten Attribute der Wurzel Z und alle zur Auswertung
              dieser Attribute erforderlichen Attribute sind ausgewertet)
            mit Status und Zeitangaben aller Attributexemplare
          oder die AG ist nicht zyklenfrei)


```
1) Inkrementzähler := Inkrementzähler + 3;
2) "ausgewertet und Attributwert unverändert" := Inkrementzähler;
   "ausgewerte und Attributwert verändert" := Inkrementzähler - 1;
   "besucht" := Inkrementzähler - 2;
   "nicht besucht" := Inkrementzähler - 3;
3) FOR jedes  Z.a ε AS(Z) der Wurzel Z des Strukturbaumes
     DO
4)      push(Z.a)       (* Initialisierung *)
     OD;
5) WHILE Keller <> leer
     DO
6)     current-attribute := top(Keller);
7)     IF NOT ( Status von current-attribute
             IN { "ausgewertet und Attributwert unverändert",
                  "ausgewertet und Attributwert verändert" } )
        THEN
8)        auswertbar := TRUE;
9)        Auswertung-erforderlich := FALSE;
10)       FOR jedes Attribut X.b, das Argument der Attributierungsregel zur
              Auswertung von current-attribute ist
            DO
11)           IF Status von X.b  ≤ "nicht besucht"
                THEN
12)               auswertbar := FALSE;
13)               push(X.b)
                ELSE
14)             IF Status von X.b = "besucht"
                  THEN
15)                 Angabe("AG ist nicht zyklenfrei");
                    STOP
                  ELSE (* Argument bereits ausgewertet *)
16)                 IF Zeit von current-attribute < Zeit von X.b
                      THEN (* Update von current-attribute erforderlich *)
17)                     Auswertung-erforderlich := TRUE
                    FI
                FI
            FI
          OD;
```

```
18)          IF auswertbar = TRUE
                THEN
19)             IF Zeit von current-attribute = 0
                   THEN
20)                attributiere current-attibute;
21)                Zeit von current-attribute := Inkrementzähler;
22)                Status von current-attribute :=
                           "ausgewertet und Attributwert verändert"
                   ELSE
23)                IF Auswertung-erforderlich = TRUE
                      THEN
24)                   alter-Attributwert := Wert von current-attribute;
25)                   attributiere current-attribute ;
26)                   IF Wert von current-attribute = alter-Attributwert
                         THEN
27)                      Status von current-attribute :=
                              "ausgewertet und Attributwert unverändert"
                         ELSE
28)                      Zeit von current-attribute := Inkrementzähler ;
29)                      Status von current-attribute :=
                              "ausgewertet und Attributwert verändert"
                      FI
                      ELSE
30)                   Status von current-attribute :=
                              "ausgewertet und Attributwert unverändert"
                   FI
                FI ;
31)             pop(current-attribute)
                ELSE
32)             Status von current-attribute := "besucht"
             FI
          ELSE
33)       pop(current-attribute)
       FI
    OD ;
```

2.10.3. Optimale Dynamische Attributierung

Bei der Optimalen Dynamischen Attributierung werden im Gegensatz zur einfachen
Dynamischen Attributierung nicht mehr alle Argumente einer Attributierungsregel
ausgewertet, sondern nur noch die Argumente, die zur Auswertung benötigt werden.
Sei z.B.

$$p_1: \quad X_v\_a \leftarrow f_{(a,v)}(X_{i_1}\_p, X_{i_2}\_a, X_{i_3}\_b) = \text{IF } X_{i_1}\_p \text{ THEN } X_{i_2}\_a \text{ ELSE } X_{i_3}\_b$$

so ist der statische Attributabhängigkeitsgraph $DDP(p_1)$:

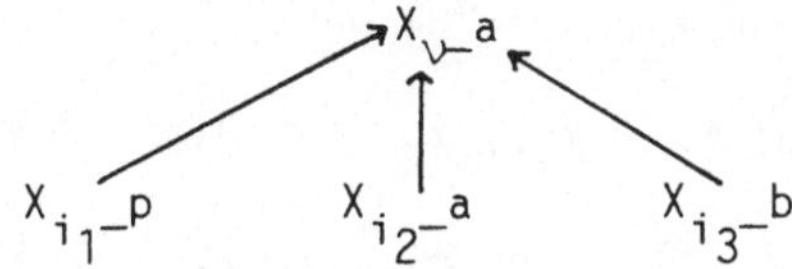

In Abhängigkeit von $X_{i_1}\_p$ wird jedoch nur entweder $X_{i_2}\_a$ oder $X_{i_3}\_b$ benötigt;

es reicht also, jeweils nur das benötigte Argument $X_{i_2}\_a$ oder $X_{i_3}\_b$ auszuwerten.

Bei dem folgenden Verfahren erhält jedes Attributexemplar X.a eines Knoten X
des Strukturbaumes wie beim Verfahren aus Abs.2.10.1. einen Status mit den
möglichen Werten "nicht besucht", "besucht", "ausgewertet". Die AG wird in
Normalform gegeben vorausgesetzt.

Der gesamte Attributierungsalgorithmus ist der Aufruf der im folgenden
definierten Prozeduren für die abgeleiteten Attribute der Wurzel Z des
Strukturbaumes.

Er ist in dem Sinne optimal, daß nur die jeweils benötigten Attribute
berechnet werden.

Für alle Attribute wird eine Funktion definiert, die den Attributwert X_a

als Funktionswert liefert (vgl. [Jod84]):

- für abgeleitete Attribute X_0.a hat die Funktion als Argument nur den

  Strukturbaum mit Wurzel X_0. Sei p: $X_0 \rightarrow X_1 \dots X_{n_p}$ die auf X_0 angewandte

  Produktion.

PROCEDURE Fkt-von-X_0.a (Strukturbaum mit Wurzel X_0) : X_0.a

1) IF Status von X_0.a = "ausgewertet"
      THEN
2)   hole X_0_a ; RETURN X_0_a
      ELSE
3)   IF Status von X_0.a = "besucht"
          THEN
4)   Angabe("AG ist nicht zyklenfrei") ;
           STOP
         ELSE   (* Status ist "nicht besucht" *)
5)   Status von X_0.a := "besucht"

          (* Sei p: $X_0 \rightarrow X_1 \ldots X_{n_p}$ ε P die auf X_0 angewandte Produktion *)

6)   CASE p OF   (* Seien $p_1, \ldots, p_{1(X_0)}$ ε P alle die Produktionen
                                          mit X_0 auf der linken Seite *)
7) p_1 : X_0_a :=

8) $f^p_{(a,0)}($ ...

9)   Fkt-von-X_i.b (Teilbaum mit Wurzel X_i)

                          (* falls X_i.b ε AS(X_i) *)

10)   Fkt-von-X_j.b (Teilbaum von X_j, X_0, (b,j))

                          (* falls X_j.b ε AI(X) auf Attributposition (b,j) *)

11)   ...) ;

12) p_2 : X_0_a :=

13)   analog den Schritten 8) bis 11)

           ....

14) $p_{1(X_0)}$: X_0_a :=

15)   analog den Schritten 8) bis 11)

16)   ESAC;

17)   Status von von X_0 := "ausgewertet"

18)   Speichere X_0_a ; RETURN X_0_a
         FI
     FI ;

- für ererbte Attribute $X_\nu.a$ hat die Funktion als Argument

    - den Teilbaum mit Wurzel X_ν $(p: X_0 \rightarrow X_1 \ldots X_\nu \ldots X_{n_p} \in P)$

    - den Vorgänger X_0 von X_ν im Strukturbaum

    - die Attributposition $(a,\nu) \in DO(p)$

PROCEDURE Fkt-von-$X_\nu.a$ (Strukturbaum mit Wurzel X_ν, Vorgänger X_0 von X_ν, (a,ν)) : $X_\nu.a$

1) IF   Status von $X_\nu.a$ = "ausgewertet"
    THEN
2)   hole X_ν_a ; RETURN X_ν_a

   ELSE
3)   IF Status von $X_\nu.a$ = "besucht"
      THEN
4)   Angabe("AG ist nicht zyklenfrei") ;
      STOP

     ELSE   (* Status ist "nicht besucht" *)
5)   Status von $X_\nu.a$:= "besucht"

       (* Sei p: $X_0 \rightarrow X_1 \ldots X_\nu \ldots X_{n_p} \in P$ die

       auf den Vorgänger X_0 von X_ν angewandte Produktion *)

6)   CASE p OF   (* Seien $p_1, \ldots, p_{1(X_\nu)} \in P$ alle die Produktionen
                        mit X_ν auf der linken Seite *)
7) p_1 : X_ν_a :=

8) $f^p_{(a,\nu)}(\ldots$

9)   Fkt-von-$X_i.b$ (Teilbaum mit Wurzel X_i)

               (* falls $X_i.b \in AS(X_i)$ *)

10)   Fkt-von-$X_j.b$ (Teilbaum von X_j, X_0, (b,j))

               (* falls $X_j.b \in AI(X)$ auf Attributposition (b,j) *)

11) $\ldots$) ;

12) P_2 : X_ν_a :=

13)   analog den Schritten 8) bis 11)

$$\cdots\cdots\cdots\cdots\cdots\cdots\cdots\cdots\cdots\cdots\cdots\cdots$$

14) $P_{1(X_\nu)}$: X_ν_a :=

15)   analog den Schritten 8) bis 11)

16)   ESAC;

17)   Status von von X_ν := "ausgewertet"

18)   Speichere X_ν_a ; RETURN X_ν_a
       FI
     FI ;

In diesen Prozeduren werden in den Schritten 8) bis 11), 13) und 15) die

Attributierungsregel der AG verwendet, wobei die Argumente dieser Regeln nun

die Prozeduren der Argumente sind.

In obigem Beispiel lauten dann die Schritte 7) bis 11)

P_1: X_ν_a := $f_{(a,\nu)}$(Fkt-von-X_{i_1}_p, Fkt-von-X_{i_2}_a, Fkt-von-X_{i_3}_b)

oder direkt P_1: X_ν := IF Fkt-von-X_{i_1}_p THEN Fkt-von-X_{i_2}_a ELSE Fkt-von-X_{i_3}_b

Die Prozeduren Fkt-von-X.a werden für eine gegebene AG mit folgendem
Algorithmus berechnet.

     Algorithmus (Proz.-Berechnung für Opt. Dynam. Attributierung) [Jod84]

Eingabe: AG in Normalform

Ausgabe: Prozeduren Fkt-von-X.a für alle Attribute X.a

```
1) FOR jedes abgeleitete Attribut X₀.a ε ⋃   AS(X₀)
                                        X₀εV

      DO
2)      kreiere den Kopf und die Schritte 1) bis 6) von Fkt-von-X₀.a

3)      FOR jede Produktion p' mit X₀ auf der linken Seite
           DO
4)          IF  ( X₀.a ε AS(X₀) )
                THEN
5)                kreiere Schritte 7) und 8) von Fkt-von-X₀.a
                    oder analoge Schritte ;

6)                print-attr-def(X₀.a,p',(a,0),TRUE) ;

7)                kreiere Zeile 11) von Fkt-von-X₀.a oder analoge Zeile
             FI
           OD ;
8)      kreiere die Schritte 16) bis 18) von Fkt-von-X₀.a
      OD ;

9) FOR jedes ererbte Attribut Xᵥ.a ε ⋃   AS(Xᵥ)
                                      XᵥεV

      DO
10)     kreiere den Kopf und die Schritte 1) bis 6) von Fkt-von-Xᵥ.a

11)     FOR jede p' ε P mit ...Xᵥ... auf der rechten Seite
           DO
12)         IF  Xᵥ.a ε AS(Xᵥ)

                THEN
13)               kreiere Schritte 7) und 8) von Fkt-von-Xᵥ.a
                    oder analoge Schritte ;

14)               print-attr-def(Xᵥ.a,p',(a,ᵥ),TRUE) ;

15)               kreiere Zeile 11) von Fkt-von-Xᵥ.a oder analoge Zeile
             FI
           OD ;
16)     kreiere die Schritte 16) bis 18) von Fkt-von-Xᵥ.a
      OD ;
```

Die rekursive Prozedur print-attr-def berechnet in Abhängigkeit von X_ν, einer Produktion $p \in P$, der Attributposition (a, ν) und dem boolschen Parameter expand die Zeilen 9) und 10) der Prozeduren Fkt-von-X_ν.a

```
PROCEDURE print-attr-def(X .a,p,(a,ν),expand);
17) IF Xν.a ε ⋃    AS(X)  AND  expand = FALSE
              XεV

        THEN
18)       kreiere " Fkt-von-Xν.a ( Teilbaum mit Wurzel Xν) "

        ELSE
19)       IF Xν.a ε ⋃    AI(X)  AND  expand=FALSE
                    XεV

            THEN
17)           kreiere " Fkt-von-Xν.a ( Teilbaum mit Wurzel Xν,X0,(a,ν))"

18)           ELSE
                kreiere die rechten Seiten der Attributierungsregel fᵖ(a,ν) ε R(p),

                    wobei jedes Argument X_b durch Kreation der

                        Prozedur print-attr-def(X.b,p,(b,ν'),FALSE) ersetzt wird.

                    (* (b,ν') ε UO(p) Attributposition von p ε P *)
            FI
      FI ;
```

Insbesondere in dieser Prozedur werden die Namen der Prozedur Fkt-von-X_ν.a, die Werte der Symbole aus dem Vokabular und der Attributpositionen sowie die Kennungen der jeweiligen Bäume bei der Kreation der Prozedur Fkt-von-X_ν.a berücksichtigt; kein String wird wörtlich übernommen. Ein ähnlicher Algorithmus wird in Abs.2.9.5. bei der Rekursiven Attributierung von ANCAG verwandt.

2.11. Algebraische Definition einer Attributierten Grammatik

2.11.1. Attributierte Grammatik als Heterogene Algebra

Ausgehend von einer Produktion

$$p: X_0 \to a_0 M_1 a_1 \ldots M_r a_r \qquad (r \in \mathbb{N}_0,\ a_0, \ldots, a_r \in T^*,\ M_1, \ldots, M_r \in N)$$

wird von folgenden Beschränkungen ausgegangen:

- Die Attributierungsregeln werten alle abgeleiteten Attribute von X_0 aus.

- Die Attributierungsregeln werten für alle M_ν ($\nu = 1, \ldots, r$) alle ererbten Attribute aus.

- Außer den soeben erwähnten Attributen gibt es keine weiteren Attribute.

Insbesondere haben also die Terminalen keine Attribute. Dies stellt jedoch keine Einschränkung dar, da die CFG derart modifiziert werden kann, daß für jedes Terminal $a \in T$ ein neues Nonterminal M_a eingeführt werden kann mit $M_a \to a \in P$ als zusätzlicher Produktion.

Bezeichnet jetzt $M_\nu . i_\nu$ den Vektor aller ererbten Attribute von M_ν und $M_\nu . s_\nu$ den Vektor aller abgeleiteten Attribute von M_ν, ebenso für $X_0 . i_0$ und $X_0 . s_0$, so folgt aus obigen Beschränkungen:

$$M_1 {-} i_1 = f_{p1}(\ X_0{-}i_0\ ,\ X_0{-}s_0\ ,\ M_1{-}i_1\ ,\ M_1{-}s_1\ ,\ \ldots\ ,\ M_r{-}i_r\ ,\ M_r{-}s_r\ )$$

$$\ldots \qquad\qquad \ldots$$

$$M_r{-}i_r = f_{pr}(\ X_0{-}i_0\ ,\ X_0{-}s_0\ ,\ M_1{-}i_1\ ,\ M_1{-}s_1\ ,\ \ldots\ ,\ M_r{-}i_r\ ,\ M_r{-}s_r\ )$$

$$X_0{-}s_0 = g_p(\ X_0{-}i_0\ ,\ X_0{-}s_0\ ,\ M_1{-}i_1\ ,\ M_1{-}s_1\ ,\ \ldots\ ,\ M_r{-}i_r\ ,\ M_r{-}s_r\ )$$

$$\text{mit } \{\ f_{p1}\ ,\ \ldots\ ,\ f_{pr}\ ,\ g_p\ \} = R(p)$$

Man beachte, daß hier $R(p)$ aus Vektoren von Attributierungsregeln besteht.

Beispiel

- für eine Produktion p: $X_0 \to a$ (d.h. $r=0$) reduziert sich das GLS auf

$$X_0\_s_0 = g_p(\, X_0\_i_0 \, , \, X_0\_s_0 \,)$$

- Für $X_0=Z$ (Startsymbol der CFG) reduziert sich das Gleichungsystem auf

$$M_1\_i_1 = f_{p1}(\, Z\_s_0 \, , \, M_1\_i_1 \, , \, M_1\_s_1 \, , \, \ldots \, , \, M_r\_i_r \, , \, M_r\_s_r \,)$$

$$\ldots \qquad\qquad \ldots$$

$$M_r\_i_r = f_{pr}(\, Z\_s_0 \, , \, M_1\_i_1 \, , \, M_1\_s_1 \, , \, \ldots \, , \, M_r\_i_r \, , \, M_r\_s_r \,)$$

$$Z\_s_0 = g_p(\, Z\_s_0 \, , \, M_1\_i_1 \, , \, M_1\_s_1 \, , \, \ldots \, , \, M_r\_i_r \, , \, M_r\_s_r \,)$$

Der folgende Versuch einer algebraischen Definition beruht auf [GoT74],
[GTW75], [ChM76] und [ChM79]. Kontextbedingungen bleiben bei diesem Versuch
berücksichtigt. Einen ähnlichen Ansatz bietet [Cou84].

Vorbemerkungen und Bezeichnungen

- S ist eine Menge von Sorten (Namen für Trägermengen) als Indexmenge der
Menge von Trägermengen der Heterogenen Algebra.

z.B. S = {INTEGER, REAL} dann ist $W_{INTEGER} \subset \mathbb{Z}$, $W_{REAL} \subset \mathbb{Q}$

- <w,s> bezeichnet den Typ eines Operators ($w \in S^*$, $s \in S$)

z.B. hat ein Operator f: $W_{INTEGER} \times W_{INTEGER} \times W_{REAL} \to W_{REAL}$
den Typ <INTEGER INTEGER REAL,REAL>

Die Menge aller Operatoren von Typ <w,s> sei $O_{w,s}$.

Operatoren vom Typ <ε,s> sind Konstante aus W_s.

Definition (Algebraische Definition einer AG) [ChM79]

Eine Attributierte Grammatik besteht aus

- einer reduzierten CFG $G = (T,N,P,Z)$, wobei das Startsymbol Z
  auf keiner linken Seite einer Produktion vorkommt

- einer Heterogenen Algebra $W = (\ (W_s)_{s \in S}\ ,\ Op\ )$

  wobei W_s die Trägermengen der Algebra

$$Op = \{\ O_{w,s}\ |\ \langle w,s \rangle\ \text{Typ der Operatoren aus } O_{w,s},\ w \in S^*,\ s \in S\ \}$$

  die Menge von Attributierungsregeln.

- Zwei Attributtypfunktionen $i: N \to S^*$ für ererbte Attribute

  und $\qquad\qquad s: N \to S^*$ für abgeleitete Attribute

  $i(X)$ heißt ererbter Attributtyp ,$s(X)$ heißt abgeleiteter Attributtyp $(X \in V)$

  Es ist $i(Z) = \varepsilon$, aber im allgemeinen $s(Z) = \varepsilon$

- Attributierungsregeln für alle $p \in P$

  Für alle $p: X_0 \to a_0 M_1 a_1 \ldots M_r a_r \in P$ $(r \in N_0,\ a_0,\ldots,a_r \in T,\ M_1,\ldots,M_r \in N)$

  existieren Funktionen $f_{p\nu}$ vom Typ $\qquad\qquad (\nu=1,\ldots r)$

  $$\langle\ i(X_0)\ s(X_0)\ i(M_1)\ s(M_1)\ \ldots\ i(M_r)\ s(M_r)\ ,\ i(M_\nu)\ \rangle\ \Longleftrightarrow\ i(M_\nu) = \varepsilon$$

  und eine Funktion g_p vom Typ

  $$\langle\ i(X_0)\ s(X_0)\ i(M_1)\ s(M_1)\ \ldots\ i(M_r)\ s(M_r)\ ,\ s(X_0)\ \rangle\ \Longleftrightarrow\ s(X_0) = \varepsilon$$

  Bemerkung

- Für alle $p: X_0 \to a \in P$ $(a \in T)$ ist g_p vom Typ $\langle\ i(X_0)\ s(X_0)\ ,\ s(X_0)\ \rangle$

- Für $i(X) = s_1 \ldots s_n \in S^+$ ist $W_{i(X)} = W_{s_1} \times \ldots \times W_{s_n}$ der Wertebereich des Vektors ererbter Attribute

- Für $s(X) = s_1 \ldots s_n \in S^+$ ist $W_{s(X)} = W_{s_1} \times \ldots \times W_{s_n}$ der Wertebereich des Vektors abgeleit. Attribute

Somit gilt für die Attributierungsregeln $f_{p1}, \ldots, f_{pr}, g_p$:

$$f_{p1}: W_{i(X_0)} \times W_{s(X_0)} \times W_{i(M_1)} \times W_{s(M_1)} \times \cdots \times W_{i(M_r)} \times W_{s(M_r)} \to W_{i(M_1)}$$

$$\cdots \qquad \cdots \qquad \cdots$$

$$f_{pr}: W_{i(X_0)} \times W_{s(X_0)} \times W_{i(M_1)} \times W_{s(M_1)} \times \cdots \times W_{i(M_r)} \times W_{s(M_r)} \to W_{i(M_r)}$$

$$g_p: W_{i(X_0)} \times W_{s(X_0)} \times W_{i(M_1)} \times W_{s(M_1)} \times \cdots \times W_{i(M_r)} \times W_{s(M_r)} \to W_{s(X_0)}$$

Die Regeln $f_{p1}, \ldots, f_{pr}, g_p$ sind nur partiell definiert.

Beispiel

- Für p: $X_0 \to a \, \varepsilon \, P$ (a ε T) gilt somit: $g_p: W_{i(X_0)} \times W_{s(X_0)} \to W_{s(X_0)}$
- Binäre Zahlendarstellung (vgl. Abs.1.3.)

Attribute	Wertebereiche	Variablen
i(B) = INTEGER	$W_{i(B)} \subset \mathbb{Z}$	s
i(L) = INTEGER	$W_{i(L)} \subset \mathbb{Z}$	s
i(Z) = ε	$W_{i(Z)} = \{\ \}$ (Z hat keine ererbten Attribute)	
s(B) = REAL	$W_{s(B)} \subset \mathbb{Q}$	v
s(L) = REAL INTEGER	$W_{s(L)} \subset \mathbb{Q} \times \mathbb{Z}$	(v,1)
s(Z) = REAL	$W_{s(Z)} \subset \mathbb{Q}$	v

für p: $L \to L\ B$ (d.h. X_0=L, M_1=L, M_2=B) sind folglich nur definiert

$$f_{p1}: \mathbb{Z} \to \mathbb{Z} \qquad \text{gemäß} \quad f_{p1}(s) = s$$

$$f_{p2}: \mathbb{Z} \to \mathbb{Z} \qquad \text{gemäß} \quad f_{p2}(s) = s$$

$$g_p: (\mathbb{Q} \times \mathbb{Z}) \times \mathbb{Q} \to (\mathbb{Q} \times \mathbb{Z}) \quad \text{gemäß} \quad (v,1) = g_p((v_1,1),v_2) = (v_1+v_2,1+1)$$

Werden alle Trägermengen W_s der Heterogenen Algebra W als partiell geordnete Mengen vorausgesetzt und jeweils um ein Element $\bot$ mit $\bot \leq v$ für alle $v \, \varepsilon \, W_s$ erweitert, so sind $W_s^{\bot} = W_s \cup \{\, \bot\, \}$ vollständig geordnete Mengen.

2.11.2. Stetige Attributierte Grammatik und Fixpunktattributierung

Zunächst einige algebraische Vorbemerkungen (vgl. [ChM79] [Sco74]). Seien für die Abs.2.11.2. bis Abs.2.11.4. alle Wertemengen vollständig geordnet (d.h. partiell geordnete Mengen W, in der jede Kette ein Supremum in W besitzt).

Definition

Seien W, W' vollständig geordnete Mengen (oder auch vollständige Verbände)

- $f: W \to W'$ heißt monoton $\iff$ ($v_1 \leq v_2 \implies f(v_1) \leq f(v_2)$) für alle $v_1, v_2 \in W$

- $f: W \to W'$ heißt stetig $\iff$ Für jede nichtleere Kette $U \in W$ hat $f(U)$ ein Supremum in W' und $f(\sup U) = \sup f(U)$

- $f: W \to W'$ heißt strikt $\iff$ $f(\bot_W) = \bot_{W'}$, wobei $\bot_W = \sup_W\{ \}$ das kleinste Element von W ist.

- $C(W) = \{ f: W \to W' \mid f \text{ stetig} \}$

- Eine partiell definierte Funktion $f: W \to W'$ kann zu einer strikten, stetigen total definierten Funktion $f_\bot: W^\bot \to W'^\bot$ erweitert werden durch

$$f_\bot(a) = \begin{cases} f(a) & \text{falls Funktionswert definiert} \\ \bot_{W'} & \text{sonst} \end{cases}$$
$$f(\bot_W) = \bot_{W'}$$

genannt die natürliche Erweiterung

- Für jede vollständig geordnete Menge W existiert eine stetige Funktion

$$\text{Fix} : C(W) \to W \quad \text{definiert als} \quad \mu x.f(x) = \text{Fix}_W(f) = \sup_{i \in \mathbb{N}_0} f_i(\bot_W)$$

genannt der kleinste Fixpunktoperator

Diese Begriffsbildungen lassen sich auch auf Funktionen mit mehreren Argumenten erweitern (vgl. [Sco74]). Die Fixpunktmethoden sind für vollständige Verbände bereits in [RMD83] dargestellt.

Definition (Stetige AG) [ChM79]

Eine Attributierte Grammatik heißt stetige AG <=>

Die zugrundeliegende Heterogene Algebra ist stetig

(d.h. alle Operatoren (Attributierungsregeln) sind natürlich erweitert
und alle Wertemengen vollständig geordnet)

Somit werden nun für stetige AG alle Funktionen $f_{p1},\ldots,f_{pr},g_p$ (für alle $p \in P$)

total definiert und stetig, alle Wertemengen vollständig geordnet

(z.B. als vollständige Verbände) vorausgesetzt.

Sei $p: X_0 \to a_0 M_1 a_1 \ldots M_r a_r \in P$, t ein Strukturbaum mit Wurzel X_0

und den Unterbäumen $t_1,\ldots,t_r$ mit Wurzeln $M_1,\ldots,M_r$ entsprechend.

Es sei w_t ein Vektor von Werten aus $W_{i(X)}$ und $W_{s(X)}$ mit $X \in N$ und zwar

- falls r=0 (d.h. $X_0 \to a \in P$, $a \in T$): $w_t = y_0 \in W_{s(X_0)}$

- falls r>0 : $w_t = \langle y_0, x_1, \ldots, x_r, w_{t_1}, \ldots, w_{t_r} \rangle \in W^t$ mit

$$W^t = W_{s(X_0)} \times W_{i(M_1)} \times \ldots \times W_{i(M_r)} \times W^{t_1} \times \ldots \times W^{t_r}$$

w_t kennzeichnet eine Attributierung eines Strukturbaumes t.

Sei jetzt eine Funktion $h_t: W_{i(X)} \times W^t \to W^t$ rekursiv definiert gemäß

$$w_t = h_t(x_0, w_t) \quad \text{mit} \quad y_0 = g_p(x_0, y_0, x_1, y_1, \ldots, x_r, y_r)$$

$$x_\nu = f_{p\nu}(x_0, y_0, x_1, y_1, \ldots, x_r, y_r) \qquad \text{für } \nu = 1,\ldots,r$$

$$w_{t_\nu} = h_{t_\nu}(x_\nu, w_\nu) \qquad \text{für } \nu = 1,\ldots,r$$

Für r=0 reduziert sich dieses GLS auf $y_0 = g_p(x_0, y_0)$

Im folgenden sollen die Fixpunkte dieses GLS interessieren:

Definition (Fixpunktsemantik) [ChM79]

Sei t ein Strukturbaum mit Wurzel X_0, so heißt $(x \in W_{i(X_0)}, \; w \in W^t)$

$\quad s_{X_0}(t) = \lambda x.\mu w.h_t(x,w)$ die Fixpunktsemantik von t

Bemerkung

- Für $i(X_0) = \varepsilon$ ist $s_{X_0}(t) = \mu w.h_t(t)$

- $s_{X_0}(t): W_{i(X)} \rightarrow W^t$ ist eine stetige Funktion

  als kleinster Fixpunktoperator stetiger Attributierungsregeln

Sei jetzt t ein Strukturbaum mit Wurzel Z und

nbattr die Anzahl aller Attribute im attributierten Strukturbaum t,

so ist
$$s_Z(t) = \sup_{1 \leq i \leq nbattr} h_t^i(\bot) \quad \text{mit } \bot \in W^t \text{ als dem Tupel aus lauter}$$
undefinierten Attributwerten

Dieses Ergebnis regt dazu an, die Attributierung iterativ auszuführen:

$$s_Z(t) = h_t(\bot)$$
$$s_Z(t) = h_t^2(\bot)$$
$$\dots$$

bis $\quad s_Z(t) = h_t^i(\bot) = h_t^{i+1}(\bot)$

Dieses Verfahren ist jedoch nur von rein theoretischer Natur. Allerdings sind so auch Strukturbäume nicht zyklenfreier AG auswertbar. Attribute auf Kreisen behalten dann den Wert $\bot$, ein für die Praxis des Compilerbaus nicht akzeptierbares Ergebnis.

2.11.3. Äquivalenz von Attributierten Grammatiken

Zuvor die erforderlichen Notationen und Begriffsbildungen:

Definition (Homomorphismus)

Seien $W = (\ (W_s)_{s\in S}\ ,\ Op\ )$, $W' = (\ (W'_s)_{s\in S}\ ,\ Op'\ )$ zwei Heterogene Algebren,

$H = \{\ H_s\colon W \to W\ \}$ eine Familie von Funktionen, $w = s_1\ldots s_n \in S^+$,

$b = (b_1,\ldots,b_n) \in W_w$, $H_w(b) = (\ h_{s_1}(b_1)\ ,\ \ldots\ ,\ h_{s_n}(b_n)\ ) \in W'_w$

(Für $w = \varepsilon$ ist $W_w = \{\varepsilon\}$, $H_w(b) = H_w(\varepsilon) = \varepsilon \in W'_w$)

H ist Homomorphismus $\iff$ Für alle $\langle w,s \rangle \in S^* \times S$, alle $o \in O_{w,s}$ und alle $b \in W_w$

$$\text{ist}\quad H_s(\ o(b)\ ) = o'(\ H_w(b)\ )$$

(Für $w = \varepsilon$, 0-stellige Operationen o,o' ist $H_s(o) = o'$)

Alle AG werden nun wieder als stetig, alle Attributierungsregeln wieder stetig, strikt, total definiert und alle Wertebereiche wieder vollständig geordnet vorausgesetzt (vgl. Abs.2.11.2.).

Sei $pr_t\colon W^t \to W_{s(X_0)}$ gemäß $pr_t(w_t) = y_0$ die Projektion von w_t auf die

abgeleiteten Attribute der Wurzel des Strukturbaumes t und

$1_{X_0}(t) = \lambda x.pr_t(s_{X_0}(t)(x))$ als Funktion $(x \in W_{i(X_0)})$, die den ererbten

Attributwerten der Wurzel X_0 die Werte der abgeleiteten Attribute zuordnet

Sei $K_X = \{\ \sigma_X\colon W_{i(X)} \to W_{s(X)}\ |\ X \in N\ \}$, $\sigma_{M_\nu} \in K_{M_\nu}$ für $\nu=1,\ldots,r$

$\Theta_p(\sigma_{M_1},\ldots,\sigma_{M_r}) = \lambda x.\mu y.g_p(x,y,z_1,\sigma_{M_1}(z_1),\ldots,z_r,\sigma_{M_r}(z_r))\quad (x\in W_{(X)},y\in W_{s(X)})$

eine beliebige Operation auf den Trägermengen K_X der Heterogenen Algebra mit

$(z_1,\ldots,z_r) = \mu x_1\ldots x_r.f_p(x,y,\sigma_{M_1}(x_1),\ldots,x_r,\sigma_{M_r}(x_r))\qquad (x_\nu \in W_{i(X_\nu)})$

als kleinster Fixpunktlösung des GLS mit $f_p = (f_{p1},\ldots,f_{pr})$

Sei $1 = \{ 1_{X_0} : \{ t \mid t$ Strukturbaum mit Wurzel $X_0 \} \to K_{X_0} \mid X_0 \in N \}$

aufgefaßt als eine Abbildung von der Menge der Strukturbäume von G auf W.

      Satz [ChM79]

Für stetige AG gilt mit den eingeführten Begriffsbildungen:
1 ist eindeutig bestimmter Homomorphismus.

Beweisidee: [ChM79]

- Sei $p: X_0 \to a \in P$ $(a \in T)$, t ein Strukturbaum mit Wurzel X_0

$$1_{X_0}(t) \underset{\text{Def. } 1_{X_0}}{=} \lambda x.pr_t(s_{X_0}(t)(x)) \underset{\text{Def. } s_{X_0}}{=} \lambda x.pr_t(\mu w.h_t(x,w)) \underset{\text{Def. } h_t}{=} \qquad (w \in W^t)$$

$$= \lambda x.pr_t(\mu y.g_p(x,y)) \underset{\text{Def. } pr_t}{=} \lambda x.\mu y.g_p(x,y) = \Theta_p \quad \text{(0-stellige Operation)}$$

$(y \in W_{s(X_0)})$

$$\text{d.h. } 1_{X_0}(t) = \Theta_p \text{ für triviale Strukturbäume } t: \begin{matrix} X \\ \downarrow \\ a \end{matrix} \quad (*)$$

- Sei $p: X_0 \to a_0 M_1 a_1 \ldots M_r a_r$ $(r \in N_0,\ a_1, \ldots, a_r \in T,\ M_1, \ldots, M_r \in N)$, $x_0 \in W_{i(X_0)}$,

  t ein Strukturbaum mit Wurzel X_0 und Teilbäumen t_ν mit Wurzeln M_ν $(\nu=1,\ldots,r)$

  $s_{X_0}(t)(x_0)$ ist der kleinste Fixpunkt des folgenden GLS:

$$y_0 = g_p(x_0, y_0, x_1, y_1, \ldots, x_r, y_r) \qquad\qquad (1)$$

$$x_\nu = f_{p\nu}(x_0, y_0, x_1, y_1, \ldots, x_r, y_r) \qquad \text{für } \nu=1,\ldots,r \qquad (2)$$

$$w_{t_\nu} = h_{t_\nu}(x_\nu, w_{t_\nu}) \qquad\qquad\qquad \text{für } \nu=1,\ldots,r \qquad (3)$$

Durch iterative Lösung gemäß Abs.2.11.2. der letzten Gleichungen (3) ergibt sich:

$$y_\nu = pr_{t_\nu}(\mu w.h_{t_\nu}(x_\nu,w)) \underset{\text{Def. } 1_{M_\nu}(t_\nu)}{=} 1_{M_\nu}(t_\nu)(x_\nu) = \sigma_{M_\nu}(x_\nu) \quad (\nu=1,\ldots,r)$$

wobei $\sigma_{M_\nu} = 1_{M_\nu}(t_\nu)$ nur eine Kurzschreibweise ist.

Substitution in Gleichungen (2) ergibt:

$$x_\nu = f_{p\nu}(x_0, y_0, x_1, \sigma_{M_1}(x_1), \ldots, x_r, \sigma_{M_r}(x_r)) \qquad\qquad (\nu=1,\ldots,r)$$

Die kleinste Fixpunktlösung ist

$$(z_1,\ldots,z_r) = \mu x_1 \ldots x_r . f_p(x_0,y_0,x_1,\sigma_{M_1}(x_1),\ldots,x_r,\sigma_{M_r}(x_r))$$

Durch Substitution von z_ν für x_ν und $\sigma_{M_\nu}(z_\nu)$ für y_ν ($\nu=1,\ldots,r$) in den Gleichungen (1) ergibt sich:

$$y_0 = g_p(x_0,y_0,z_1,\sigma_{M_1}(z_1),\ldots,z_r,\sigma_{M_r}(z_r))$$

Die kleinste Fixpunktlösung ist

$$z = \mu y . g_p(x_0,y,z_1,\sigma_{M_1}(z_1),\ldots,z_r,\sigma_{M_r}(z_r)) \underset{\text{Def. } \Theta_p}{=} \Theta_p(\sigma_{M_1},\ldots,\sigma_{M_r})(x_0) =$$

$$= \Theta_p(1_{M_1}(t_1),\ldots,1_{M_r}(t_r))(x_0)$$

Auf der anderen Seite ist $\quad z \underset{\text{Def. } s_{X_0}}{=} pr_t(s_{X_0}(t)(x_0)) \underset{\text{Def. } 1_{X_0}}{=} 1_{X_0}(t)^{X_0}(t)(x_0)$

Zusammen folgt also $\quad 1_{X_0}(t) = \Theta_p(1_{M_1}(t_1),\ldots,1_{M_r}(t_r)) \qquad (**)$

wobei t ein Strukturbaum mit Wurzel X_0 und Teilbäumen $t_1,\ldots,t_r$ ist.

Aus (*) und (**) ist ersichtlich, daß $1 = \{\ 1_{X_0}\ |\ X_0 \in N\ \}$ ein Homomorphismus

ist, der eindeutig bestimmt ist, weil die betrachteten Heterogenen Algebren

der Strukturbäume und der AG initial sind (vgl. [ChM79], [GTW77] und [RMD83]).

Die Äquivalenz von AG mit derselben zugrundeliegenden CFG ergibt sich wie folgt:

Sei t ein Strukturbaum für ein terminales $w \in L(G)$,
so sei $yld(t) = w$ als der Rand von t definiert.

Definition [ChM79]

Seien AG, AG zwei stetige Attributierte Grammatiken mit derselben CFG $G = G'$ und 1, 1' die eindeutig bestimmten Homomorphismen aus dem vorherigen Satz für AG bzw. AG', so seien

AG, AG' äquivalent $\iff \{\ \langle yld(t),1_Z(t)\rangle\ |\ t$ Strukturbaum von G mit Wurzel $Z\ \}$

$$= \{\ \langle yld(t'),1'_Z(t')\rangle\ |\ t' \text{ Strukturbaum von G' mit Wurzel } Z\ \}$$

Satz [ChM79]

Seien AG, AG' zwei stetige AG mit derselben CFG G = G' und den Heterogenen

Algrebren W bzw. W' und existiert ein Homomorphismus e: W → W' mit

$e_Z = e\Big|_{W_{i(Z)\cup s(Z)}}$ = id   (e_Z ist Einschränkung des Homomorphismus e: W → W'
auf alle Wertemengen von Attributen der Wurzel)

so sind AG und AG' äquivalent.

Beweisidee: [ChM79]

Weil die Algebra der Strukturbäume von G = G' mit Wurzel Z initial ist, existie-

ren nach dem vorherigen Satz eindeutig bestimmte Homomorphismen 1 und 1',

so daß das Diagramm kommutativ ist

d.h. e • 1 = 1' und insb. $e_Z(1_Z(t)) = 1'_Z(t)$

Da e_Z = id ist, folgt

für beliebige Strukturbäume t: $1_Z(t) = 1'_Z(t)$,

also sind AG und AG' äquivalent.

2.11.4. Elimination von ererbten Attributen

Die Beweise des vorherigen Abschnitts ergeben eine Methode zur Elimination von

ererbten Attributen. Die neu konstruierte Attributierte Grammatik AG' erhält nur

noch abgeleitete Attribute X.σ (X ∈ V). Die zu AG' gehörende CFG G' bleibt

(wie im vorherigen Abschnitt) die gleiche wie die CFG G von AG. Das Ziel ist

also, die Attribute X.x ∈ AI(X) und X.y ∈ AS(X) aus AG zu ersetzen durch

neue Attribute X.σ ∈ AS(X) in AG' und die Fixpunktgleichungen aus Abs.2.11.2.

zu ersetzen durch neue Fixpunktgleichungen mit nur abgeleiteten Attributen X.σ.

Sei also $p: X_0 \rightarrow a_0 M_1 a_1 \ldots M_r a_r \in P$ $\quad (r \in \mathbb{N}_0,\ a_0, \ldots, a_r \in T,\ M_1, \ldots, M_r \in N)$ gegeben:

$$M_1\text{-}x_1 = f_{p1}(X_0\text{-}x, X_0\text{-}y, M_1\text{-}x_1, M_1\text{-}y_1, \ldots, M_r\text{-}x_r, M_r\text{-}y_r)$$

$$\ldots \qquad \ldots \qquad \ldots \qquad \ldots$$

$$M_r\text{-}x_r = f_{pr}(X_0\text{-}x, X_0\text{-}y, M_1\text{-}x_1, M_1\text{-}y_1, \ldots, M_r\text{-}x_r, M_r\text{-}y_r)$$

$$X_0\text{-}y = g_p(X_0\text{-}x, X_0\text{-}y, M_1\text{-}x_1, M_1\text{-}y_1, \ldots, M_r\text{-}x_r, M_r\text{-}y_r)$$

Durch Substitution von $\sigma_{m_\nu}(M_\nu\text{-}x_\nu)$ für $M_\nu\text{-}y_\nu$ ($\nu=1, \ldots, r$) ergibt sich:

$$M_\nu\text{-}x_\nu = f_{p\nu}(X_0\text{-}x, X_0\text{-}y, M_1\text{-}x_1, \sigma_{m_1}(M_1\text{-}x_1), \ldots, M_r\text{-}x_r, \sigma_{M_r}(M_r\text{-}x_r))$$

Die kleinste Fixpunktlösung davon ist

$$(z_1, \ldots, z_r) = \mu x_1 \ldots x_r . f_p(X_0\text{-}x, X_0\text{-}y, x_1, \sigma_{m_1}(M_1\text{-}x_1), \ldots, x_r, \sigma_{M_r}(M_r\text{-}x_r))$$

mit $f_p = (f_{p1}, \ldots, f_{pr})$, wobei $z_1, \ldots, z_r$ nur von $X_0\text{-}x$, $X_0\text{-}y$ und

$\sigma_{M_1}, \ldots, \sigma_{M_r}$ abhängen, nicht jedoch von $M_1\text{-}x_1, \ldots, M_r\text{-}x_r$

Durch Substitution von z_ν für $M_\nu\text{-}x_\nu$ und $\sigma_{M_\nu}(z_\nu)$ für $M_\nu\text{-}y_\nu$ ($\nu=1, \ldots, r$) ergibt sich:

$$X_0\text{-}y = g_p(X_0\text{-}x, X_0\text{-}y, z_1, \sigma_{M_1}(z_1), \ldots, z_r, \sigma_{M_r}(z_r))$$

Die kleinste Fixpunktlösung davon ist

$$X_0\text{-}y = \mu y . g_p(X_0\text{-}x, y, z_1, \sigma_{m_1}(z_1), \ldots, z_r, \sigma_{M_r}(z_r))$$

Durch Substitution $\sigma_{X_0}(X_0\text{-}x)$ für $X_0\text{-}y$ ergibt sich:

$$M_1\text{-}x_1 = f_{p1}(X_0\text{-}x, \sigma_{M_0}(X_0\text{-}x), M_1\text{-}x_1, \sigma_{M_1}(M_1\text{-}x_1), \ldots, M_r\text{-}x_r, \sigma_{M_r}(M_r\text{-}x_r))$$

$$\ldots \qquad \ldots \qquad \ldots \qquad \ldots$$

$$M_r\text{-}x_r = f_{pr}(X_0\text{-}x, \Sigma_{M_0}(X_0\text{-}x), M_1\text{-}x_1, \sigma_{M_1}(M_1\text{-}x_1), \ldots, M_r\text{-}x_r, \sigma_{M_r}(M_r\text{-}x_r))$$

und $\sigma_{X_0} = \lambda x . \mu y . g_p(x, y, z_1, \sigma_{M_1}(z_1), \ldots, z_r, \sigma_{M_r}(z_r)) = g_p(\sigma_{m_1}, \ldots, \sigma_{M_r})$

wobei $\sigma_{M_0} = X_0\text{-}\sigma_0$, $\sigma_{M_1} = M_1\text{-}\sigma_1$, $\ldots$, $\sigma_{M_r} = M_r\text{-}\sigma_r$ als Werte

der neuen abgeleiteten Attribute aufgefaßt werden können.

Es ergeben sich aber neue Attributierungsregeln

$$X_0 \_ \sigma_0 \leftarrow g_p(M_1 \_ \sigma_1, \ldots, M_r \_ \sigma_r)$$

mit neuen ausschließlich abgeleiteten Attributen.

Welche Folgerungen ergeben sich für die Praxis der Attributierung?

- Die abgeleiteten Attribute der Wurzel Z eines beliebigen Strukturbaumes
  können bei beliebiger AG, nicht nur bei S-attributierten Grammatiken,
  mit Hilfe von geeignet gewählten ausschließlich abgeleiteten Attributen
  und geeignet gewählten Attributierungsregeln ausgewertet werden.

- Die Definition der neuen abgeleiteten Attribute $X.\sigma$ ist algorithmisch
  schwer durchführbar und steht im Widerspruch zur Idee der lokal-definierten Semantik.

- Die Notwendigkeit, völlig neue Attributierungsregeln und neue Attribute
  definieren zu müssen, ist für die Praxis des Compilerbaues unakzeptabel.

Ein kurzes Fazit zum algebraischen Definitionsversuch:

- Attributierte Grammatiken, ein aus der Notwendigkeit zur Systematisierung
  der semantischen Analyse von Programmiersprachen heraus geborenes Beschreibungsmittel, lassen sich mit vorhandenen algebraischen Begriffsbildungen
  fundieren.

- Die algebraischen Beschreibungsmittel ergeben zwar ein besseres Verständnis
  der Begriffsbildung "Attributierte Grammatik", aber bisher keine praktisch
  verwertbaren Erkenntnisse oder einfachere Notationen.

- Die vorhandene Literatur (im wesentlichen [Sco74], [GoT74], [ChM76], [GTW77],
  [ChM79], [May81], [CFZ82], [CFz82], [Cou84]) bleibt trotz der höchst
  abstrakten, kaum lesbaren Darstellungsweise in den Anfängen stecken, bietet
  aber für die weitere Forschung sehr viele gute Ansatzpunkte.

- Attributierte Grammatiken bieten dem Algebraiker mit Mut zu neuen Anwendungs-
  und Darstellungsformen ein bisher wenig bearbeitetes Feld für interessante
  Forschungen mit praktischem Hintergrund. Vielleicht findet sich irgendwann
  einmal eine algebraisch korrekte, eingängliche, auch vom Praktiker verständ-
  liche Notation.

2.12. Affix-Grammatiken

Affix-Grammatiken wurden als Erweiterung kontextfreier Grammatiken von [Kos71] unabhängig von [Knu68] eingeführt und in [Wat74] dann gründlich untersucht (vgl. auch [Mad75]). Ebenso wie bei AG wird auch bei Affix-Grammatiken mit den Knoten eines Strukturbaumes zusätzliche Information verbunden, hier Affixe genannt. Allerdings fehlt den Affix-Grammatiken die saubere Trennung von Syntax und Semantik; es wird im Gegenteil eine gewisse Integration angestrebt, um syntaxgesteuerte Compiler leichter konstruieren zu können. Daher wird die Berechnung der Affixe auch zusammen mit einer Top-Down- bzw. Bottum-Up-Analyse vorgenommen; man spricht dabei von Parsing für Affix-Grammatiken. Die Mächtigkeit von Affix-Grammatiken entspricht in etwa den LL(K)-Attributierten bzw. den LR(K)-Attributierten Grammatiken.

Wie bei AG wird bei Affix-Grammatiken unterschieden zwischen

- abgeleiteten Affixen, welche auf Grund der Affixe des Teilbaumes berechnet werden (mnemotechnisch mit ↑ gekennzeichnet), und

- ererbten Affixen, welche auf Grund des Kontextes berechnet werden (mnemotechnisch mit ↓ gekennzeichnet).

Während den Knoten des Strukturbaumes Affixe zugeordnet werden, sind den Nicht-terminalen der zugrundeliegenden CFG Affix-Variable zugeordnet, die Affixe eines gewissen Wertebereichs annehmen können. Affix-Variable sind entsprechend dann auch abgeleitet oder ererbt.

Beispiel [Wat77]

Anhand eines Beispiel für eine kleine Sprache, in dem Objekte deklariert und benutzt werden können, sollen Affix-Grammatiken erläutert werden. In dieser Sprache darf jedes Objekt nur einmal deklariert werden, und jedes benutzte Objekt muß vorher deklariert werden. Erlaubt sind also Phrasen wie

```
        DCL   X   USE   X   END,
        DCL   X   DCL   Y   USE   X   USE   Y   END
   oder DCL   X   END
```

```
nicht jedoch DCL   X   USE   Y   END
        oder DCL   X   DCL   X   USE   X   END.
```

Produktionen der Affix-Grammatik:

p_1: PROGRAM → LIST ↑set SEQ↓set END

p_2: LIST ↑set → DCL TAG ↑tag declare ↓{ } ↓tag ↑set

p_3: LIST ↑set → LIST ↑set1 DCL TAG ↑tag declare ↓set1 ↓tag ↑set

p_4: SEQ ↓set → ε

p_5: SEQ ↓set → SEQ ↓set USE TAG ↑tag identify ↓set ↓tag

p_6: TAG ↑x → X

p_7: TAG ↑y → Y

p_8: TAG ↑z → Z

Die mit großen Buchstaben geschriebenen Teile sind die Produktionen P der zugrundeliegenden CFG mit

$$G = (\{DCL,USE,END,X,Y,Z\},\{PROGRAM,LIST,SEQ,TAG\},P,PROGRAM).$$

Die Affix-Variablen sind im folgenden aufgelistet:

Nonterminal	Affix-Variable		Wertebereich
PROGRAM	–		–
LIST	set,set1	(abgeleitet)	$(\{x,y,z\})$
SEQ	set	(ererbt)	$(\{x,y,z\})$
TAG	tag	(abgeleitet)	$\{x,y,z\}$

Außerdem sind noch den Produktionen p_3 und p_4 sogenannte Kontextbedingungen zugeordnet (das sind hier partiell definierte Funktionen):

declare: $\mathcal{P}(\{x,y,z\}) \times \{x,y.z\} → \mathcal{P}(\{x,y,z\}) \cup \mathbb{B}$

  gemäß $\lambda s_1. \lambda t. \lambda s_2.$ (IF $t \in s_1$ THEN FALSE ELSE $s_2 := s_1 \cup \{t\}$)

identify: $\mathcal{P}(\{x,y,z\}) \times \{x,y,z\} → \mathbb{B}$ gemäß $\lambda s. \lambda t.$ ($t \in s$)

Eine Phrase ist dann inkorrekt, wenn eine Kontextbedingung den Wert FALSE annimmt. Die ererbten Affixe sind stets die Eingangsparameter einer Kontextbedingung, abgeleitete Affixe sind Ausgangsparameter.

Bei Produktion p_3 zum Beispiel soll declare prüfen, ob das ↓tag Element von

↓set1 ist; wenn ja, ist die Ausgabe ↑set (:= ↓set1 ∪ {↓tag}), sonst FALSE.

Bei Produktion p_5 z.B. soll identify prüfen, ob ↓tag element von ↓set ist.

Es folgt eine Reduktion einer korrekten Phrase:

DCL X USE X END ⊢ DCL TAG ↑x USE X END ⊢
                   p_6 p_6
DCL TAG ↑x declare ↓{ } ↓x ↑{x} USE TAG ↑x END ⊢
                                                    p_2
LIST ↑{x} USE TAG ↑x END ⊢
                            p_4
LIST ↑{x} SEQ ↓{x} USE TAG ↑x identify ↓{x} ↓x END ⊢
                                                        p_5
LIST ↑{x} SEQ ↓{x} END ⊢ PROGRAM
                         p_1

Die Reduktion erfolgt durch systematische Substitution, wobei gleichbezeichnete Affix-Variablen in einer Produktion bei der Reduktion durch jeweils die gleichen Affixe ersetzt werden. Diese entstehen bei der Reduktion der terminalen Symbole, Kontextbedingungen werden, falls erforderlich, aus ε erzeugt. Im Falle einer Top-Down-Analyse ist es natürlich einfacher, Kontextbedingungen stets in ε abzuleiten; dazu der Ableitungsbaum (Strukturbaum) von DCL X USE X END :

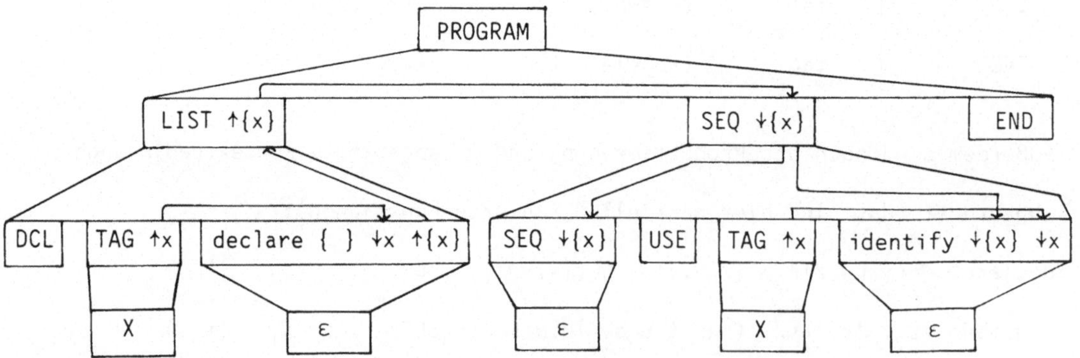

Angegeben ist der implizit definierte Informationsfluß (für genauere Untersuchungen hierzu vgl. [FrH79]).

Nach diesem erläuternden Beispiel folgt nun die formale Definition der Affix-
Grammatik:

Definition (Affix-Grammatik) [Wat77]

Eine Affix-Grammatik ist ein 8-Tupel $G = (N,T,BZ,Z,AV,W,S,P)$ mit

- N endliche Menge der Nonterminale

- T endliche Menge der Terminalen, $N \cap T = \{ \}$, $N \cup T = V$

- BZ endliche Menge der Bezeichner der Kontextbedingungen, $BZ \cap V = \{ \}$

- $Z \in N$ Startsymbol $(m_Z = n_Z = 0)$

- AV endliche Menge der Affix-Variablen, $AV \cap BZ = \{ \}$, $AV \cap V = \{ \}$

- $W = \{ W_a \mid a \in AV \}$ Menge aller Wertebereiche

  Für jedes $a \in AV$ existiert ein Wertebereich W_a; jedes $w \in W_a$ ist ein Affix

- $S = \{ S_X = (X, m_X, n_X, A_X, B_X) \mid X \in N \cup BZ \}$ die Kontrolle der Affix-Grammatik G

  mit $m_X \geq 0$ Zahl der ererbten Affix-Variablen von X

  $n_X \geq 0$ Zahl der abgeleiteten Affix-Variablen von X

  A_X ist ein $(m_X + n_X)$-Tupel der Wertebereiche der Affix-Variable von X

  Für $X \in BZ$ ist definiert eine Kontextbedingung

  $$B_X : A_{m_1} \times \ldots \times A_{m_X} \rightarrow A_{m_X+1} \times \ldots \times A_{m_X+n_X} \times B$$

  als total rekursive Funktion über Affixen von X

- $P = \{ p: X_0 \rightarrow X_1 \ldots X_{n_p} \mid n_p \geq 0$ und

  $(X_0 \in N$ oder $(X_0 = X_0' \downarrow a_1 \ldots \downarrow a_{m_{X_0}} \uparrow a_{m_{X_0}+1} \ldots \uparrow a_{m_{X_0}+n_{X_0}}$ mit $X_0' \in N))$ und

  für $j=1,\ldots,n_p$:

  $(X_j \in V$ oder $(X_j = X_j' \downarrow a_1 \ldots \downarrow a_{m_{X_j}} \uparrow a_{m_{X_j}+1} \ldots \uparrow a_{m_{X_j}+n_{X_j}}$ mit $X_j' \in V)) \}$

  eine endliche Menge von Produktionen

Erklärung (Ableitung/Reduktion einer Affix-Grammatik)

Sei eine Affix-Grammatik $G = (N,T,BZ,Z,AV,W,S,P)$ gegeben, $X_0 \rightarrow X_1 \ldots X_{n_p} \in P$

Werden in X_0, X_1, ..., X_{n_p} alle Affix-Variablen durch konkrete Affixe

systematisch substituiert, so entstehe $Y_0 \rightarrow Y_1 \ldots Y_{n_p}$, dann heißt

- $Y_1 \ldots Y_{n_p}$ die direkte Ableitung von Y_0 und

- Y_0 die direkte Reduktion von $Y_1 \ldots Y_{n_p}$

Deren transitive Hülle heißt Ableitung " $\overset{*}{\rightarrow}$ " bzw. Reduktion " $\overset{*}{\vdash}$ ".

$L(G) = \{ w \in T \mid Z \overset{*}{\rightarrow} w \}$.

Für die Analyse werden weitere Bedingungen gesetzt, so daß Parsing möglich wird; diese Affix-Grammatiken heißen dann wohldefiniert. Allerdings stimmen die Definitionen für Wohldefiniertheit in der Literatur nicht überein:

- Für LL(K)-Analysemethoden sei verwiesen auf [Wat77].

  Deren Wohldefiniertheits-Definition ist eine direkte Verallgemeinerung der Definition der Wohldefiniertheit aus [Kos71]. Diese Methoden entsprechen denen der LL(K)-Attributierten Grammatiken.

- Für LR(K)-Analysemethoden sei verwiesen auf [Wat74] und [Poh83].

Ein Compiler-Erzeugendes System auf der Basis von Affix-Grammatiken ist CDL von der TU Berlin (vgl. [Kos74],[Ker77]). [Wat74] enthält eine Affix-Grammatik für PASCAL. Des weiteren sei auf [Mad75] verwiesen. Auch [WaM83] benutzt Ideen der Affix-Grammatiken.

2.13. Hierarchie der Attributierten Grammatiken

Faßt man die Untersuchungen des Abs.2. zusammen, ergibt sich insbesondere
folgende Hierarchie für die Attributierten Grammatik (dargestellt sind nur
die wichtigsten Grammatikklassen) :

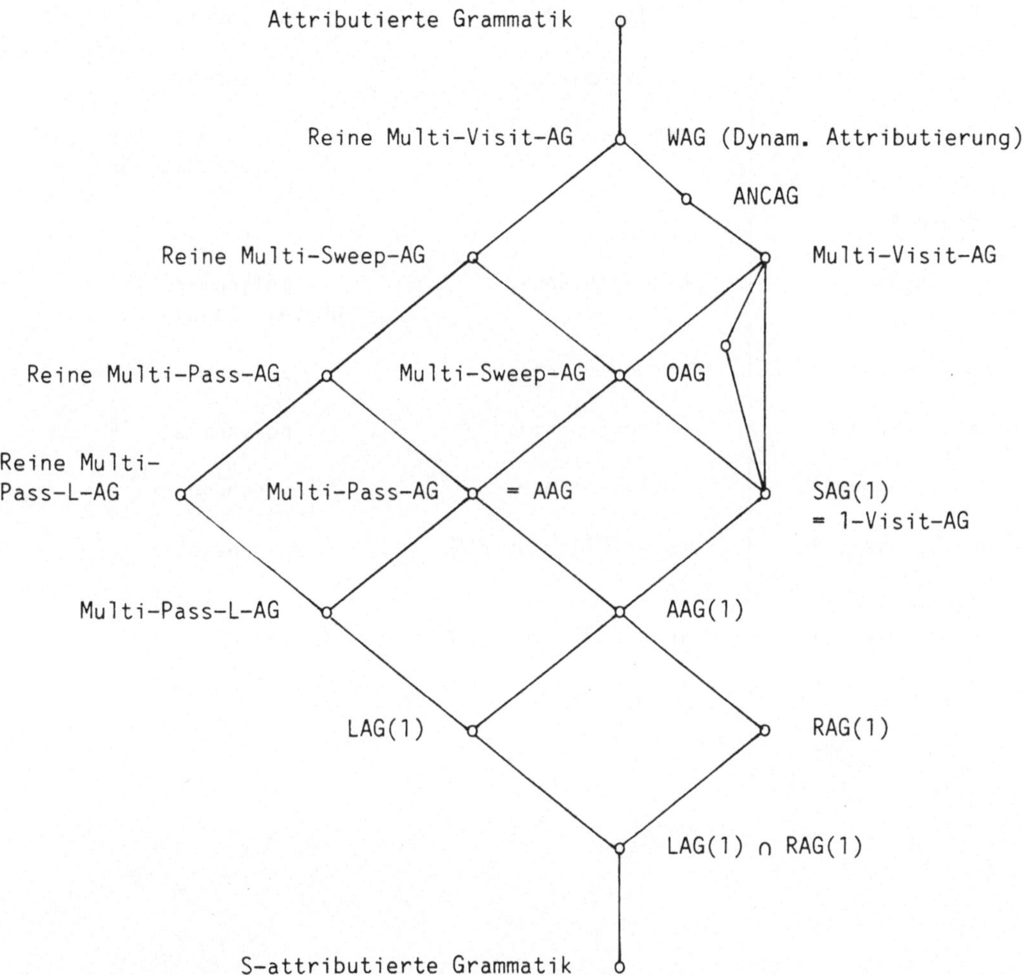

Dies ist eine Hierarchie von Grammatiken, d.h. jede AG mit der tieferstehenden
Eigenschaft hat auch die höherstehende Eigenschaft.

Die Hierarchie ist keine Sprachklassenhierachie, da jede WAG mit den Methoden
aus Abs.2.11.4. in eine S_attributierte Grammatik überführbar ist.

Zum Abschluß dieses Abschnitts noch ein Überblick über den Schwierigkeitsgrad des Problems, die Zugehörigkeit zu einer Sprachklasse zu bestimmen.

	Ist eine gegebene AG eine Multi-...-AG ?	Ist eine gegebene AG für festes $K \in \text{IN}$ eine K-...-AG ?
...-Pass-L/R-AG	polynomial	polynomial
...-Pass-AG (= AAG)	polynomial	polynomial
...-Sweep-AG	polynomial	polynomial für K = 1 NP-vollständig für K > 1
Geordnete AG	polynomial	
...-Visit-AG	NP-vollständig	polynomial für K = 1 NP-vollständig für K > 1
Reine ...-Pass-L/R-AG	echt exponentiell	polynomial
Reine ...-Pass-AG	echt exponentiell	polynomial
Reine ...-Sweep-AG	entscheidbar	entscheidbar
Reine ...-Visit-AG	stets erfüllt für WAG	entscheidbar

Weitere Einzelheiten sind in [EF181] oder [DJL86] zu finden.

3. Einsatz von Attributierten Grammatiken in Compiler-Erzeugenden Systemen

3.1. ALADIN - eine applikative Sprache zur Beschreibung einer AG

Die Definitionssprache ALADIN (A Languages for Attributed DefINinitions) dient der Formulierung von AG. ALADIN wurde im Rahmen des GAG-Projektes (vgl.Abs.3.2.) an der U Karlsruhe nach Ideen aus [Kas76] entwickelt und an komplexen Programmiersprachen erprobt:
z.B. PASCAL (vgl.[KHZ82]), PEARL (vgl.[KKZ80]), ADA (vgl.[UDP82]).
ALADIN enthält eine Reihe von Spracheigenschaften höherer Programmiersprachen, beispielweise werden die Wertebereiche von Attributen mit ALGOL68-artigen Typen beschrieben. Somit ist eine gute Lesbarkeit und auf Grund des applikativen Charakters der Sprache verbunden mit der Lokalität der Attribut- und der Regeldefinition eine leichte Modifizierbarkeit erreicht. ALADIN-Definitionen können auf Vollständigkeit, Konsistenz, Wohldefiniertheit, OAG-Eigenschaft, ... getestet werden.
Es würde den Rahmen dieses Abschnitts sprengen, wollte man hier eine formale und vollständige Definition von ALADIN angeben, dazu sei auf [Kas79] und [KHZ82] Kap. 3 verwiesen. Anhand eines Beispiels aus [KaZ80], das in allen wesentlichen Punkten mit der Geordneten AG aus Abs.2.7.5. übereinstimmt, sollen die Sprachelemente von ALADIN erläutert werden. Zuerst werden alle Symbole X mit $A(X) \neq \{ \}$ spezifiziert. Dazu werden die Attribute mit Angabe ihrer Wertebereiche (Typen) aufgezählt. Als Typen zählen zur Verfügung:
- Grundtypen wie INT, BOOL, CHAR, STRING, SYMB (lexikal. Symbole der Sprache)
- Aufzählungs-, Unterbereichs-, Vereinigungs-, Mengen-, Verbund- und Listen-Typen, jedoch keine Arrays.
Außerdem können noch Konstanten deklariert werden. Danach werden die Attributierungsregeln und die Kontextbedingungen nach Produktionen geordnet angegeben. Das Schlüsselwort RULE leitet eine Produktion ein, Terminale ohne semantische Bedeutung (d.h. ohne Attribute) werden in ' ' eingeschlossen. Es folgen jeweils unter STATIC die Attributierungsregeln und unter CONDITION die Kontextbedingungen. Notwendige Hilfsfunktionen werden am Ende der ALADIN-Spezifikation deklariert. Um den Notationsaufwand zu beschränken, werden z.B. elementare Kopierregeln nicht mehr notiert, stattdessen steht dort TRANSFER (z.B. p_8). Dies ist eine abkürzende Schreibweise für Attributierungsregeln wie

$$- X_0\_a \leftarrow X_i\_a \quad \text{falls } X_0.a \, \varepsilon \, AS(X_0), \; X_i.a \, \varepsilon \, AS(X_i) \qquad i \, \varepsilon \, \{1,\ldots,n_p\}$$

$$- X_i\_a \leftarrow X_0\_a \quad \text{falls } X_0.a \, \varepsilon \, AI(X_0), \; X_i.a \, \varepsilon \, AI(X_i) \qquad i \, \varepsilon \, \{1,\ldots,n_p\}$$

Nach einer Kontextbedingung kann unter MESSEGE eine Fehlermeldung angegeben werden, die der Compiler im Falle des Nichterfülltseins der Bedingung generiert.

```
%%%%%%%%%%%%%%%%%%%%%%%%%%%%%%%%%%%%%%%%%%%%%%%%%%%%%%%%%%%%%%%%%%%%%%
% Attributed grammar taken from                                     %
% U. Kastens, Ordered Attributed Grammars, Acta Inform. 13      %
%%%%%%%%%%%%%%%%%%%%%%%%%%%%%%%%%%%%%%%%%%%%%%%%%%%%%%%%%%%%%%%%%%%%%%


TYPE mode : (int, real, undefined);
TYPE def  : STRUCT (id : SYMB, defmode : mode);
TYPE defs : LISTOF def KEY id;
TYPE val  : UNION (INT, REAL, dyn);
TYPE REAL : STRUCT (exp, base : INT);
TYPE dyn  : (dynamic);


NONTERM program : ;
NONTERM expression, primary :
            access      : defs,
            primode     : mode,
            postmode    : mode,
            evaluable   : BOOL,
            value       : val;
NONTERM declaration :
            access      : defs,
            description : def;
NONTERM assignment :
            access      : defs,
            primode     : mode,
            postmode    : mode;
TERM intconstant, realconstant :
            value       : val;
TERM identifier :
            id          : SYMB;

 p_1: RULE program ::= primary
      STATIC
          primary.access := defs();
          primary.postmode := primary.primode
      END;
```

Beispiel einer ALADIN – Definition

```
p_2: RULE primary ::= '(' declaration + ';' assignment ')'
     STATIC
         declaration.access := primary.access;
         assignment.access :=
             declaration.description + primary.access;
         primary.primode := assignment.primode;
         assignment.postmode := primary.postmode;
         primary.evaluable := FALSE;
         primary.value := dynamic
     END;


p_3: RULE primary ::= identifier
     STATIC
         primary.primode :=
             identify (identifier.id, primary.access);
         primary.evaluable := FALSE;
         primary.value := dynamic;
     CONDITION
         isdefined (identifier.id, primary.access)
     END;


p_4: RULE primary ::= intconstant
     STATIC
         primary.primode := int;
         primary.evaluable := TRUE;
         primary.value :=
             IF primary.postmode = real
             THEN widen (intconstant.value)
             ELSE intconstant.value FI
     END;


p_5: RULE primary ::= realconstant
     STATIC
         primary.primode := real;
         primary.evaluable := TRUE;
         primary.value := realconstant.value

     END;
```

Beispiel einer ALADIN - Definition

```
p_6: RULE assignment ::= identifier ':=' expression
     STATIC
         expression.access := assignment.access;
         assignment.primode :=
             identify (identifier.id, assignment.access);
         expression.postmode := assignment.primode;
     CONDITION
         isdefined(identifier.id, assignment.access) AND
         NOT ((expression.primode  = real) AND
             (expression.postmode = int))
     END;


p_7: RULE expression ::= expression '+' primary
     STATIC
         expression[2].access := expression[1].access;
         primary.access := expression[1].access;
         expression[1].primode :=
             IF (expression[2].primode = int)
                AND   (primary.primode = int)
             THEN int ELSE real FI;
         expression[2].postmode := expression[1].primode;
         primary.postmode := expression[1].primode;
         expression[1].evaluable :=
             expression[2].evaluable AND primary.evaluable;
         expression[1].value :=
             IF expression[1].evaluable
             THEN add (expression[2].value, primary.value)
             ELSE dynamic FI
     END;


p_8: RULE expression ::= primary
     STATIC TRANSFER
     END;


p_9: RULE declaration ::= 'new' identifier ':=' expression
     STATIC
         expression.access := declaration.access;
         declaration.description :=
             def (identifier.id, expression.primode);
         expression.postmode := expression.primode
     END;
```


Beispiel einer ALADIN — Definition

```
FUNCTION isdefined (p_id : SYMB, p_defs : defs) BOOL :
  IF EMPTY (p_defs)
  THEN FALSE
  ELSE (HEAD (p_defs).id = p_id) OR
       isdefined (p_id,TAIL (p_defs))
  FI;

FUNCTION identify (p_id : SYMB, p_defs : defs) mode :
  IF EMPTY (p_defs)
  THEN undefined
  ELSE IF HEAD (p_defs).id = p_id
       THEN HEAD (p_defs).defmode
       ELSE identify (p_id, TAIL (p_defs))
       FI
  FI;

FUNCTION add (p_l, p_r : val) val :
  CASE c_l : p_l OF
  IS INT : CASE c_r : p_r OF
           IS INT : c_l + c_r
           OUT dynamic
           ESAC
  OUT dynamic
  ESAC;

FUNCTION widen (p_r : val) val :
  dynamic;

GRAPH
VISIT
```

Beispiel einer ALADIN - Definition

Wie eine AG für eine Sprache definiert werden kann und als ALADIN-Quelle
definiert wird, wird am Beispiel einer kleinen Programmiersprache, die
einfache Deklarationen, Blockstrukturen ("scope rules" wie ALGOL) und Typen
mit überladenen Operatoren umfaßt, in [Kas84] erläutert.

3.2. GAG - ein Compilergenerator für Geordnete AG

Das Compiler-Erzeugende System , das an das U Karlsruhe unter anderem für die Entwicklung eines ADA-Compilers eingesetzt wurde, enthält einen Generator für Attributierte Grammatiken, GAG (a Generator for Attribute Grammars).

Das System basiert auf Ideen aus [Kas76], analysiert ALADIN-Quellen und ist die erste Implementierung der Algorithmen für Geordnete AG (vgl Abs.2.7.2. bis Abs.2.7.6.). Die Hauptaufgaben sind nach [KaZ80] und [KHZ82]

- die Analyse von ALADIN-Quellen

- die Generierung von Attributierungsalgorithmen, insbesondere auch die Generierung von Besuchsfolgen für Geordnete AG.

Die Funktionsweise des Systems sei anhand des folgenden Ablaufplans erläutert:

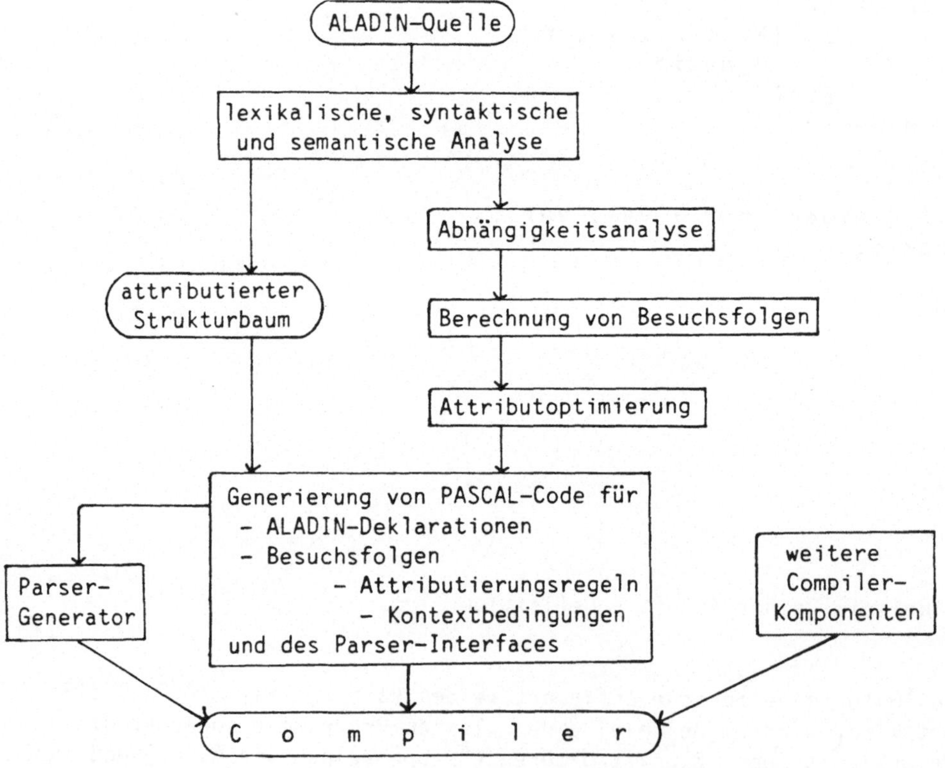

Nachdem die ALADIN-Quelle lexikalisch, syntaktisch und semantisch für korrekt
befunden ist, werden in der Abhängigkeitsanalyse die Algorithmen

- zur Berechnung von $DDP(p)^+$ (vgl. Abs.1.4.)

- zur Berechnung von $IDP(p)^+$, $IDS(X)^+$ (vgl. Abs.2.1.4.)

- zur Konstruktion von Attributzerlegungen   (vgl. Abs.2.7.2.)

- zur Berechnung von $EDP(p)^+$ (vgl. Abs.2.7.3.)

durchlaufen. Konfliktpunkte werden gemeldet. Dann ist entscheidbar, ob eine
gegebene AG die OAG-Eigenschaft hat. Eventuell wird die AG angeordnet.

Danach erst können Besuchsfolgen berechnet werden (vgl. Abs.2.7.4.).

In der Attributoptimierungsphase wird der für die Attribute benötigte
Speicherplatz minimiert, indem gewisse Attribute, die nur lokal benötigt
werden, in einem Keller gehalten werden. Die entsprechenden Algorithmen sind
in dieser Arbeit nicht behandelt. Man vergleiche dazu z.B. [Saa78], [Kas84],
[JaP81], [Räi79] oder auch [FaY85].

Die Hauptaufgabe der Generierungsphase ist die Generierung des in PASCAL
geschriebenen Compilers, der durch die gegebene AG spezifiziert wurde.
Dazu werden ALADIN-Deklarationen in PASCAL-Deklarationen übersetzt;
Attributierungsregeln, Kontextbedingungen, Funktionen, Meldungen, ...
werden in PASCAL-Statements, -Funktionen, -Prozeduren übersetzt.
Besuchsfolgen werden als Tabellen dargestellt. Die Traversierungsoperationen
werden generiert, außerdem noch das Interface für einen extern erzeugten
LALR(1)-Parser.

Als gute einführende Darstellung von GAG sei auch [Kas84] empfohlen.

Die Anwendung von GAG auf komplexe Programmiersprachen ergab folgende Werte
(vgl. [UDP82], [KHZ82], [KaZ80]):

	PASCAL	ADA	PEARL	obiges Beispiel
Eingabezeilen ALADIN	2997	14922	13644	174
Produktionen	125	244	354	9
Attributpositionen	1953	3567	5156	70
Attributierungsregeln	196	718	758	32
maximale Zahl der Besuche eines Knotens	4	3	4	2
Generierte PASCAL-Zeilen des Attributauswerters ca.	11000	75000	38000	–
GAG-Laufzeit in sec.	124	435	409	–
Arbeitsaufwand in Personenmonaten	4	18	24	–

Ein Protokoll einer Analyse der ALADIN-Spezifikation aus Abs.3.1. folgt.

```
=**** GAG DEPENDENCY ANALYSIS CREATED 21.03.80 EXECUTED
GRAPHS FOR DIRECT DEPENDENCIES
==================================
TIME USED:    0 SEC   311 MSEC


TRANSITIVE CLOSURE OF GRAPHS FOR DIRECT DEPENDENCIES
=======================================================================
TIME USED:    0 SEC    85 MSEC

RULE p_1 IN LINE    37000
SYNTAX:    program ::= primary

ATNO CLASS PART SYMB.ATTR            DEPENDS ON
   0  INH   1    primary.access      [ ]
   1 SYNT   1    primary.primode      [ ]
```

GAG - Protokoll

```
        2 INH     1     primary.postmode              [   1 ]
        3 SYNT    1     primary.evaluable           [ ]
        4 SYNT    1     primary.value           [ ]
END RULE


RULE p_2 IN LINE    43000
SYNTAX:    primary ::= declaration assignment

 ATNO CLASS PART SYMB.ATTR                  DEPENDS ON
        0 INH     1     primary.access          [ ]
        1 SYNT    1     primary.primode             [   8 ]
        2 INH     1     primary.postmode          [ ]
        3 SYNT    1     primary.evaluable           [ ]
        4 SYNT    1     primary.value           [ ]
        5 INH     1     declaration.access          [   0 ]
        6 SYNT    1     declaration.description          [ ]
        7 INH     1     assignment.access          [   0    6 ]
        8 SYNT    1     assignment.primode          [ ]
        9 INH     1     assignment.postmode          [   2 ]
END RULE


RULE p_3 IN LINE    54000
SYNTAX:    primary ::= identifier

 ATNO CLASS PART SYMB.ATTR                  DEPENDS ON
        0 INH     1     primary.access          [ ]
        1 SYNT    1     primary.primode             [   0    5 ]
        2 INH     1     primary.postmode          [ ]
        3 SYNT    1     primary.evaluable           [ ]
        4 SYNT    1     primary.value           [ ]
        5 INTR    1     identifier.id           [ ]
END RULE

RULE p_4 IN LINE    64000
SYNTAX:    primary ::= intconstant

 ATNO CLASS PART SYMB.ATTR                  DEPENDS ON
        0 INH     1     primary.access          [ ]
        1 SYNT    1     primary.primode           [ ]
        2 INH     1     primary.postmode          [ ]
        3 SYNT    1     primary.evaluable           [ ]
        4 SYNT    1     primary.value          [   2    5 ]
        5 INTR    1     intconstant.value          [ ]
END RULE
```

GAG — Protokoll

```
RULE p_5 IN LINE     74000
SYNTAX:    primary ::= realconstant

 ATNO CLASS PART SYMB.ATTR              DEPENDS ON
    0  INH    1    primary.access          [ ]
    1 SYNT    1    primary.primode         [ ]
    2  INH    1    primary.postmode         [ ]
    3 SYNT    1    primary.evaluable         [ ]
    4 SYNT    1    primary.value         [   5 ]
    5 INTR    1    realconstant.value         [ ]
END RULE


RULE p_6 IN LINE     81000
SYNTAX:    assignment ::= identifier expression

 ATNO CLASS PART SYMB.ATTR              DEPENDS ON
    0  INH    1    assignment.access        [ ]
    1 SYNT    1    assignment.primode        [   0    3 ]
    2  INH    1    assignment.postmode        [ ]
    3 INTR    1    identifier.id         [ ]
    4  INH    1    expression.access        [   0 ]
    5 SYNT    1    expression.primode        [ ]
    6  INH    1    expression.postmode        [   0    1    3 ]
    7 SYNT    1    expression.evaluable        [ ]
    8 SYNT    1    expression.value        [ ]
END RULE


RULE p_7 IN LINE     93000
SYNTAX:    expression ::= expression primary

 ATNO CLASS PART SYMB.ATTR              DEPENDS ON
    0  INH    1    expression.access        [ ]
    1 SYNT    1    expression.primode        [   6   11 ]
    2  INH    1    expression.postmode        [ ]
    3 SYNT    1    expression.evaluable        [   8   13 ]
    4 SYNT    1    expression.value        [   3    8    9   13   14 ]
    5  INH    1    expression.access        [   0 ]
    6 SYNT    1    expression.primode        [ ]
    7  INH    1    expression.postmode        [   1    6   11 ]
    8 SYNT    1    expression.evaluable        [ ]
    9 SYNT    1    expression.value         [ ]
   10  INH    1    primary.access        [   0 ]
```

```
   11 SYNT    1    primary.primode              [ ]
   12 INH     1    primary.postmode             [    1    6   11 ]
   13 SYNT    1    primary.evaluable            [ ]
   14 SYNT    1    primary.value                [ ]
END RULE


RULE p_8 IN LINE    111000
SYNTAX:   expression ::= primary

 ATNO CLASS PART SYMB.ATTR              DEPENDS ON
    0  INH     1    expression.access         [ ]
    1 SYNT     1    expression.primode        [    6 ]
    2  INH     1    expression.postmode       [ ]
    3 SYNT     1    expression.evaluable      [    8 ]
    4 SYNT     1    expression.value          [    9 ]
    5  INH     1    primary.access            [    0 ]
    6 SYNT     1    primary.primode           [ ]
    7  INH     1    primary.postmode          [    2 ]
    8 SYNT     1    primary.evaluable         [ ]
    9 SYNT     1    primary.value             [ ]
END RULE


RULE p_9 IN LINE    115000
SYNTAX:   declaration ::= identifier expression

 ATNO CLASS PART SYMB.ATTR              DEPENDS ON
    0  INH     1    declaration.access        [ ]
    1 SYNT     1    declaration.description   [    2    4 ]
    2 INTR     1    identifier.id             [ ]
    3  INH     1    expression.access         [    0 ]
    4 SYNT     1    expression.primode        [ ]
    5  INH     1    expression.postmode       [    4 ]
    6 SYNT     1    expression.evaluable      [ ]
    7 SYNT     1    expression.value          [ ]
END RULE


TRANSITIVE CLOSURE OF GRAPHS FOR INDUCED DEPENDENCIES
=====================================================================
TIME USED:    0 SEC   431 MSEC


TRANSITIVE CLOSURE OF GRAPHS FOR PARTITION-DEPENDENCIES
=====================================================================
TIME USED:    0 SEC   245 MSEC
```

GAG—Protokoll

```
SYMBOL GRAPHS
==============
SYMBOL program IN LINE     18000
 ATNO CLASS PART SYMB.ATTR                    DEPENDS ON

SYMBOL expression IN LINE     19000
'ATNO CLASS PART SYMB.ATTR                    DEPENDS ON
   0  INH   4    expression.access        [ ]
   1 SYNT   3    expression.primode          [    0 ]
   2  INH   2    expression.postmode         [    0    1 ]
   3 SYNT   1    expression.evaluable       [     0    1    2 ]
   4 SYNT   1    expression.value         [    0    1    2    3 ]

SYMBOL primary IN LINE     19000
 ATNO CLASS PART SYMB.ATTR                    DEPENDS ON
   0  INH   4    primary.access           [ ]
   1 SYNT   3    primary.primode             [    0 ]
   2  INH   2    primary.postmode            [    0    1 ]
   3 SYNT   1    primary.evaluable          [     0    1    2 ]
   4 SYNT   1    primary.value            [    0    1    2 ]

SYMBOL declaration IN LINE     25000
 ATNO CLASS PART SYMB.ATTR                    DEPENDS ON
   0  INH   2    declaration.access         [ ]
   1 SYNT   1    declaration.description        [    0 ]

SYMBOL assignment IN LINE     28000
 ATNO CLASS PART SYMB.ATTR                    DEPENDS ON
   0  INH   4    assignment.access        [ ]
   1 SYNT   3    assignment.primode          [    0 ]
   2  INH   2    assignment.postmode         [    0    1 ]

SYMBOL intconstant IN LINE     32000
 ATNO CLASS PART SYMB.ATTR                    DEPENDS ON
   0 INTR   1    intconstant.value        [ ]

SYMBOL realconstant IN LINE     32000
 ATNO CLASS PART SYMB.ATTR                    DEPENDS ON
   0 INTR   1    realconstant.value       [ ]

SYMBOL identifier IN LINE     34000
 ATNO CLASS PART SYMB.ATTR                    DEPENDS ON
   0 INTR   1    identifier.id          [ ]
```

GAG — Protokoll

VISIT-SEQUENCES
=================
IT IS ASSUMED THAT ATTRIBUTE EVALUATION
STARTS WHEN THE TREE IS COMPLETED.
TIME USED: 0 SEC 150 MSEC


```
VISIT-SEQUENCE FOR RULE IN LINE     37000
    EVAL      primary[ 1].access  BY SEM.RULE     1
    VISIT     primary[ 1] FOR  1.TIME
    EVAL      primary[ 1].postmode  BY SEM.RULE    2
    VISIT     primary[ 1] FOR  2.TIME
    VISIT     ANCESTOR FOR  1. TIME

VISIT-SEQUENCE FOR RULE IN LINE     43000
    EVAL      declaration[ 1].access  BY SEM.RULE    3
    VISIT     declaration[ 1] FOR  1.TIME
    EVAL      assignment[ 2].access  BY SEM.RULE    4
    VISIT     assignment[ 2] FOR  1.TIME
    EVAL      primary[ 0].primode  BY SEM.RULE     5
    VISIT     ANCESTOR FOR  1. TIME
    EVAL      assignment[ 2].postmode  BY SEM.RULE    6
    VISIT     assignment[ 2] FOR  2.TIME
    EVAL      primary[ 0].evaluable  BY SEM.RULE     7
    EVAL      primary[ 0].value  BY SEM.RULE    8
    VISIT     ANCESTOR FOR  2. TIME

VISIT-SEQUENCE FOR RULE IN LINE     54000
    EVAL      CONDITION    12
    EVAL      primary[ 0].primode  BY SEM.RULE     9
    VISIT     ANCESTOR FOR  1. TIME
    EVAL      primary[ 0].evaluable  BY SEM.RULE    10
    EVAL      primary[ 0].value  BY SEM.RULE    11
    VISIT     ANCESTOR FOR  2. TIME

VISIT-SEQUENCE FOR RULE IN LINE     64000
    EVAL      primary[ 0].primode  BY SEM.RULE    13
    VISIT     ANCESTOR FOR  1. TIME
    EVAL      primary[ 0].evaluable  BY SEM.RULE    14
    EVAL      primary[ 0].value  BY SEM.RULE    15
    VISIT     ANCESTOR FOR  2. TIME
```

GAG – Protokoll

```
VISIT-SEQUENCE FOR RULE IN LINE    74000
   EVAL      primary[ 0].primode  BY SEM.RULE    16
   VISIT     ANCESTOR FOR  1. TIME
   EVAL      primary[ 0].evaluable  BY SEM.RULE    17
   EVAL      primary[ 0].value  BY SEM.RULE    18
   VISIT     ANCESTOR FOR  2. TIME

VISIT-SEQUENCE FOR RULE IN LINE    81000
   EVAL      expression[ 2].access  BY SEM.RULE    19
   VISIT     expression[ 2] FOR  1.TIME
   EVAL      assignment[ 0].primode  BY SEM.RULE    20
   EVAL      expression[ 2].postmode  BY SEM.RULE    21
   EVAL      CONDITION    22
   VISIT     expression[ 2] FOR  2.TIME
   VISIT     ANCESTOR FOR  1. TIME
   VISIT     ANCESTOR FOR  2. TIME

VISIT-SEQUENCE FOR RULE IN LINE    93000
   EVAL      expression[ 1].access  BY SEM.RULE    23
   VISIT     expression[ 1] FOR  1.TIME
   EVAL      primary[ 2].access  BY SEM.RULE    24
   VISIT     primary[ 2] FOR  1.TIME
   EVAL      expression[ 0].primode  BY SEM.RULE    25
   EVAL      expression[ 1].postmode  BY SEM.RULE    26
   VISIT     expression[ 1] FOR  2.TIME
   EVAL      primary[ 2].postmode  BY SEM.RULE    27
   VISIT     primary[ 2] FOR  2.TIME
   VISIT     ANCESTOR FOR  1. TIME
   EVAL      expression[ 0].evaluable  BY SEM.RULE    28
   EVAL      expression[ 0].value  BY SEM.RULE    29
   VISIT     ANCESTOR FOR  2. TIME

VISIT-SEQUENCE FOR RULE IN LINE    111000
   EVAL      primary[ 1].access  BY SEM.RULE    34
   VISIT     primary[ 1] FOR  1.TIME
   EVAL      expression[ 0].primode  BY SEM.RULE    35
   VISIT     ANCESTOR FOR  1. TIME
   EVAL      primary[ 1].postmode  BY SEM.RULE    36
   VISIT     primary[ 1] FOR  2.TIME
   EVAL      expression[ 0].evaluable  BY SEM.RULE    37
   EVAL      expression[ 0].value  BY SEM.RULE    38
   VISIT     ANCESTOR FOR  2. TIME
```

GAG - Protokoll

```
VISIT-SEQUENCE FOR RULE IN LINE   115000
   EVAL      expression[ 2].access   BY SEM.RULE    31
   VISIT     expression[ 2] FOR   1.TIME
   EVAL      expression[ 2].postmode  BY SEM.RULE    33
   VISIT     expression[ 2] FOR   2.TIME
   EVAL      declaration[ 0].description  BY SEM.RULE    32
   VISIT     ANCESTOR FOR   1. TIME
```

RESULTS OF DEPENDENCY ANALYSIS:
=================================

CYCLIC SYMBOLS:

CYCLIC RULES (LINE):

THE AG IS ORDERED

CHARACTERISTICS OF THE AG:
=============================

```
NUMBER OF DEFINED SYMBOLS:                   8
NUMBER OF CF RULES (P):                      9
LENGTH OF THE CF SYNTAX (G):                22
MAX. LENGTH OF CF RULES:                     3
MAX. ATTRIBUTES OF SYMBOLS (X):              5
     E. G. FOR SYMBOL:                 expression
MAX. ATTRIBUTES OF RULES (D):               15
     E. G. FOR RULE IN LINE:           93000
NUMBER OF ATTRIBUTE OCCURRENCES:            75
NUMBER OF ATTRIBUTE ASSIGNS (ORIG.):        30
NUMBER OF ATTRIBUTE ASSIGNS (EXP.):          5
NUMBER OF CONDITIONS:                        2
MAX. NUMBER OF VISITS TO A SYMBOL:           2
MAX. LENGTH OF A VISIT-SEQUENCE:            13
TOTAL LENGTH OF VISIT-SEQUENCES:            68
WORST CASE NUMBER OF STEPS
   P * D**4 + G * X**2 * D**2     =    +5.7E+05
```

```
LENGTH DISTRIBUTION OF CF RULES:
   0 RULES OF LENGTH   1
   5 RULES OF LENGTH   2
   4 RULES OF LENGTH   3
```

GAG – Protokoll

```
ATTRIBUTE DISTRIBUTION FOR SYMBOLS:
  1 SYMBOLS WITH   0 ATTRIBUTES
  3 SYMBOLS WITH   1 ATTRIBUTES
  1 SYMBOLS WITH   2 ATTRIBUTES
  1 SYMBOLS WITH   3 ATTRIBUTES
  0 SYMBOLS WITH   4 ATTRIBUTES
  2 SYMBOLS WITH   5 ATTRIBUTES

ATTRIBUTE DISTRIBUTION FOR RULES:
  0 RULES WITH   0 ATTR.OCCS
  0 RULES WITH   1 ATTR.OCCS
  0 RULES WITH   2 ATTR.OCCS
  0 RULES WITH   3 ATTR.OCCS
  0 RULES WITH   4 ATTR.OCCS
  1 RULES WITH   5 ATTR.OCCS
  3 RULES WITH   6 ATTR.OCCS
  0 RULES WITH   7 ATTR.OCCS
  1 RULES WITH   8 ATTR.OCCS
  1 RULES WITH   9 ATTR.OCCS
  2 RULES WITH  10 ATTR.OCCS
  0 RULES WITH  11 ATTR.OCCS
  0 RULES WITH  12 ATTR.OCCS
  0 RULES WITH  13 ATTR.OCCS
  0 RULES WITH  14 ATTR.OCCS
  1 RULES WITH  15 ATTR.OCCS

LENGTH DISTRIBUTION FOR VISIT-SEQUENCES:
  0 VISIT-SEQS. OF LENGTH    1
  0 VISIT-SEQS. OF LENGTH    2
  0 VISIT-SEQS. OF LENGTH    3
  0 VISIT-SEQS. OF LENGTH    4
  3 VISIT-SEQS. OF LENGTH    5
  2 VISIT-SEQS. OF LENGTH    6
  0 VISIT-SEQS. OF LENGTH    7
  1 VISIT-SEQS. OF LENGTH    8
  1 VISIT-SEQS. OF LENGTH    9
  0 VISIT-SEQS. OF LENGTH   10
  1 VISIT-SEQS. OF LENGTH   11
  0 VISIT-SEQS. OF LENGTH   12
  1 VISIT-SEQS. OF LENGTH   13
```

GAG — Protokoll

SYMBOLS VISITED (FROM ANCESTOR)   0 TIMES:

SYMBOLS VISITED (FROM ANCESTOR)   1 TIMES:
 program, declaration,
SYMBOLS VISITED (FROM ANCESTOR)   2 TIMES:
 expression, primary, assignment,

TOTAL TIME USED: 1 SEC   524 MSEC

GAG - Protokoll

3.3. HLP78 - ein Compilergenerator für Alternierende AG

In den Jahren 1975 bis 1978 wurde an der U Helsinki das Compiler-Erzeugende
System HLP78 entwickelt und auf Burroughs B7800 implementiert (ca. 35000 Zeilen
Extented ALGOL). Mit [RSS78] erschien eine umfassende Dokumentation. Seitdem
wurden Erfahrungen bei der Implementierung verschiedener Sprachen gesammelt
(vgl.[Räh80],[KRS82]). Eine abschließnde und aktuelle Dokumentation ist [RSS83].
Über das Nachfolgesystem HLP84 soll an dieser Stelle nicht berichtet werden.

Das System HLP78 umfaßt (vgl. [Räi77], [RSS78], [RSS83])

- lexikalische Analyse
  Grundsymbole werden durch reguläre Ausdrücke beschrieben.

- LALR(1)-Parsing mit automatischem Error-Recovery

- Analyse der statischen Semantik nach der Methode der Alternierenden AG
  (vgl.Abs.2.5.) mit anschließender Codeerzeugung.

Lexikalische Analyse, Syntaxanalyse und Codeerzeugung sollen hier im weiteren
nicht betrachtet werden.

Die semantische Analyse verwendet die im Abs.2.5. angegebenen Algorithmen. Sie
sind ebenso wie die Attributierungsregeln in Extented ALGOL geschrieben.
Zur effektiven Speicherverwaltung werden globale und lokale Attribute
definiert, wobei die Werte lokaler Attribute gekellert werden , Werte globaler
Attribute dagegen permanent verfügbar sind (vgl. [Räi81], [Räi79]).

Der Speicher- und der Zeitbedarf ist linear zur Länge des zu analysierenden
Quellprogramms. Der Speicher und Zeitbeadarf verschiedener Läufe eines
PASCAL-Compilers ohne Codeerzeugung (vgl. [KRS82]) sei angegeben:

Quellzeichen in Grundsymb.	Quell-zeilen	Knoten des Strukturbaumes	Auszuwertende Attribute	Speicherbedarf in KByte	Zeitbedarf in sec
269	51	451	1414	20	1
1283	308	1954	6733	70	3
3433	730	5439	19063	185	8
4716	1038	7394	25798	251	11

Ziel dieses Projektes war nicht die Erzeugung effektiver, insbesondere
schneller Compiler, sondern der Test von Sprachentwürfen und deren
Implementierungsmöglichkeiten; daher wurde auch die Synthese vernachlässigt.
So kann die Benutzerfreundlichkeit und die Brauchbarkeit verschiedener
Sprachvarianten getestet werden. Änderungen am Sprachentwurf sind leicht
möglich. Es bietet sich an, für verschiedene Zwecke und spezielle Aufgaben
einzelner Benutzerkreise eigene speziell zugeschnittene Sprachen zu entwerfen.

Ein Beispiel einer kleinen prozeduralen Sprache ist in [Räi84] wiedergegeben.
Die dortigen Hinweise zum Entwurf von AG sind jedem zu empfehlen, der einmal
selbst AG zu entwickeln hat. Im übrigen sei auf die Bibliographie von HLP78
in [RSS83] verwiesen. Dort finden sich Dutzende von Arbeiten, die über
Erfahrungen mit HLP78 berichten.

Interessant sind auch folgende Angaben (vgl. [Räh80], [KRS82], [JaP81]):

Quellsprache	SIMULA	EUCLID	PL360	S-FORTRAN-I	S-FORTRAN-II	PASCAL	PASCAL	DB-QL
Zielsprache	keine Codeerzeugung		Assem- bler	FORTRAN IV	FORTRAN IV	Ext. ALGOL	keine Codeerzeugung	
Anzahl der Nichtterminale	147	158	60	223	74	138	137	16
Anzahl der Terminale	77	96	65	106	46	68	68	10
Anzahl der Produktionen	283	342	151	449	130	254	286	22
Anzahl der Attribute	36	47	49	49	48	72	29	12
Zahl d.Attribu- tierungsregeln	–	–	1297	1019	672	1012	–	–
davon: Kopierregeln	–	–	948	571	451	765	–	–
Attributexempl. pro Knoten	–	–	7.9	2.5	5.0	3.8	–	–
Zahl der Pässe	4	1	2	2	2	5	1	–
Zeilen der Sprach- beschreibung	3200	9400	3300	4200	2500	6000	–	200

Als kurzer Eindruck über HLP78 sei das Computer-Protokoll der kleinen Sprache
TUPL (TUtoial Programming Language), die Folgen von arithmetischen Ausdrücken
mit INTEGER-Werten erzeugt, angegeben und erläutert (vgl. [RSS83]); es wird
MIX-Maschinencode erzeugt.

```
LEXICAL DESCRIPTION TUPL % TUTORIAL PROGRAMMING LANGUAGE

    CHARACTER SETS
       LETTER       = 'ABCDEFGHIJKLMNOPQRSTUVWXYZ' ;
       DIGIT        = '0123456789'
    END OF CHARACTER SETS

    TOKEN CLASSES
       IDENTIFIER = LETTER (LETTER|DIGIT)* [12] ;
       INTEGER    = DIGIT+          [8] ;
       SPECIALS   = DEFAULT TOKENS ;
       COMMENT    = '%' ANY* ENDOFLINE ;
       SPACES     = ' '+
    END OF TOKEN CLASSES

    A:BEGIN
       IDENTIFIER => IDENTIFIER | KEYSTRINGS ;
       INTEGER    => INTEGER_CONSTANT ;
       SPECIALS   => KEYSTRINGS ;
       COMMENT    => ;
       SPACES     => ;
    END OF A

END OF LEXICAL DESCRIPTION TUPL.



ATTRIBUTE GRAMMAR TUPL    % TUTORIAL PROGRAMMING LANGUAGE

MNEMONICS ARE
    % SIZES FOR TABLES
       SIZESYMBOLSPACE    = 300,
       SIZECONSTANTSPACE  = 50,
       SIZESYMBOLTABLE    = 350,
    % START ADDRESSES FOR THE TARGET CODE
       MIXCONSTANTSPACESTART =    1,
       MIXSYMBOLSPACESTART    =   51,
       MIXWORKSPACESTART      =  351,
       MIXPROGRAMSPACESTART   =  400,
    % OPERATION CODES FOR MIX INSTRUCTIONS
       ADD  = 01,
       SUB  = 02,
       MUL  = 03,
       DIVI = 04,
       HLT  = 05,
       SLAX = 06,
       SRAX = 06,
       LDA  = 08,
       STA  = 24,
       JMP  = 39,
    % SYMBOL TABLE OPERATIONS
       NEWIDENT  = 0,
       OLDIDENT  = 1,
       CONSTANT  = 2,
    % CODES FOR CONTEXTS
       DECLS = 0,
       STATS = 1,
END OF MNEMONICS

SYNTHESIZED ATTRIBUTES ARE
    INTEGER
        ADDRESS,
        CODELENGTH,
        OPCODE;
    REAL ARRAY
        S_SYM [0:SIZESYMBOLTABLE,0:1]
END OF SYNTHESIZED ATTRIBUTES
```

Beispiel einer Eingabe für HLP78

```
INHERITED ATTRIBUTES ARE
    INTEGER
        CONTEXT,
        CODELOC,
        TEMP;
    REAL ARRAY
        I_SYM [0:SIZESYMBOLTABLE,0:1]
END OF INHERITED ATTRIBUTES

NONTERMINALS ARE
    PROGRAM              ;
    DECLARATIONS    HAS  I_SYM,S_SYM;
    VARIABLE_LIST   HAS  I_SYM,S_SYM;
    VARIABLE        HAS  I_SYM,S_SYM,ADDRESS,CONTEXT;
    STATEMENTS      HAS  I_SYM,S_SYM,CODELENGTH,CODELOC;
    STATEMENT_LIST  HAS  I_SYM,S_SYM,CODELENGTH,CODELOC;
    STATEMENT       HAS  I_SYM,S_SYM,CODELENGTH,CODELOC;
    EXPRESSION      HAS  I_SYM,S_SYM,CODELENGTH,CODELOC,TEMP;
    PRIMARY         HAS  I_SYM,S_SYM,ADDRESS;
    OPERATOR        HAS  OPCODE;
END OF NONTERMINALS

START SYMBOL IS PROGRAM

FORMATS ARE
    MIX = (I4,":   ",I2,",",I4,",",I2,",",I2)
END OF FORMATS

PROCEDURES ARE

&   PROCEDURE ABORT(I);
    % WRITES A MESSAGE OF A FATAL ERROR AND TERMINATES
    % THE PROCESSING.
    VALUE I; INTEGER I;
    BEGIN
        VALUE ARRAY MESSAGE(
            "TOO MANY VARIABLES                            ",  % 1
            "TOO MANY CONSTANTS                            ",  % 2
            "THE PROGRAM REQUIRES TOO MUCH WORK SPACE  ",  % 3
            "THE PROGRAM IS TOO LARGE                     ");  % 4
        WRITE(OUTFILE,<7("*******"),X3,A42,X3,7("*******")>,
            POINTER(MESSAGE[7*(I-1)])));
        WRITE(OUTFILE,<9("*******"),"  COMPILATION ABORTED   ",
            9("*******")>);
        GO TO OUTEND
    END OF ABORT;

    PROCEDURE EMITMIXCONSTANT(LOADADDR,INTEGERCONSTANT);
    % EMITS ONE CONSTANT TO THE TARGET PROGRAM.
    VALUE LOADADDR,INTEGERCONSTANT;
    INTEGER LOADADDR,INTEGERCONSTANT;
    WRITE(CODEFILE,<I4,":  CONSTANT ",A*>,
        LOADADDR,NAMELENGTH(INTEGERCONSTANT),
        POINTER(NAMES)+NAMESTART(INTEGERCONSTANT));

&   PROCEDURE EMITCONSTANTS(TABLE);
    % EMITS THE CONSTANTS THAT APPEARED IN THE SOURCE PROGRAM
    % TO THE TARGET PROGRAM.
    REAL ARRAY TABLE[0,0];
    BEGIN
        INTEGER I;
        FOR I:=-301 STEP 1 UNTIL 300+TABLE[0,1] DO
            EMITMIXCONSTANT(TABLE[I,1],TABLE[I,0]);
    END OF EMITCONSTANTTABLE;

&   PROCEDURE INITIALIZESYMBOLTABLE(TABLE);
    % INITIALIZES AN EMPTY SYMBOL TABLE
    REAL ARRAY TABLE[0,0];
    ;
```

Beispiel einer Eingabe für HLP78

```
PROCEDURE WRITEERROR(ERR,ID);

VALUE ERR,ID;
INTEGER ERR; REAL ID; FORWARD;

PROCEDURE SYMBOLING(SYM,ADDR,OLDSYM,ID,OPERATION);
% THIS PROCEDURE PERFORMS ALL THE SYMBOL TABLE
% OPERATIONS SPECIFIED BY OPERATION
VALUE ID,OPERATION;
REAL ARRAY
    SYM,            % SYMBOL TABLE AFTER  THE OPERATION
    OLDSYM[0,0];% SYMBOL TABLE BEFORE THE OPERATION
REAL
    ID;             % SYMBOL TO BE OPERATED UPON
INTEGER
    ADDR,           % ADDRESS IN THE MIX MEMORY (OUT)
    OPERATION;    % SPECIFIES THE OPERATION TO BE PERFORMED:

COPY
    SYM:=OLDSYM;
END;
% THE COPYING OF OLDSYM TO SYM IS LEFT TO THE SYSTEM;
% THUS COPYING IS OMITTED FROM THE PROCEDURE BODY.

BEGIN
    DEFINE
        IDCOUNT     = SYM[0,0]  , % NUMBER OF IDENTIFIERS
        CONSCOUNT   = SYM[0,1]  , % NUMBER OF CONSTANTS
        SYMVAL(I)   = SYM[I,0]  , % VAL OF SYMBOL I
        SYMADDR(I)  = SYM[I,1]  ; % MIX ADDRESS OF SYMBOL I
    INTEGER I,FIRST,LAST;
    BOOLEAN FOUND;

    % PREPARE FOR SEARCHING:
    CASE OPERATION OF BEGIN

    NEWIDENT:
    OLDIDENT:
        FIRST:=1;
        LAST:=FIRST+IDCOUNT;
    CONSTANT:
        FIRST:=1+SIZESYMBOLSPACE;
        LAST:=FIRST+CONSCOUNT;
    END CASE;

    % SEARCH THE SYMBOL ID FROM TABLE SYM:
    I:=FIRST;
    WHILE I<LAST AND SYMVAL(I) NEQ ID DO I:=I+1;
    FOUND:=SYMVAL(I)=ID;

    % PERFORM THE OPERATION:
    CASE OPERATION OF BEGIN

    NEWIDENT:
        IF FOUND THEN
        WRITEERROR(1,ID) % DECLARED BEFORE
        ELSE BEGIN
            IF IDCOUNT = SIZESYMBOLSPACE
            THEN ABORT(1); % TOO MANY VARIABLES
            IDCOUNT:=IDCOUNT+1;
            I:=IDCOUNT;
        ADDR:=SYMADDR(I):=
        IDCOUNT+MIXSYMBOLSPACESTART-1;
        SYMVAL(I):=ID;
    END;

OLDIDENT:
    IF FOUND THEN ADDR:=SYMADDR(I)
    ELSE WRITEERROR(2,ID); % UNDECLARED IDENTIFIER
```

Beispiel einer Eingabe für HLP78

```
    CONSTANT:
        IF FOUND THEN ADDR:=SYMADDR(I)
        ELSE BEGIN
            IF CONSCOUNT=SIZECONSTANTSPACE
            THEN ABORT(2); % TOO MANY CONSTANTS
            CONSCOUNT:=CONSCOUNT+1;
            I:=SIZESYMBOLSPACE+CONSCOUNT;
            ADDR:=SYMADDR(I):=
            CONSCOUNT+MIXCONSTANTSPACESTART-1;
            SYMVAL(I):=ID;
        END;
    END OF CASE;
END OF SYMBOLING;

PROCEDURE WRITEERROR(ERRMESS,ID);
% WRITES AN ERROR MESSAGE SPECIFIED BY ERRMESS AND ID.
VALUE ERRMESS,ID;
INTEGER ERRMESS; REAL ID;
BEGIN
    ARRAY BUFFER[0:21];
    POINTER P;
    P:=POINTER(BUFFER);
    FILL BUFFER WITH 22("         ");
    REPLACE P:P BY "LINE ", LINE FOR 8 DIGITS,
        ", COLUMN ", COLUMN FOR 2 DIGITS, ": ",
        POINTER(NAMES)+NAMESTART(ID) FOR NAMELENGTH(ID);
    IF ERRMESS=1 THEN REPLACE P BY
        " HAS BEEN DECLARED BEFORE"     % 1
    ELSE REPLACE P BY
        " HAS NOT BEEN DECLARED";       % 2
    WRITE(OUTFILE,<A132>,POINTER(BUFFER))
END OF WRITEERROR;

%END OF PROCEDURES

PRODUCTIONS ARE


PROGRAM = 'BEGIN' DECLARATIONS ';' STATEMENTS 'END' ;

DO
    CODELOC(STATEMENTS)             := MIXPROGRAMSPACESTART;
    INITIALIZESYMBOLTABLE(OUT: I_SYM(DECLARATIONS));
    I_SYM(STATEMENTS)               := S_SYM(DECLARATIONS);
OUT
    CODE(MIX,0,JMP,MIXPROGRAMSPACESTART,0,0);
    EMITCONSTANTS(S_SYM(STATEMENTS));
    STATEMENTS;
    CODE(MIX,CODELOC(STATEMENTS)+CODELENGTH(STATEMENTS),
        HLT,0,0,2);
    IF CODELENGTH(STATEMENTS)+1+MIXPROGRAMSPACESTART>4000
        THEN ABORT(4)
END

DECLARATIONS = 'INTEGER' VARIABLE_LIST ;

VARIABLE_LIST = VARIABLE_LIST ',' VARIABLE;

DO
    I_SYM(VARIABLE_LIST*)           := I_SYM(VARIABLE_LIST);
    I_SYM(VARIABLE)                 := S_SYM(VARIABLE_LIST*);
    S_SYM(VARIABLE_LIST)            := S_SYM(VARIABLE);
    CONTEXT(VARIABLE)               := DECLS;
END

VARIABLE_LIST = VARIABLE;

DO
    CONTEXT(VARIABLE)               := DECLS;
END
```

Beispiel einer Eingabe für HLP78

```
VARIABLE = IDENTIFIER;

DO
    SYMBOLING(OUT: S_SYM(VARIABLE),
                   ADDRESS(VARIABLE);
              IN:  I_SYM(VARIABLE),
                   VAL(IDENTIFIER),
                   IF CONTEXT(VARIABLE)=DECLS
                   THEN NEWIDENT ELSE OLDIDENT);
END

STATEMENTS = STATEMENT_LIST ;

STATEMENT_LIST = STATEMENT_LIST ';' STATEMENT ;

DO
    I_SYM(STATEMENT_LIST*)       := I_SYM(STATEMENT_LIST);
    I_SYM(STATEMENT)             := S_SYM(STATEMENT_LIST*);
    S_SYM(STATEMENT_LIST)        := S_SYM(STATEMENT);
    CODELENGTH(STATEMENT_LIST)   := CODELENGTH(STATEMENT_LIST*)+
                                    CODELENGTH(STATEMENT);
    CODELOC(STATEMENT)           := CODELOC(STATEMENT_LIST)+
                                    CODELENGTH(STATEMENT_LIST*);
    CODELOC(STATEMENT_LIST*)     := CODELOC(STATEMENT_LIST);
END

STATEMENT_LIST = STATEMENT ;

STATEMENT = VARIABLE ':=' EXPRESSION ;

DO
    I_SYM(VARIABLE)              := I_SYM(STATEMENT);
    I_SYM(EXPRESSION)            := S_SYM(VARIABLE);
    S_SYM(STATEMENT)             := S_SYM(EXPRESSION);
    CONTEXT(VARIABLE)            := STATS;
    CODELENGTH(STATEMENT)        := CODELENGTH(EXPRESSION)+1;
    CODELOC(EXPRESSION)          := CODELOC(STATEMENT);
    TEMP(EXPRESSION)             := MIXWORKSPACESTART;
OUT
    EXPRESSION;
    CODE(MIX,CODELOC(EXPRESSION)+CODELENGTH(EXPRESSION),
        STA,ADDRESS(VARIABLE),0,5);
END

EXPRESSION = '(' EXPRESSION OPERATOR EXPRESSION ')' ;

DO
    I_SYM(EXPRESSION*)           := I_SYM(EXPRESSION);
    I_SYM(EXPRESSION**)          := S_SYM(EXPRESSION*);
    S_SYM(EXPRESSION)            := S_SYM(EXPRESSION**);
    CODELENGTH(EXPRESSION)       :=
        CODELENGTH(EXPRESSION*)+CODELENGTH(EXPRESSION**)+2+
        (IF OPCODE(OPERATOR)=MUL OR OPCODE(OPERATOR)=DIVI
        THEN 1 ELSE 0);
    CODELOC(EXPRESSION*)         := CODELOC(EXPRESSION)+
                                    CODELENGTH(EXPRESSION**)+1;
    TEMP(EXPRESSION*)            := TEMP(EXPRESSION)+1;
    CODELOC(EXPRESSION**)        := CODELOC(EXPRESSION);
    TEMP(EXPRESSION**)           := TEMP(EXPRESSION);
OUT
    EXPRESSION**;      % THE RESULT IS LEFT IN THE ACCUMULATOR
    CODE(MIX,CODELOC(EXPRESSION)+CODELENGTH(EXPRESSION**),
        STA,TEMP(EXPRESSION),0,5);
    EXPRESSION*;
    IF OPCODE(OPERATOR)=DIVI THEN
        CODE(MIX,CODELOC(EXPRESSION*)+CODELENGTH(EXPRESSION*),
            SRAX,5,0,3);
```

Beispiel einer Eingabe für HLP78

```
        CODE(MIX,CODELOC(EXPRESSION*)+CODELENGTH(EXPRESSION*)+
            (IF OPCODE(OPERATOR)=DIVI THEN 1 ELSE 0),
            OPCODE(OPERATOR),TEMP(EXPRESSION),0,5);
        IF OPCODE(OPERATOR)=MUL THEN
            CODE(MIX,CODELOC(EXPRESSION*)+CODELENGTH(EXPRESSION*)+
                SLAX,5,0,2)
END

EXPRESSION = PRIMARY ;

DO
    CODELENGTH(EXPRESSION)        := 1;
OUT
    CODE(MIX,CODELOC(EXPRESSION),LDA,ADDRESS(PRIMARY),0,5);
    IF TEMP(EXPRESSION)-MIXWORKSPACESTART>48 THEN ABORT(3)
END

OPERATOR = '+' ;

DO
    OPCODE(OPERATOR)              := ADD
END

OPERATOR = '-' ;

DO
    OPCODE(OPERATOR)         .    := SUB
END

OPERATOR = '*' ;

DO
    OPCODE(OPERATOR)              := MUL
END

OPERATOR = '/' ;

DO
    OPCODE(OPERATOR)              := DIVI
END

PRIMARY = INTEGER_CONSTANT ;

DO
    SYMBOLING(OUT: S_SYM(PRIMARY),
                   ADDRESS(PRIMARY);
              IN:  I_SYM(PRIMARY),
                   VAL(INTEGER_CONSTANT),
                   CONSTANT);
END

PRIMARY = VARIABLE ;

DO
    CONTEXT(VARIABLE)             := STATS;
    ADDRESS(PRIMARY)              := ADDRESS(VARIABLE);
END

END OF PRODUCTIONS

END OF ATTRIBUTE GRAMMAR TUPL.


============================================================
NUMBER OF ERRORS DETECTED = 0.
GRAMMAR SIZE = 376 CARDS, 1196 LEXICAL TOKENS.
NUMBER OF LINES GENERATED = 394.
COMPILATION TIME =   1.72 SECONDS PROCESSING.
============================================================
```

Beispiel einer Eingabe für HLP78

In HLP78 wird angegeben

- die Syntax der Sprache in BNF-Form

- die lexikalische Beschreibung

  - Zeichensätze

  - Beschreibung der Grundsymbole durch reguläre Ausdrücke
    (hier z.B. IDENTIFIER mit maximal 12 Zeichen)

  - Schlüsselworte und Begrenzungszeichen (hier z.B. +,-,*,/,(,),;,:= und ,)
    werden aus den Produktionen abgelesen, um Redundanz und Inkonsistenz zu
    vermeiden.

- die Attributierte Grammatik

  - Name der Grammatik (hier TUPL)

  - unter MNEMONICS Vereinbarungen von Konstanten

  - unter SYNTHEZISED ATTRIBUTES bzw. INHERITED ATTRIBUTES alle notwendigen
    Attribute mit ihren Typen

  - die Zuordnung der Attribute zum Vokabular, d.h. die Mengen A(X)

  - das Startsymbol PROGRAM der Grammatik

  - unter FORMAT Formatangaben zur Codeerzeugung

  - unter PROCEDURES ARE verschiedene Prozeduren, die für
    Attributierungsregeln benötigt werden

  - unter PRODUCTIONS ARE (geordnet nach Produktionen)
    - unter DO die Attributierungsregeln
    - Angaben zur Codeerzeugung

im Beispiel werden folgende Attribute benutzt:

CODELENGTH   Codelänge des MIX-Ccodes des entsprechenden Teilbaumes
                    (abgeleitetes Attribut)

CODELEC   Anfangsadresse des MIX-Codes des entsprechenden Teilbaumes
                    (abgeleitetes Attribut)

ADDRESS, OPCODE   lokale abgeleite Attribute

TEMP, CONTEXT   dienen zur Berechnung der arithmetischen Ausdrücke
                  (ererbte Attribute)

I-SYM, S_SYM   bilden Attributpaare, quasi die Symboltabelle

Der Prozeduraufruf

        CODE(MIX,Adresse,Instruktion,Operandenadresse,I-Feld,F-Feld)

erzeugt MIX-Maschinencode.

Zum Schluß des Protokolls folgt eine Zuordnung der Attribute zu den einzelnen
Pässen des Compilers:

```
                    HISTCRY CF FORMING THE EVALUATION ORDER OF THE ATTRIBUTES
                    =========================================================

PASS    ATTRIBUTE                        REASCN FOR DELETING THE ATTRIBUTE FROM THE PREVIOUS PASS

PASS  C IN CCNNECTICN WITH PARSING
------

        CODELENGTH
        CFCODE

PASS  1 FROM LEFT TO RIGHT
------

        CODELOC                          PASS 0 IS ONLY FCR SYNTHESIZED ATTRIBUTES
        TEMF                             PASS 0 IS ONLY FCR SYNTHESIZEC ATTRIBUTES
        DECLARE                          PASS 0 IS ONLY FCR SYNTHESIZEC ATTRIBUTES
        ISYM                             PASS 0 IS ONLY FOR SYNTHESIZEC ATTRIBUTES
        SSYM                             SSYM(0) DEPENDS ON ISYM(0) IN PRODUCTION 5
        ACCFESS                          ACCFESS(C) DEPENDS ON SSYM(0) IN PRODUCTION 5


TIME USED BY THE ASE CONSTRUCTOR =    0.07 SECONDS PROCESSING.
```


Weitere und detailiertere Angaben sind dem Manual von HLP78, nämlich [RSS83]
zu entnehmen.

3.4. FNC/ERN

Das Compiler-erzeugende System Perluette von INRIA (Le Chesney,Frankreich)
enthält zur Attributierung die beiden Systeme

- FNC ("Fortement Non-Circulaire")
  Rekursive Attributierung von ANCAG (vgl. Abs.2.9.5.) und Zyklenfreiheitstest
  nach [DJL84]

  ERN ("Evaluation Recursive par Necessite")
  Optimale Dynamische Attributierung (vgl. Abs.2.10.5.). Zyklen werden dabei
  zur Laufzeit des Compilers erkannt.

Die System ERN wird vor allem zum Testen von Attributierten Grammatiken
verwandt, während FNC für fertige AG benutzt wird; so entfällt beim Testen der
zeitaufwendige Zyklenfreiheitstest.

Zur lexikalischen und zur Syntaxanalyse wird das System SYNTAX benutzt, das
eine tabellengesteuerte Syntaxanalyse generiert (vgl. [Jon84]).

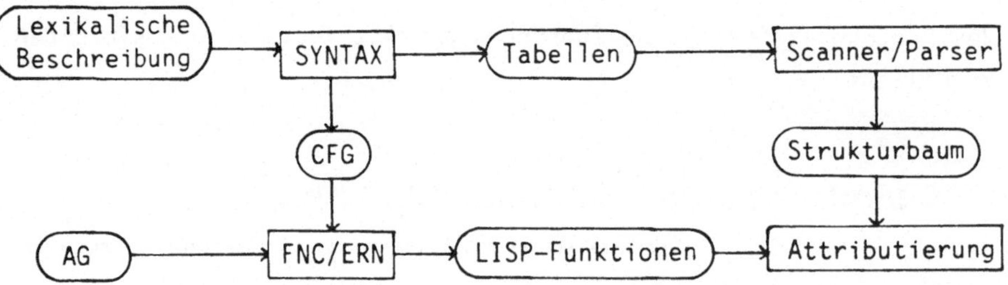

Attributierung innerhalb von Perluette

Perluette läuft unter MULTICS b.z.w. UNIX und generiert in LISP geschriebene
Funktionen. Eine in LISP geschriebene Attributierung hat den Vorteil, daß die
Speicherverwaltung vom LISP-Laufzeitsystem wahrgenommen wird und folglich
nicht codiert werden muß. Das Kopieren von Attributen bedeutet dann zur
Laufzeit des Compilers lediglich das Versetzen von Zeigern. Da der weitaus
größte Teil der Attributierungsregeln (meist über 60) einfache Kopierregeln
sind, ist so eine enorme implizite Speicherplatzoptimierung allein durch die
Wahl von LISP erreicht worden. Diejenigen Teile von FNC/ERN, die die LISP-
Funktionen generieren, sind in PL/1 geschrieben und umfassen ca. 4000 Zeilen
Quellcode.

Es folgt als Beispiel die Spezifikation einer kleinen blockstrukturierten Sprache, die unter anderem als Deklaration einfache Typen und Prozeduren, als ausführbare Anweisungen Zuweisungen mit geschachtelten Ausdrücken und Prozeduraufrufe mit Parametern enthält.
Es sind die Attributierungsregeln unter jeder Produktion notiert als

    & a(X) = ...   falls X.a ererbtes Attribut ist, und als

    & a = ...   falls X.a abgeleitetes Attribut ist.

Attributierungsregeln der Form

    & ok = ...

sind ein Ersatz für Kontextbedingungen.

```
*                    Attribute grammar defining static semantics
*                            of an example language


(defun SLASH macro (x) ''//)

;; Macros and functions to access in the symbol-table

(defun $type macro (def)
       (cons 'cadr (cdr def)))

(defun $parms macro (proc)
       (cons 'car (cdr proc)))

(defun $result-type macro (proc)
       (cons 'cadr (cdr proc)))
;; Functions to test type rules

(defun $compatible (rtyp ltyp)
       ;; returns true iff something of type rtyp can be assigned
       ;; to something of type ltyp
       (or (eq ltyp rtyp)

         (null ltyp)
         (null rtyp)
         (and (eq rtyp 'int)
              (eq ltyp 'real))))
```

Beispiel einer Notation für FNC/ERN [Jou84]

```
(defun opr-identify (ltyp rtyp opr)
      (cond ((and (eq opr (SLASH))
                  ($compatible ltyp 'real)
                  ($compatible rtyp 'real))
             'real)
            ((and (memq opr '(AND OR))
                  ($compatible ltyp 'bool)
                  ($compatible rtyp 'bool))
             'bool)
            ((memq opr '(+ - ))
             (cond ((and ($compatible ltyp 'int)
                         ($compatible rtyp 'int))
                    'int)
                   ((and ($compatible ltyp 'real)
                         ($compatible rtyp 'real))
                    'real)))
            ((memq opr '(=    ))
             (and ($compatible ltyp 'real)
                  ($compatible rtyp 'real)
                  'bool))))
$

*                      ATTRIBUTES DECLARATIONS

* What follows is enough for the system to generate the missing declarations
* (together with the semantic rules, of course).
g#&env ;
s#&type(<PROGRAM>) ;
$

*                      SYNTAX AND SEMANTICS

<PROGRAM> = <BLOCK> ;
&env(<BLOCK>) = nil                       ; nothing predefined

<BLOCK> = "[" <DECLARATION*>  <EXPRESSION_LIST> "]" ;
&senv = (append &s.env(<EXPRESSION_LIST>) &env)
&env(<EXPRESSION_LIST>) = &senv
&env(<DECLARATION*>) = &senv
&h.env(<DECLARATION*>) = nil
&type : &ok(<DECLARATION*>) = &type(<EXPRESSION_LIST>)
```

Beispiel einer Notation für FNC/ERN [Jou84]

```
<DECLARATION*> = ;
&ok = t


<DECLARATION*> = <DECLARATION*>
                 <DECLARATION> ;
&ok = (progn &ok(<DECLARATION*>') &ok(<DECLARATION>))


<DECLARATION> = <SIMPLE DECL> ";" ;
&ok = t


<SIMPLE DECL> = <TYPE_DENOTER> %ID :
&s.env =
(let ((henv &h.env)
      (id &ptext(%ID )))
     (cond ((assq id henv)
            ; ID is defined in the same block
            (put-error 1 &source_index(%ID)

        "Identifier already declared.")
            henv)
           (t (cons (list id &type(<TYPE_DENOTER>))
                    henv))))


<DECLARATION> = PROC %ID "[" <PARMS> "]" <TYPE_DENOTER> ":"
                    <BLOCK> ";" ;
&h.env(<PARMS>) = nil
&env(<BLOCK>) = (append &s.env(<PARMS>) &env)
&s.env =
(let ((henv &h.env)
      (id &ptext (%ID )))
     (cond ((assq id henv)
            ; the proc id is already known in the (outside) block
            (put-error 1 &source_index(%ID )
                    "Identifier already declared in this block.")
            henv)
           (t (cons (list id
                          (list &s.env(<PARMS>)
                                &type(<TYPE_DENOTER>)))
                    henv))))
```

Beispiel einer Notation für FNC/ERN [Jou84]

```
&ok =
(or ($compatible &type(<BLOCK>) &type(<TYPE_DENOTER>))
    (put-error 1 &source_index(<BLOCK>)
                "Type of block incompatible.with result type."))


<PARMS> = ;
<PARMS> = <SIMPLE DECL+> ;
<SIMPLE DECL+> = <SIMPLE DECL> ;
<SIMPLE DECL+> = <SIMPLE DECL+> ";" <SIMPLE DECL> ;


<EXPRESSION_LIST> = <EXPRESSION> ;
<EXPRESSION_LIST> = <EXPRESSION_LIST> ";"
                    <EXPRESSION> ;
&type : &type(<EXPRESSION_LIST>') = &type(<EXPRESSION>)


<EXPRESSION> = <APPLIED_ID> ":=" <FORMULA> ;
&type =
(let ((def &def(<APPLIED_ID>))
      (rtyp &type(<FORMULA>)))
     (cond ((null def)
            (put-error 1 &source_index(<APPLIER_ID>)
                    "Undeclared identifier."))
           ((not (atom ($type def)))
            (put-error 1 &source_index(<APPLIED_ID>)
                    "Not a variable."))
           ((not ($compatible rtyp ($type def)))
            (put-error 1 &source_index(<EXPRESSION>)
                    "Incompatible types in assignment."))
           (t (setq rtyp ($type def))))
     rtyp)


<EXPRESSION> = <FORMULA> ;
<FORMULA> = <FORMULA> <OPR> <PRIMARY> ;
(lete((typ (opr-identify &type(<FORMULA>')
                         &type(<PRIMARY>)
                         &symbol(<OPR>))))
     (or typ
         (put-error 1 &source_index(<OPR>)
                    "Incompatible types for this operator."))
     typ)


<FORMULA> = <PRIMARY> ;
```

Beispiel einer Notation für FNC/ERN [Jou84]

```
<PRIMARY> = <BLOCK>;
<PRIMARY> = "(" <EXPRESSION> ")" ;


<PRIMARY> = <APPLIED_ID> "[" <ACTUALS*> "]" ;
&type =
(let ((def &def(<APPLIED_ID>)))
     (cond ((null def)
             (put-error 1 &source_index(<APPLIED_ID>)
                        "Undeclared identifier."))
           ((atom ($type def))
            (put-error 1 &source_index(<APPLIED_ID>)
                       "Not a procedure."))
           (t &ok(<ACTUALS> )
              ($result-type ($type def)))))
&formals(<ACTUALS*>) = ($parms ($type &def(<APPLIED_ID>)))


<PRIMARY> = <APPLIED_ID> ;
&type =
(let ((def &def(<APPLIED_ID>)))
     (cond ((null def)
             (put-error 1 &source_index(<APPLIED_ID>)
                        "Undeclared identifier."))
           ((atom ($type def))
            ($type def))
           (t (put-error 1 &source_index(<APPLIED_ID>)
                         "Not a variable.")))))


<PRIMARY> = <LITERAL> ;


<ACTUALS*> = <ACTUALS> ;
&formals(<ACTUALS>) =
(or &formals
    (put-error 1 &source_index(<ACTUALS>)
               "Too many parameters."))


<ACTUALS*> = ;
&ok =
(or (null &formals)
    (put-error 1 &source_index(<ACTUALS*>)
               "Not enough parameters."))
```

Beispiel einer Notation für FNC/ERN [Jou84]

```
<ACTUALS> = <EXPRESSION> ;
&ok =
(let ((formals &formals)
      (rtyp &type(<EXPRESSION>)))
     (cond ((null formals))
           ((cdr formals)
            (put-error 1 &source_index(<EXPRESSION>)
                      "Not enough parameters.")))
     (setq formals (car formals))
     (cond (($compatible rtyp ($type formals)))
           (t (put-error 1 &source_index(<EXPRESSION>)
          "Type incompatible with type of formal parameter.")))))


<ACTUALS> = <EXPRESSION> "," <ACTUALS> ;
&formals(<ACTUALS>') =
(let ((formals &formals))
     (cond ((and formals (null (cdr formals)))
             (put-error 1 &source_index(<ACUTALS>')
                       "Too many parameters."))
           (t (cdr formals))))
&ok =
(let ((formal (car &formals))
      (rtyp &type(<EXPRESSION>)))
     &ok(<ACTUALS>')
     (cond ((null formal))
           (($compatible rtyp ($type formal)))
           (t (put-error 1 &source_index(<EXPRESSION>)
          "Type incompatible with type of formal parameter."))))


<APPLIED_ID> = %ID ;
&def = (assq &ptext(%ID ) &env)


<LITERAL> = %INT ;
&type = 'int


<LITERAL> = %REAL ;
&type = 'real


<TYPE_DENOTER> = INT ;
&type = 'int
```

Beispiel einer Notation für FNC/ERN [Jou84]

```
<TYPE_DENOTER> = REAL ;
&type = 'real

<TYPE_DENOTER> = BOOL ;
&type = 'bool

<OPR> = %OPR
&symbol = &ptext(%OPR )

<OPR> = AND ;
&symbol = 'AND

<OPR> = OR ;
&symbol = 'OR


$
":="
")"
";"
"]"
$
```

Beispiel einer Notation für FNC/ERN [Jou84]

Ein paar Angaben über das Zeitverhalten des Systems für das angegebene
Beispiel (Zeitangaben in sec):

	ERN	FNC
Zyklenfreiheitstest	–	1.3
Konstruktion der LISP-Funktionen	8.5	9.7
Übersetzung der LISP-Funktionen	11.0	7.0

Übersetzen eines 10 Zeilen Programmes mit Hilfe des generierten Compilers:

	ERN	FNC
Scanner/Parser/ Konstruktion des Strukturbaumes	0.25	0.25
Attributierung	0.6	0.6

3.5. COCO - ein Compiler-Compiler für Mikrocomputer

COCO wurde von der U Linz als ein einfacher COmpiler-COmpiler für Mikrocomputer
entwickelt. Er ist zur Generierung fertiger Programm-Module aus LL(1)-attribu-
tierten Grammatiken geeignet. Diese Programm-Module ergeben zusammen mit einem
handgeschriebenen Rahmenprogramm und einem handgeschriebenen Scanner einen
vollständigen Ein-Pass-Compiler. COCO erzeugt dabei einen tabellengesteuerten
LL(1)-Parser mit automatischer Fehlerbehandlung (Die Fortsetzungssymbole
werden zur Compiler-Laufzeit bestimmt.) und ein Semantikauswerteprogramm:

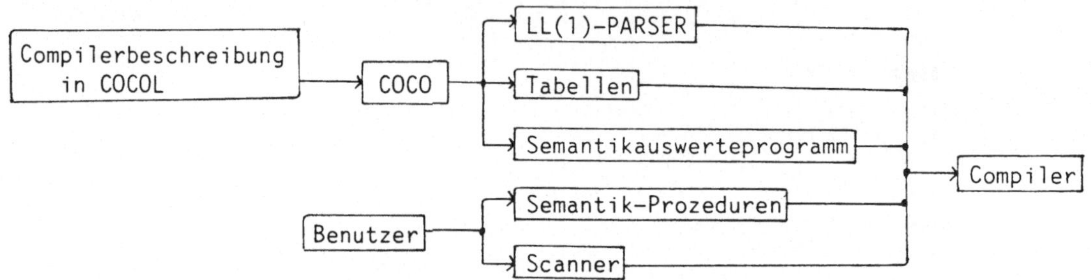

Hauptprogramm mit Fehlermeldungsmodul

Die Semantik-Prozeduren werden vom Benutzer direkt in MODULA-2
geschrieben. Die Beschreibung des Compilers erfolgt in COCOL
(COmpiler-COmpiler-Language), einer eng an EBNF und MODULA-2 angelehnte
deklarative Beschreibung von Syntax und satischer Semantik.

Eine COCOL-Quelle besteht aus (einige Teile sind optional) :

- Externen Deklarationen (unter EXTERNAL DECLARATIONS)
  Hier werden in MODULA-2-Notation Objekte, insbesondere die vom Benutzer
  geschriebenen Prozeduren, deklariert, die dann in den semantischen Aktionen
  verwendet werden. Es ist die Möglichkeit der Datenkapselung gegeben.

- Internen Deklarationen (unter INTERNAL DECLARATIONS)
  Hier werden in MODULA-2-Notation Objekte, insbesondere globale Variablen
  für die Regeln, deklariert, die dann als Hilfsgrößen für die semantischen
  Aktionen verwendet werden.

- Semantischen Makros (unter MACROS)
  Hier werden Makros für die semantischen Aktionen deklariert, so daß mehrfach
  benutzte MODULA-2-Programmfragmente nur einmal notiert werden müssen.

- Terminale Symbole (unter TERMINALS)
  mit Angabe der Attribute (<out:a> abgeleitetes Attribut, <in:a> ererbtes
  Attribut), lexikalische Symbole werden in Hochkommata eingeschlossen.

- sogenannten Pragmas (unter PRAGMAS)
  Dies sind syntaktische Hilfssymbole (wie z.B. Zeilennummer, Zeilenwechsel,
  Steueranweisungen,...).

- Nonterminale Symbole (unter NONTERMINALS)
  mit Angabe der Attribute (<out:a> abgeleitetes Attribut, <in:a> ererbtes
  Attribut).

- Schnittstellenbeschreibung
  bestehend aus Eingabe- und Fehlerschnittstelle

- Produktionen und semantischen Aktionen (unter RULES)
  In den Produktionen werden |, {, }, [,], wie in EBNF benutzt.
  Statt der Attributierungsregel werden Programmfragmente (sogenannte
  semantische Aktionen) definiert, in denen die Attributwerte als Variable
  betrachtet werden.

Es folgt ein Beispiel:

```
GRAMMAR Example
INTERNAL DECLARATIONS
  VAR n,n1: integer
TERMINALS
  constant <out:a>
  "+"
  "-"
NONTERMINALS
  Example
  Epression <out:n>
RULES
  Example =
    { Expression <out:n>
      "="                          SEM  writeln(n)  ENDSEM
    }.
  Expression <out:n> =
    constant <out:n>
    { "+"
      constant <out:n1>            SEM  n := n + n1  ENDSEM
    }.
ENDGRAM
```

Um mit dem auf einem Mikrocomputer verfügbaren Speicherplatz auszukommen,
erzeugt der generierte Compiler keinen Strukturbaum, mit der Folge, daß nur
LL(1)-attributierte Grammatiken analysierbar sind. Trotzdem war es möglich,
mit diesen Methoden einen PASCAL-Compiler zu generieren. Mehr-Pass-Compiler zu
generieren ist möglich, wenn statt des Scanners eine Zwischencode-Leseprozedur
eingebunden wird, und jeder Pass einzeln als LL(1)-Pass mit COCO generiert wird.
Ein MODULA-2-Compiler wurde auf diese Weise realisiert (vgl.[RPR84]).

Folgende Messergebnisse stammen von einen in MODULA-2 geschriebenen COCO-System
auf der Arbeitsplatzrechner LILITH:

MODULA-2-Compiler

	Pass 2 (Syntaxanalyse)	Pass 4 (Deklarationsanalyse)	COCOL-Notation von COCO selbst
COCOL-Quellzeilen	960	968	609
semantische Aktionen	70	126	68
Laufzeit von COCO in sec	37.9	40.9	24.5
davon: – Scanner	14.9	19.7	12.0
– Syntax,Semantik	6.8	4.6	3.2
– Grammatiktests	5.3	1.7	0.9
– Ausgabe	10.9	14.0	8.3
Speicherplatz in Byte			
– G-Code	1726	733	477
– von COCO erzeugte Module	9532	8389	6344
Compilergeschwindigkeit			
– 1000 Eingabesymbole	1.9	7.2	14.5
– 5000 Eingabesymbole	7.9	4.5	35.5

Eine sehr gute Dokumentation von COCO ist mit [ReM85] in Form eines Lehrbuchs erschienen. Da diese jederzeit verfügbar ist, wird hier auf weitere Erläuterungen verzichtet und auf [ReM85] verwiesen. Außerdem wird COCO in [Mös84] und [RPR84] beschrieben.

COCO läuft auf verschiedenen Mikrocomputer (u.a. IBM-PC) und benötigt nur 64K Byte Speicher. Die erste Version von COCO ist in PL/M-80 geschrieben und erzeugt einen in PASCAL-86 geschriebenen Compiler. Eine Implementierung in MODULA-2 auf dem Arbeitsplatzrechner LILITH erzeugt in MODULA-2 geschriebene Compiler. Außerdem gibt es eine in Standard-PASCAL implementierte Version, die Compiler in Standard-PASCAL erzeugt.

3.6. LINGUIST-86 – ein kommerziell genutzter Compiler-Compiler

LINGUIST-86 ist ein von INTEL entwickeltes und genutztes Compiler-erzeugendes System auf der Basis von Attributierten Grammatiken.Es generiert nach der Methode der Alternierenden AG (vgl.Abs.2.5.) Attributierungen, die in einer höheren Programmiersprache, z.B. PASCAL, geschrieben sind. LINGUIST-86 ist als AG geschrieben und daher selbstgenerierend. LINGUIST-86 läuft auf 8086-Mikroprozessor-Systemen mit 128 K Byte RAM und Floppy-Disk bzw. Festplatte. Außer den hier beschriebenen Generatoren enthält das System noch
- einen Generator für den Scanner (mit Hilfe von regulären Ausdrücken).
- einen Parser und einen LALR(1)-Parse-Table-Generator
- ein System zur Implementierung von Namens- und Symboltabellen
- ein System zur Listenverarbeitung.

Als Eingabe für alle Systemteile wird eine einheitliche Notation verwendet, um inkonsistente Eingaben auszuschließen.Bei dieser Notation brauchen Kopierregeln X.a ← Y.a nicht notiert werden, sofern beide Attribute gleichen Namen haben. Diese werden automatisch ergänzt.

Um mit dem geringen Umfang des zur Verfügung stehen Direktzugriffsspeichers auszukommen, werden eine Anzahl von Optimierungen zur Speicherung der Attribute und des Strukturbaumes vorgenommen:

- Der Strukturbaum wird in Prefix- oder Postfix-Notation in Dateien im Sekundärspeicher abgelegt. Jeder Pass des Attributierungsalgorithmus für AAG (vgl. Abs.2.5.2.) benötigt für die Eingabe den Strukturbaum in Prefix-Notation und erzeugt die Ausgabe in Postfix_Notation. Die Ausgabe eines Links-Rechts-Passes ist in Links-Rechts-Postfix-Notation gespeichert, die rückwärts gelesen als Rechts-Links-Prefix-Notation interpretiert und somit als Eingabe für einen Rechts-Links-Pass verwendet werden kann. Die Ausgabe dieses Rechts-Links-Passes ist dann wieder in Rechts-Links-Postfix-Notation gespeichert, was wiederum rückwärts gelesen eine Links-Rechts-Prefix-Notation darstellt.

Diese Speicherungsform sei im Diagramm an einem Beispiel erläutert:

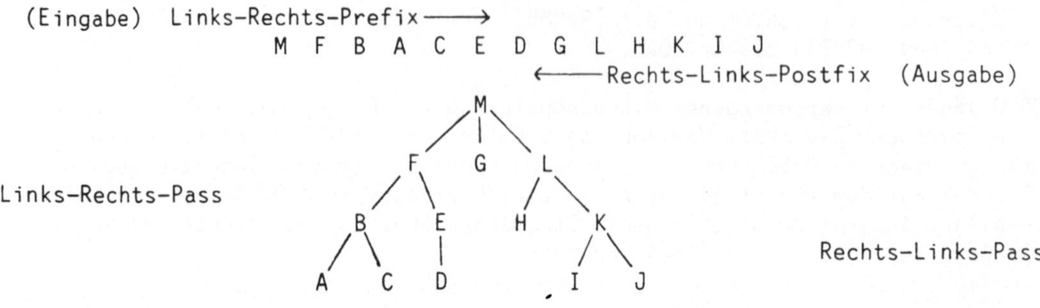

Der bottum-up arbeitende LALR(1)-Parser kreiert den Strukturbaum in Links-Rechts-Postfix-Notation; daher ist der erste Pass des Attributierungsalgorithmus stets ein Rechts-Links-Pass. Bei Verwendung eines Top-Down-Parsers wäre nach der Syntaxanalyse eine Links-Rechts-Prefix-Notation gegeben und somit der erste Pass des Attibutierungsalgorithmus ein Links-Rechts-Pass.

- Attribute werden in temporäre und signifikante unterteilt. Signifikante Attribute sind Attribute, die in verschiedenen Pässen Verwendung finden, alle anderen sind temporär. Signifikante Attribute werden im Zwischencode (Strukturbaum) gespeichert, temporäre nur im Keller (vgl.[Saa78],[JaP81]).

- Attribute gleichen Namens, aber verschiedener Syntaktischer Symbole $X \in V$ werden häufig als global erkannt und gespeichert; hierzu wird eine Art Symboltabelle gehalten. Einige Kriterien für global speicherbare Attribute sind in [KoR83] angegeben. Kopierregeln werden zusammemgefaßt.

Für weitere Optimierungen vergleiche man [Far82] und [Faw82]; in [FaY85] findet man eine Analyse der verwendeten Techniken und einen Vergleich mit den in GAG genutzten Techniken zur Speicheroptimierung.

Zur Beurteilung dr Leistungmerkmale von LINGUIST-86 noch ein paar Daten der AG, die LINGUIST-86 selbst spezifiziert:

- 1800 Zeilen Quellcode

- 159 syntaktische Symbole

- 318 Attribute

- 584 Attributierungsregeln, davon 32 Kopierregeln, wovon wiederum
  276 automatisch erzeugt sind.

- Die AG hat die AAG(4)-Eigenschaft.

- Codegrösse: Kern des Attributierungsalgorithmus   4065 Byte
              Pass 1   4292 Byte
              Pass 2   6538 Byte
              Pass 3   5414 Byte
              Pass 4   7215 Byte

- Generatorzeit für LINGUIST-86   243 Sekunden

Ein mit LINGUIST-86 generierter Compiler verarbeitet je nach Programmiersprache
und Quelle 400 bis 900 Zeilen pro Minute; der PASCAL-86-Compiler schafft im
Schnitt etwas mehr als 400 Zeilen pro Minute. Er wurde mit einem Aufwand von
18 Personenmonaten entwickelt und implementiert. Über die Erfahrungen bei der
Implementierung von PASCAL-86 berichtet [Faw82].

3.7. Weitere Compilergeneratoren

Einen sehr umfangreichen und systematischen Vergleich verschiedener Compiler-
generatoren, die mit Attributierungen arbeiten, findet man im Teil III von
[DJL86]. Hier seien nur noch einige wichtige Systeme kurz erwähnt.

MUG1 (TU München) [GRW76] [WRC76] [Gan76]

MUG1 (Modularer Übersetzer Generator) ist ein Compiler-Erzeugendes System der
TU München. Es umfaßt lexikalische, syntaktische, semantische Analyse und
Codeerzeugung, akzeptiert werden allerdings nur L-attributierte Grammatiken.
Es können top-down und bottom-up arbeitende Compiler generiert werden. MUG1
unterstützt im wesentlichen die Parsergenerierung (vgl. [Gan76]), die hier
nicht behandelt wird, ermöglicht die Modifizierung der einzelnen Module im
Dialog und unterstützt den Vergleich verschiedener Übersetzungsverfahren durch
den Austausch bzw. die Modifikation einzelner Module. Die Notation ist sehr
komplex, mit vielen Beschränkungen behaftet und wenig eingänglich (vgl.
[Gan74],[Gan76]).

MUG2 (TU München) [GRW77] [GMW82]

Im Nachfolgegenerator MUG2 (Modularer Übersetzer Generator), der an der
TU München ab 1975 entstand, wurden die Generatoren für lexikalische und
syntaktische Analyse von MUG1 übernommen. Nach der Syntaxanalyse wird ein
Pass generiert, der den konkreten Ableitungsbaum in einen abstrakten Strukturbaum umwandelt. Dann folgt die semantische Analyse mit Attributierungsmethoden,
eine Optimierungsphase (Beschreibungsmittel ist OPTRAN), in der der attributierte Strukturbaum transformiert wird, und die Codeerzeugung. Die Attributierung erfolgt nach den Methoden der Multi-Sweep-AG. Die AG werden in der
prozeduralen Sprache ADELE beschrieben. Ein einfaches Beispiel einer Sprache,
die arithmetische Ausdrücke mit +,-, WHILE-Schleifen und REAL/INTEGER-Deklara-
tionen Ähnlich wie in PASCAL enthält, ergibt bereits ein 40-seitiges Dokument
[Gie79] und kann hier schon aus Umfangsgründen nicht wiedergegeben werden. Mit
MUG2 können effiziente Compiler und Interpreter unter anderem auch für TR440
generiert werden.

Das Compiler-Erzeugende System der U Montreal [BoW78]

Das Montrealer Compiler-Erzeugende System, entwickelt von Gregor V. Bochmann,
Olivier Lecarme und P. Ward, ist auf L-attributierte Grammatiken beschränkt.
Es liest eine integrierte (d.h. lexikalische, syntaktische, semantische Analyse
und Codeerzeugung umfassende) Beschreibung der Produktionen und erzeugt
PASCAL-Quellcode-Prozeduren, die einen Ein-Pass-Compiler nach der Methode
des rekursiven Abstiegs realisieren. Die in einer Regular-Rightside-CFG durch

$$\text{EXPR} \to \text{TERM} \; (\; (\; '+' \; | \; '-' \;) \; \text{TERM} \;)^{*}$$

dargestellte Produktion wird folgendermaßen beschrieben

```
⟨expr⟩ ↑location : typloc ↑typ : typtype
   = ⟨term⟩ ↑location ↑typ
     *[          [local operation : typop
                 "+" : operation : = plus $
                 "-" : operation : = minus $]
               ⟨term⟩ ↑location2 ↑typ2
               : location : = generate (operation, typ,
                        typ2, location, location2) ;
               If typ2 = real then typ : = real $
     ]*
  $
```

EXPR.typ und EXPR.location
sind abgeleitete Attribute
(in diesem Beispiel gibt es
keine ererbten Attribute)

und bewirkt die Generierung der folgenden Prozedur:

```
procedure proc3 (var location : typloc ; var typ : typtype) ;
          (*⟨expr⟩*)
var operation : typop ; location2 : typloc ; typ2 : typtype ;
begin
proc4 (location, typ) ;
if not fenêtredans (follow-of-⟨expr⟩)
then repeat
 if fenêtredans ([1])
 then begin if fenêtre = 1 then lexical else pastrouvé (1, first-
      of-⟨term⟩);
      operation := plus
      end
 else if fenêtredans ([2])
      then begin if fenêtre = 2 then lexical else pastrouvé
      (2, first-of-⟨term⟩);
      operation := minus
      end
      else nondans ([1, 2], first-of-⟨term⟩) ;

 proc4 (location2, typ2) ;
 location := generate (operation, typ, typ2, location,
             location2);
 if typ2 = real then typ := real ;
 until fenêtredans (follow-of-⟨expr⟩)
end ;
```

Hierbei sind "1" und "2" interne Darstellungen für "+" und "-".

fenêtredans(S: set-of-terminal): boolean
prüft, ob der Folgesymbol fenêtre in S enthalten ist.

lexical ist der Scanner.

pastrouvé und nondans dient der Behandlung von Syntaxfehlern.

Das System ist in PASCAL implementiert und somit wie die generierten Compiler portabel.

Aparse (Bell Lab., Napersville) [MKR79]

Aparse erzeugt in C geschriebene ALL(1)-gesteuerte Ein-Pass-Compiler.

Die ALL(1)-Bedingung entspricht weitgehend der LL(1)-Bedingung; eine

zusätzliche Eigenschaft ist, daß zur Auswahl der anzuwendenden Produktion

$X_0 \rightarrow x \overset{*}{\rightarrow} x_2$ im Kontext $x_1 X_0 x_3$ (mit $x_1 X_0 x_3 \overset{*}{\rightarrow} x_1 x_2 x_3 \in T^*$)

nicht nur FIRST($x_2 x_3$), sondern auch die Attributwerte AI(X_0) herangezogen

werden (vgl. [Mil79]). Aparse ist auf L-attributierte Grammatiken beschränkt.

FOLDS (Stanford) [Fan72] [Fan73]

FOLDS ordnet jeder Attributierungsregel einen Prozess zu, den dann aktiviert
wird, wenn alle Argumente ausgewertet sind. Außerdem enthält das System
Generatoren für die lexikalische und die syntaktische Analyse. Bemerkenswert
ist, daß hier bereits 1972, bevor die Algorithmen des Abs.2. entwickelt wurden,
ein einfaches , aber mächtiges Attributierungsverfahren und eine Notation für
AG, SPINDLE genannt, angegeben wurde. Im folgenden Beispiel wird eine AG
beschrieben, die zu einer eventuell vorzeichen-behafteten binären Ziffernfolge
der INTEGER-Wert berechnet; die AG ist mit der aus Abs.1.3. identisch.

```
TERMINALS ARE · + -
RESERVED WORDS ARE 0, I
ATTRIBUTES ARE
    VALUE = INTEGER
    SCALE = INTEGER
    COUNTER = INTEGER
    PRODUCT = INTEGER
    NEGATIVE = BOOLEAN
NONTERMINALS ARE
    N = S(VALUE)
    L = S(VALUE), I(SCALE)
    B = S(VALUE), I(SCALE)
    S = S(NEGATIVE)
  COMMENT N STANDS FOR NUMBER, L FOR LIST OF BITS,
          B FOR BIT AND S FOR SIGN;
START SYMBOL N
$P1  B :: = 0
     $/ VALUE(B) : = 0 / $

$P2  B :: = I
     $/ COUNTER : = SCALE(B); PRODUCT : = 1;
        WHILE COUNTER > 0 DO
        BEGIN
            PRODUCT : = 2* PRODUCT; COUNTER : = COUNTER -1
        END;
        VALUE(B) : = PRODUCT /$ ·
$P3  L :: = B
     COMMENT NO EXPLICIT RULES;
$P4  L :: = L B
     $/ VALUE(L) : = VALUE(L*) + VALUE(B) /$
     $/ SCALE(L*) : = SCALE(L) + 1/$
     COMMENT SCALE(B) : = SCALE(L) IS IMPLICIT.
             NOTICE THAT ALL 3 ASSIGNMENTS ARE EXECUTED
             IN PARALLEL;
$P5  N :: = S L
     $/ SCALE(L) : = 0/$
     $/ VALUE(N) : = IF NEGATIVE(S) THEN-VALUE(L)
                                    ELSE VALUE(L);
        WRITE("VALUE IS", VALUE(N) /$
     COMMENT NOTICE THAT IN THE SECOND PARALLEL STATEMENT
     THE ASSIGNMENT VALUE(N) : = ... AND THE WRITE ARE
     EXECUTED SEQUENTIALLY;
$P6  S :: = +
     $/ NEGATIVE(S) : = FALSE /$
$P7  S :: = -
     $/ NEGATIVE(S) : = TRUE /$
$P8  S :: =
     $/ NEGATIVE(S) : = FALSE /$
```

B.value, L.value, N.value,
S.value, S.negative sind
abgeleitete Attribute,

L.scale, B.scale sind
ererbte Attribute,

wie unter NONTERMINALS ARE
angegeben.

Der Attributwert X_a wird
hier analog [Knu68] in den
Attributierungsregeln als
a(X) notiert.

3.8. Übersicht über Attributierungen von Programmiersprachen

In der folgenden Literaturübersicht ist angegeben, wo (vollständige) Attributierungen von Programmiersprachen zu finden sind. Schon aus Umfangsgründen
(bei ADA über 500 Seiten) können diese hier nicht wiederholt werden:

Lambda Expressions	[Knu71] (Kap. I,IV)
Turingol (Progr.von Turingmaschinen)	[Knu71] (Kap. II,III,IV) [Mös84]
LISP	[Der77]
SIMULA	[Wi171] [Sci79]
EUCLID	[Kos81]
PL360	[Dre72] (nicht zyklenfrei!)
PASCAL	[Wat79] [Asp80] [KHZ82] (Anhang) [Zim82] (Anhang, unvollständig)
ALGOL68-Subset	[Sim77]
PEARL	[KKZ80] [DIN80]
ADA	[UDP82] [DUP82]

4. Ausblick

Eine allgemeine Annahme, insbesondere bei passorientierten Verfahren, wie bei
Alternierenden AG, geht davon aus, daß es zur Minimierung der Passanzahl am
günstigsten sei, die einzelnen Attributexemplare so früh wie möglich auszuwerten. Zur Verringerung des Speicherplatzverbrauchs ist es jedoch eher angebracht, die Lebensdauer - d.h. die Zeit zwischen Auswertung und der letzten
Verwendung - der Attributexemplare zu minimieren. Daher erscheint bei dieser
Zielsetzung eine Auswertungsstrategie "so spät wie möglich" günstiger zu sein
als die herkömmliche Strategie "so früh wie möglich". [JaP80] zeigt, daß bei
Alternierenden AG der Speicherverbrauch bei Verwendung dieser Strategie tatsächlich geringfügig geringer ist.

Ein allgemeines, z.B. bei Geordneten AG innerhalb von GAG angewandtes
Verfahren, unterscheidet zwischen

- Attributen, bei denen die Lebensdauer verschiedener Attributexemplare sich
  nicht überlappen. Diese werden dann als globale Variable gehalten, somit
  belegen alle Exemplare dieses Attributes nur einen Speicherplatz.
  Kopierregeln können dann gestrichen werden.

- Attributen, bei denen die Lebensdauer der Attributexemplare vorübergehend,
  die Lebensdauer verschiedener Attributexemplare eines Attributes aber
  geschachtelt ist. Diese können dann mit Hilfe eines Kellers verwaltet werden.
  Bezieht sich eine Kopierregel auf die Kellerspitze, so kann sie auch hier
  entfallen. Hin und wieder lassen sich die Keller verschiedener Attribute
  kombinieren.

- signifikanten Attributen, von denen jede Instanz im Strukturbaum gespeichert
  werden muß.

Kriterien, meist heuristischer Art, um bestimmte Attribute einer dieser Klassen
zuzuordnen, werden z.B. in [FaY86] angegeben.

Gerade die Vorteile, die sich durch die Nutzung globaler Variablen ergeben,
waren Grund genug, die Möglichkeiten zur globalen Speicherung der
Attributwerte verschiedener Attributexemplare genauer zu untersuchen. Das
trifft insbesondere für die Speicherung verschiedener Attributexemplare der
Symboltabelle zu. Dabei stellt sich im allgemeinen die Frage, welche Attributexemplare welchen globalen Variablen zugeordnet werden sollen und welche
Auswertungsfolgen für die gewählte Zuordnung von Variablen zu Attribut-
exemplaren die geeignete ist, so daß nach dem Update einer Variablen nie
mehr der alte schon überschriebene Attributwert benötigt wird. Das Problem,
eine optimale Speicherplatzzuordnung zu finden, so daß für alle Attribut-

abhängigkeitsgraphen einer bestimmten AG eine zulässige Auswertungsfolge
existiert, ist selbst für L-Attributierte Grammatiken NP-vollständig
(vgl. [Gaz79]). NP-Vollständigkeit ergibt sich auch für das verwandte Problem,
für eine beliebige AG, eine beliebige gegebene Speicherplatzzuordnung und
eine beliebigen gegebenen Attributabhängigkeitsgraphen zu entscheiden, ob die
zulässige Auswertungsfolge der Attributexemplare existiert (vgl. [Son85]).

Schränkt man das Problem ein und betrachtet nur noch AG, die gewisse günstige
Kriterien erfüllen, so gibt es Eigenschaften, durch die in polynomialer Zeit
zu entscheiden ist, ob für ein feste Speicherplatzzuordnung von Attribut-
exemplaren eine zulässige Auswertungsfolge existiert (vgl. [Son85]).Dabei
ist es nicht erforderlich, beliebige Speicherplatzzuordnungen zuzulassen;
ja selbst der Fall eines einzigen Speicherplatzes ist für die Speicherplatz-
einsparung durch die Attributexemplare einer Symboltabelle von Bedeutung.

Sind Transformationen der AG erforderlich, um eine zulässige Auswertungsfolge
zu erreichen, so geht bei dieser Transformation leider hin und wieder die
Klassenzugehörigkeit der AG (Multi-Pass/Sweep/Visit-AG) verloren. Daher sind
diese Techniken in erster Linie für ANCAG geeignet.

Attributierte Grammatiken können auch für Teilaufgaben bei der Codeerzeugung
und -optimierung im Compilern verwendet werden. Beispiele dafür sind

- Berechnung effektiver Adressen bei der Zuweisung von Matrixelementen
  z.B. T[I,J] := T[I,J+1] (vgl. [NAM75])

- Codeerzeugung für boolsche Ausdrücke und Sprungzielberechnung
  für IF ... THEN ... ELSE (vgl. [GiW78],[WaG84])

- Codeerzeugung für WHILE-Schleifen (vgl. [Boc78])

- Entfernen von nichtausführbaren Programmabschnitten (vgl.[NeA74])

- Lebendigkeit von Variablen und Verfügbarkeit von Termen als Beispiele
  für Aufgaben innerhalb der Datenfluß-Analyse (vgl. [BaJ78]).

Ein weiteres wichtigstes Anwendungsfeld für AG hat in den letzten Jahren
erheblich an Bedeutung gewonnen. Nach anderen Techniken, wie zum Beispiel
Attributrelationen (vgl. [HSn84]) finden AG bei der Implementierung
sprachgesteuerter Editoren Verwendung. In Ergänzung zu den syntax-gesteuerten
Editoren kann so ein System dann auch die Semantik einer Programmiersprache
beherrschen. [Rep84] ist wohl die wichtigste Arbeit auf diesem Gebiet,
desweiteren seien auch [Rep81], [Rep82], [ReT84], [ReT85], [DRT81], [RTD83],
[HoT85], [HoT86], [JoF82], [BeC85] und [DRZ85] erwähnt.

Erst in den Ansätzen steckt die Verwendung von AG in den Bereichen Datenbanken (vgl. [RiB82]) oder wissenbasierte Systeme (vgl.[PaK86] und [PMP86]).
Während im Datenbank-Bereich die Attributierten Grammatiken offensichtlich
nicht die geeignete Technik ist, sind die Möglichkeiten von AG bei der Unterstützung der "Intelligenz" von Editoren offenbar noch nicht ausgeschöpft. Die
Vermutung, daß mit "Programmiersprachen-Wissen" ausgestatte Editoren in Zukunft
die traditionellen Compiler ablösen werden, ist somit durchaus begründet.

5. Anhang

5.1. Übersetzung englischer Fachausdrücke

Diese Gegenüberstellung erhebt keinen Anspruch auf Vollständigkeit.

absolutly non-circular AG	Absolut zyklenfreie AG	Abs.2.9.
abstract syntax	Abstrakte Syntax	Abs.1.1.
abstract syntax tree	Strukturbaum	Abs.1.1.
acyclic	lokal azyklisch oder azyklisch	Abs.1.4.
admissible partition	zulässige Zerlegung	Abs.2.1.2.
affix grammar	Affix-Grammatik	Abs.2.12.
affix variable	Affixvariable	Abs.2.12.
Alternating AG	Alternierende AG	Abs.2.5.
alternating semantic evaluator	Alternierende AG	Abs.2.5.
applied attribute occurrence	benutzte Attributposition	Abs.1.3.
argumente selektor	Argumentselektor	Abs.2.9.5.
arrival arc	Ankunftskante	Abs.2.9.3.
arranged orderly by	angeordnet durch	Abs.2.7.3.
attribute dependency	Attributabhängigkeit	Abs.1.4.
attributed grammar	Attributierte Grammatik	Abs.1.3.
attribute-directed parsing	Attributiertes Parsing	Abs.2.3.4.
attributed structure tree	vollst.attributierter Strukturbaum	Abs.2.1.1.
attributed translation	Attributierte Übersetzung	Abs.2.3.4.
attribute evaluation	Attributauswertung, Attributierung	Abs.1.2.
attribute evaluation in passes	passorientierte Attributierung	Abs.1.6.
attribute grammar	Attributierte Grammatik	Abs.1.3.
attribute-influenced parsing	Attributiertes Parsing	Abs.2.3.4.
attribute instance	Attributexemplar	Abs.1.3.
attribute occurrence	Attributposition	Abs.1.3.
attribute position	Attributposition	Abs.1.3.
attribute realization	Attributexemplar	Abs.1.3.
attribute reevaluation	Reattributierung	Abs.2.7.7.
augmenting attribute dependen.	hinzukommende Attributabhängigkeit.	Abs.2.7.3.
balanced AG	ausgewogene AG	Abs.2.1.1.
circular	nicht zyklenfrei	Abs.2.2.
complete AG	vollständige AG	Abs.2.1.1.
completely attribted	vollständig attributiert	Abs.2.1.1.
completion	Vervollständigung	Abs.2.7.3.
complete poset	vollständig geordnete Menge	Abs.2.11.2.
compound dependency graph	Abhängigkeitsgraph ü.d. Strukturb.	Abs.1.4.
compressed dependency graph	komprimierter Attributabh.graph	Abs.2.5.5.
computation sequence	Auswertungsfolge	Abs.2.8.3.

simple L-multi-pass AG	Multi-Pass-L-AG	Abs.2.4.
simple multi-pass AG	Multi-Pass-AG	Abs.2.5.1.
simple multi-sweep AG	Multi-Sweep AG	Abs.2.6.
simple multi-visit AG	Multi-Visit-AG	Abs.2.7.1.
statically one-visit-AG	1-Visit-AG	Abs.2.3.2.
strongly non-circular AG	Absolut zyklenfreie AG	Abs.2.9.5.
structure tree	Strukturbaum	Abs.1.1.
synthesized attribute	abgeleitetes Attribut	Abs.1.3.
traversal directions	Richtungsfolge	Abs.2.5.2.
uniform AG	uniforme AG	Abs.2.9.1.
used attribute occurance	benutzte Attributposition	Abs.1.3.
visit	Besuch	Abs.2.7.1.
visit arc	Besuchskante	Abs.2.9.3.
visit sequence	Besuchsfolge	Abs.2.7.1.
walk through a tree	Traversierung	Abs.2.1.3.
well-defined AG	wohldefinierte AG	Abs.2.1.1.
well-formed affix grammar	wohldefinierte Affix-Grammatik	Abs.2.12.
well-formed AG	wohldefinierte AG	Abs.2.1.1.

5.2. Bibliographie über Attributierte Grammatiken

Die folgenden bibliographischen Angaben über Attributierte Grammatiken erheben
keinen Ansprich auf Vollständigkeit. Erfaßt ist jedoch die wesentliche
deutsch- oder englisch-sprachliche Literatur. Es fehlen insbesondere die
meisten dänisch, finnisch, französich, russisch oder japanisch geschriebenen
Artikel sowie interne Hochschulschriften, soweit diesen nicht besondere
Bedeutung zukommt. Eine bis 1979 fast vollständige Bibliographie findet sich
in [Räi80], diese ist jedoch mit einigen bibliographischen Fehlern behaftet
und enthält eine Anzahl Artikel, die Attributierungen nur am Rande berühren.
[MeN82] umfaßt die wichtigsten Artikel aus dem gesamten Bereich der Compiler-
Erzeugenden Systeme. [DJL86] enthält im Teil 3 eine sehr umfangreiche und
vollständige nach Themengebieten geordnete Bibliographie, die inbesondere auch
die französiche und finnische Literatur und viele interne Hochschulschriften
umfaßt.
Es sei darauf hingewiesen, daß nicht alle, jedoch ca. 2/3 der hier
angegebenen Forschungsergebnisse bei der Anfertigung dieser Arbeit berücksichtigt werden konnte.

[ABM84] Adorni,G.; Boccalatti,A.;DiManzo,M.:
        Top-Down Semantic Analysis
        The Computer Journal,Vol.27,S.233-237(1984)

[Aga76] Agafonov,V.N.:
        On Attribute Grammars
        Lecture Notes in Computer Science,Vol.45,S.169-172(1976)

[ASU85] Aho,Alfred V.;Sethi,Ravi;Ullman,Jeffrey D.:
        Compilers: Principles,Techniques and Tools
        Addison-Wesley,Reading(1985)

[Alb81] Alblas,Henk:
        A Charakterization of Attribute Evaluation in Passes
        Acta Informatica,Vol.16,S.427-464(1981)

[Alb84] Alblas,Henk:
        Transformations of Attributed Program Trees
        Report TL-TR-EXT-84-30,Tartan Laboratories,Pittsburgh(1984)

[ArR81] Arthur,James;Ramanathan,Jyashree:
        Design of Analyzers for Selektive Program Analysis
        IEEE Transactions on Software Engineering,Vol.SE-7,S.39-51(1981)

[Asp80] Asp,J.:
        Description of the Syntax and Static Semantics of Pascal_HB
        Using the Compiler Writing System HLP
        Internal Report C-1980-77,Department of Computer Science,
        University of Helsinki(1980)

[BaG81] Bartmuss,G.;Giegerich,Robert:
        Compiler Development with MUG2 - An Introductory Example
        Bericht TUM-INFO-8102,Institut für Informatik,TU München(1981)

[BaJ78] Babich,Wayne A.;Jazayeri,Mehdi:
        The Method of Attribute for Data Flow Analysis
        Acta Informatica,Vol.10,S.245-264 und S.265-272(1978)

[Bar81] Bartha M.:
        An Algebraic Definition of Attributed Translations
        University of Szeged(1981)

[BCL77] Branquart,P.;Cardinael,J.P.;Lewi,J.;Delescaille,J.P.;Van Begin,M.:
        A Simple Translation Automation Allowing the Generation
        of Optimized Code
        Lecture Notes in Computer Science,Vol.47,S.209-217(1977)

[BDM80] Boccalatte,A.;Di Manzo,M.:
        An Approach to the Detection of Semantic Errors
        The Computer Journal,Vol.23,S.317-323(1980)

[BDS82] Boccalatte,A.;Di Manzo,M.;Sciarra,D.:
        Error Recovery with Attribute Grammars
        The Computer Journal,Vol.25,S.331-337(1982)

[BeC85] Beshers,George McArthur; Campbell,Roy Harold:
        Maintained and Constructor Attributes
        ACM SIGPLAN Notices,Vol.20,Nr.7,S.34-42(1985)

[Bjo77] Bjorner,Dines:
        Programming Languages: Formal Development of Programming Languages
        and Compilers
        Proceedings of the International Computing Symposium 1977,S.1-21(1977)

[BlR79] Blattner,Meera;Ramanathan,Jayashree:
        Attributed Metaforms for Top-Down Design and Analysis of Programs
        Proceedings of the Annual Princeton Conference on Information
        Science and Systems,Vol.13,S.200-206(1979)

[Boc73] Bochmann,Gregor V.:
        Semantic Equivalence of Syntactically Related Attribute Grammars
        Publication 148,Department d'Informatique,Universite de Montreal(1973)

[Boc74] Bochmann,Gregor V.:
         Attribute Grammars and Compilation:Program Evaluation in Several Phases
         Document de Travail 54, Department d'Informatique,Universite de
         Montreal(1974)

[Boc75] Bochmann,Gregor V.:
         Semantic Attributes for Grammars with Regular Expressions
         Publication 195,Department d'Informatique,Universite de Montreal(1975)

[Boc76] Bochmann,Gregor V.:
         Semantic Evaluaion from Left to Right
         Communications of the ACM,Vol.19,S.55-62(1975)

[Boc79] Bochmann,Gregor V.:
         Semantic Equivalence of Covering Attribute Grammars
         International Journal of Computer and Information Science,
         Vol.8,S.523-539(1979)

[Bor78] Borowiec,Jan:
         Metalanguages of the Compiler Production System COPS
         GI Fachgespräch über Compiler-Compiler (ed. Henhapl,W.),
         FB Informatik,TH Darmstadt,S.122-159(1978)

[BoW78] Bochmann,Gregor V.;Ward,P.:
         Compiler Writing System for Attribute Grammars
         The Computer Journal,Vol.21,S.144-148(1978)

[CFZ80] Courcelle,Bruno;Franchi-Zannettaci,Paul:
         On the Expressive Power of Attribute Grammars
         Proceedings of the IEEE Symposium on Foundation of Computer
         Science,Vol.21,S.161-172(1980)

[CFZ82] Courcelle,Bruno;Franchi-Zannettaci,Paul:
         On the Equivalence Problem for Attribute Systems
         Information and Control,Vol.52,S.275-305(1982)

[CFz82] Courcelle,Bruno;Franchi-Zannettaci,Paul:
         Attribute Grammars and Recursive Program Schemas
         Theoretical Computer Science,Vol.17,S.163-191 und S.235-257(1982)

[Che79] Chebotar,K.S.:
         Order of Calculation of Semantic Attributes
         Programming and Computer Software,Vol.5,S.113-117(1979)

[Che81] Chebotar,K.S.:
         Some Modifications of Knuth's Algorithm for Verifying Cyclicity
         of Attribute Grammars
         Programming and Computer Software,Vol.7,S.58-61(1981)

[ChM76] Chirica,Laurian M.;Martin,David F.:
         An Algebraic Formulation of Knuthian Semantics
         Annual Symposium on Foundations of Computer Science,Vol.17,
         S.127-136(1976)

[ChM79] Chirica,Laurian M.;Martin,David F.:
         An Order-Algebraic Definition of Knuthian Semantics
         Mathematical Systems Theory,Vol.13,S.1-27(1979)

[ChM86] Chirica,Laurian M.;Martin David F.:
         Towards Compiler Implementation Correctness Proofs
         ACM Transactions on Programming Languages and Systems,Vol.8,
         S.185-214(1986)

[CoD84] Courcelle,Bruno;Deransart,Pierre:
         Proofs of Partial Correctness for Attribute Grammars and Recursive
         Procedures
         Rapports de Recherche,INRIA,Le Chesnay,Vol.322(1984)

[CoH79] Cohen,Rina;Harry,Eli:
         Automatic Generation of Near-Optimal Linear-Time Translators for
         Non-Circular Attribute Grammars
         Conference Record of the ACM Symposium on Principles of Programming
         Languages,Vol.6,S.121-134(1979)

[Cou81] Courcelle,Bruno:
         Attribute Grammars: Theory and Applications
         Lecture Notes in Computer Science,Vol.107,S.75-95(1981)

[Cou84] Courcelle,Bruno:
         Attribute Grammars: Definitions, Analysis of Dependencies,
         Proof Methods
         Methods and Tools for Compiler Construction (ed. Lorho,Bernard),
         Cambridge University Press,S.81-102(1984)

[Cro72] Crowe D.:
         Generating Parsers for Affix Grammars
         Communications of the ACM,Vol.15,S.728-732(1972)

[Cul69] Culik,K.:
         Attributed Grammars and Languages
         Publication 3,Department d'Informatique,Universite de Montreal(1969)

[DeJ80] DeRemer,Frank;Jullig,Richard K.:
         Tree-Affix Dendrogrammars for Languages and Compilers
         Lecture Notes in Computer Science,Vol.94,S.300-319(1980)

[DeM78] Dembinski,Piotr;Maluszynski,Jan:
         Attribute Grammars and Two-Level Grammars: A Unifying Approach
         Lecture Notes in Computer Science,Vol.64,S.143-154(1978)

[DeM84] Deransart,Pierre;Maluzynski,Jan:
         Modelling Data Dependencies in Logic Programs and Attribute Grammars
         Report,Linköping Institute of Technology(1984)
         Rapports de Recherche,INRIA,Le Chesnay,Vol.323(1984)

[DeM85] Deransart,Pierre;Maluzynski,Jan:
         Relating Logic Programs and Attribute Grammars
         Report,Linköping Institute of Technology(1984)
         Rapports de Recherche,INRIA,Le Chesnay,Vol.393(1985)

[Den86] Dencker,Peter:
         Generative Attributierte Grammatiken
         GMD-Bericht,Vol.158,Oldenbourg,München(1986)

[Der77] Deransart,Pierre:
         Definition and Implementation of a LISP System Using Semantic
         Attributes
         Implementation and Design of Algorithmic Languages. Proceedings
         of the Annual III Conference,Le Chesnay,Vol.5,S.25-39(1977)

[Der78] Deransart,Pierre:
         Proof and Synthesis of Semantic Attributes in Compiler Definition
         Rapports de Recherche 333,IRIA Laboria,Le Chesnay(1978)

[Der79] Deransart,Pierre:
         Proof of Semantic Attributes in a Lisp Compiler
         The Computer Journal,Vol.22,S.240-245(1979)

[Der83] Deransart,Pierre:
         Logical Attribute Grammars
         Information Processing 83,Proceedings of the IFIP Congress 1983,
         S.463-469(1983)

[DIN80] DIN 66253 Teil2:
         Programmiersprache PEARL, Normentwurf
         Beuth-Verlag,Berlin(1980)

[Dio78] Dion,B.A.:
         Locally Least-Cost Error Correctors for Context-Free and
         Context-Sensitive Parsers
         Technical Report 344,Computer Science Department,University
         of Wisconsin,Madison(1978)

[DJL84] Deransart,Pierre;Jourdan,Martin;Lorho,Bernard:
         Speeding up Circularity Tests for Attribute Grammars
         Acta Informatica,Vol.21,S.375-391(1984)

[DJL86] Deransart,Pierre;Jourdan,Martin;Lorho,Bernard:
         A Survey on Attribute Grammars
         Part I: Main Results on Attribute Grammars
         Part II: Review on Existing Systems
         Part III: Classified Bibliography
         Rapports de Recherche,INRIA,Le Chesnay,Vol.485,510,417(1986)

[DPS77] Duske,J.;Parchmann,Rainer;Sedello,Manfred;Specht,J.:
         IO-Macrolanguages and Attributed Translations
         Information and Control,Vol.35,S.87-105(1977)

[Dre72] Dreisbach,T.A.:
         A Declarative Semantic Definition of PL360
         Report UCLA-ENG-7289,Computer Languages Group,Computer Science
         Department,University of California,Los Angeles(1972)

[DRT81] Demers,Alan;Reps,Thomas;Teitelbaum,Tim:
         Incremental Evaluation for Attribute Grammars with Application
         to Syntax-Directed Editors
         Conference Record of the Annual ACM Symposium on Principles
         of Programming Languages,Vol.8,S.105-116(1981)

[DRZ85] Demers,Alan;Rogers,Anne;Zadeck,Frank Kenneth:
         Attribute Propagation by Message Passing
         ACM SIGPLAN Notices,Vol.20,Nr.7,S.43-59(1985)

[DuH81] Duncan,A.G.,Hutchison,J.S.:
         Using Attribute Grammars to test Designs and Implementations
         Procceedings of the International Conference on Software
         Engineering,Vol.5,S.170-178(1981)

[DUP82] Drossopoulou,Sophia;Uhl,Jürgen;Persch,Guido;Goos,Gerhard;
         Dausmann,Manfred;Winterstein,Georg:
         An Attribute Grammar for Ada
         ACM SIGPLAN Notices,Vol.17,Nr.6,S.334-349(1982)

[EFi81] Engelfriet,Joost;File,Gilberto:
         Passes and Paths of Attribute Grammars
         Information and Control,Vol.49,S.125-169(1981)

[EFl81] Engelfriet,Joost;File,Gilberto:
         Passes,Sweeps and Visits
         Lecture Notes in Computer Science,Vol.115,S.193-207(1981)

[EnF80] Engelfriet,Joost;File,Gilberto:
        Formal Properties of One-Visit and Multi-Pass Attribute Grammars
        Lecture Notes in Computer Science,Vol.85,S.182-194(1980)

[EnF81] Engelfriet,Joost;File,Gilberto:
        The Formal Power of One-Visit Attribute Grammars
        Acta Informatica,Vol.16,S.275-302(1981)

[EnF82] Engelfriet,Joost;File,Gilberto:
        Simple Multi-Visit Attribute Grammars
        Journal of Computer and System Sciences,Vol.24,S.283-314(1982)

[Eng84] Engelfriet,Joost:
        Attribute Evaluation Methods
        Methods and Tools for Compiler Construction (ed. Lorho,Bernard),
        Cambridge University Press,S.103-138(1984)

[Fan72] Fang,Isu:
        FOLDS, a Declarative Formal Language Definition System
        Report STAN-CS-72-329,Computer Science Department,
        School of Humanities and Science,Stanford University(1972)

[Fan73] Fang,Isu:
        FOLDS, a Declarative Formal Language Definition System
        Structure et Programmation des Calculateuers,Seminaires IRIA,
        Le Chesnay,S.275-290(1973)

[Far77] Farrow,Rodney:
        Attributed Grammar Models for Data Flow Analysis
        Dissertation,Rice University,Houston,Texas(1977)

[Far82] Farrow,Rodney:
        Linguist-86, Yet Another Translator Writing System
        based on Attribute Grammars
        ACM SIGPLAN Notices,Vol.17,Nr.6,S.160-171(1982)

[Far83] Farrow,Rodney:
        Attribute Grammars and Data-Flow Languages
        ACM SIGPLAN Notices,Vol.18,Nr.6,S.28-40(1983)

[Far84] Farrow,Rodney:
        Sub-Protocol-Evaluators for Attribute Grammars
        ACM SIGPLAN Notices,Vol.19,Nr.6,S.70-80(1984)

[Far86] Farrow,Rodney:
        Automatic Generation of Fixed-Point-Finding Evaluators for Circular,
        but Well-Defined Attribute Grammars
        ACM SIGPLAN Notices,Vol.21,Nr.7,S.85-98(1986)

[Faw82] Farrow,Rodney:
        Experience with an Attribute Grammar-Based Compiler
        Conference Record of the Annual ACM Symposium on Principles of
        Programmming Languages,Vol.9,S.95-107(1982)

[Faw84] Farrow,Rodney:
        Generating a Production Compiler from an Attribute Grammar
        IEEE Software, Vol.1,Nr.4(1984)

[FaY86] Farrow,Rodnay;Yellin,Daniel:
        A Comparison of Storage Optimizations in Automatically-Generated
        Attribute Evaluators
        Acta Informatica,Vol.23,S.393-427(1986)

[Fie83] File,Gilberto:
        Theory of Attribute Grammars
        Dissertation,Technische Hogeschool Twente(1983)

[Fil83] File,Gilberto:
        Interpretation and Reduction of Attribute Grammars
        Acta Informatica,Vol.19,S.115-150(1983)

[FrH79] Franzen,Helmut;Hoffmann,Berthold:
        Automatic Determination of Data Flow in Extended Affix Grammars
        Informatik-Fachberichte,Vol.19,S.176-193(1979)

[Fül81] Fülöp,Z.:
        On Attributed Tree Transducers
        Acta Cybernetica,Vol.5,S.261-279(1981)

[GaF82] Ganapathi,Mahadevan;Fischer,Charles.N.:
        Description Driven Code Generation using Attribute Grammars
        Conference Record of the Annual ACM Symposium on Principles of
        Programmming Languages,Vol.9,S.108-119(1982)

[GaF85] Ganapathi,Mahadevan;Fischer,Charles.N.:
        Affix Grammar Driven Code Generation
        ACM Transactions on Programming Languages and Systems,Vol.7,
        S.560-599(1985)

[GaG84] Ganzinger,Harald;Giegerich,Robert:
        Attribute Coupled Grammars
        ACM SIGPLAN Notices,Vol.19,Nr.6,S.157-170(1984)

[Gal83] Gallier,J.H.:
An Efficient Evaluator for Attribute Grammars with Conditional Rules
Technical Report,Department of Computer and Information Sciences,
Moore School of Electrical Engineering,University of Pennsylvannia,
Philadelphia(1983)

[Gan74] Ganzinger,Harald:
Modifizierte Attributierte Grammatiken
Bericht TUM-INFO-7420,Institut für Informatik,TU München(1974)

[Gan76] Ganzinger,Harald:
MUG1-Manual
Bericht TUM-INFO-7608,Institut für Informatik,TU München(1976)

[Gan78] Ganzinger,Harald:
Optimierende Erzeugung von Übersetzerteilen aus Formalen, Implemen-
tierungsorientierten, Schrittweise Verfeinerten Sprachbeschreibungen
Dissertation,TU München(1978)

[Gan79] Ganzinger,Harald:
An Approach to the Derivation of Compiler Description Concepts
from the Mathematicl Semantics Concept
Informatik-Fachberichte,Vol.19,S.206-217(1979)

[Gan80] Ganzinger,Harald:
Transforming Denotational Semantics into Practical Attribute Grammars
Lecture Notes in Computer Science,Volk.94,S.1-69(1980)

[Gan82] Ganzinger,Harald:
An Overview of the Attribute Definition Language ADELE
GI Fachgespräch über Compiler-Compiler(ed. Henhapl,W.),Vol.3,
S.22-53(1982)

[Gap81] Ganapathi,Mahadevan:
Retargetable Code Generation and Optimization using Attibute Grammars
Technical Report 406,Computer Science Department,University of
Wisconsin,Madison(1981)

[Gaz79] Ganzinger,Harald:
On Storage Optimization for Automatically Generated Compilers
Lecture Notes in Computer Science,Vol.6,S.132-141(1979)

[Ger79] Gerhart,Susan L.:
Correctness-Preserving Program Transformation
Conference Record of the ACM Symposium on Principles of Programming
Languages,Vol.2,S.54-66(1975)

[Gie79] Giegerich,Robert:
         Introduction to the Compiler Generating System MUG2
         Bericht TUM-INFO-7913,Institut für Informatik,TU München(1979)

[GiW77] Giegerich,Robert;Wilhelm,Reinhard:
         Implementierbarkeit Attributierter Grammatiken
         Informatik-Fachberichte,Vol.10,S.17-36(1977)

[GiW78] Giegerich,Robert;Wilhelm,Reinhard:
         Counter-One-Pass Features in One-Pass Compilation:
         A Formalization using Attribute Grammars
         Information Processing Letters,Vol.7,S.279-284(1978)

[GMW80] Glasner,Ingrid;Möncke,Ulrich;Wilhelm,Reinhard:
         OPTRAN, a Language for the Specification of Program Transformations
         Informatik-Fachberichte,Vol.25,S.125-142(1980)

[GMW82] Ganzinger,Harald;Giegerich,Robert;Möncke,Ulrich;Wilhelm,Reinhard:
         A Truly Generative Semantics-Directed Compiler Generator
         ACM SIGPLAN Notices,Vol.17,Nr.6,S.172-184(1982)

[GoW83] Goos,Gerhard;Wulf,William A.;Evans,Arthur;Butler,Kenneth J.:
         DIANA. An Intermediate Languages for Ada
         Lecture Notes in Computer Science,Vol.161(1983)

[GRW76] Ganzinger,Harald;Ripken,Knut;Wilhelm,Reinhard:
         MUG1 - An Incremental Compiler-Compiler
         Proceedings of the ACM Annual Conference,1976,S.415-418(1976)

[GRW77] Ganzinger,Harald;Ripken,Knut;Wilhelm,Reinhard:
         Automatic Generation of Optimizing Multipass Compilers
         Informating Processing 77,Proceedings of the IFIP Congress 1977,
         S.535-540(1977)

[GSM83] Gyimothy,T.;Simon,E.;Makay,A.:
         An Implementation of the HLP
         Acta Cybernetica,Vol.6,S.315-327(1983)

[GWh78] Giegerich,Robert;Wilhelm,Reinhard:
         Attribute Evaluation
         Le Point sur la Compilation,Proceedings IRIA Symposium
         on State of the Art and Future Trends in Compilation,
         (eds. Neel,D.;Armirchahy,M.),S.337-365(1978)

[HeS83] Hehner,E.C.A.;Silverberg,Brad A.:
         Programming with Grammars: An Exercise in Methodology-Directed
         Language Design
         The Computer Journal,Vol.26,S.277-281(1983)

[HoT85] Horwitz,Susan;Teitelbaum,Tim:
         Relations and Attributes: A Symbiotic Basis for Editing Environments
         ACM SIGPLAN Notices,Vol.20,Nr.7,S.93-106(1985)

[HoT86] Hoover,Roger;Teitelbaum,Tim:
         Efficient Incremental Evaluation of Aggregate Values
         in Attribute Grammars
         ACM SIGPLAN Notices,Vol.21,Nr.7,S.39-50(1986)

[Har81] Hartwig,M.:
         Implementation einer Attribut-Grammatik in SIMULA
         Vorträge der ALGOL-Tagung, Schriftenreihe des WBZMKRI,Dresden(1981)

[Jal83] Jalili,Fahimed:
         A General Linear-Time Evaluator for Attribute Grammars
         ACM SIGPLAN Notices,Vol.18,Nr.9,S.35-44(1983)

[Jal85] Jalili,Fahimed:
         A General Incremental Evaluator for Attribute Grammars
         Science of Computer Programming,Vol.5,S.83-96(1985)

[JaP77] Jazayeri,Mehdi;Pozefsky,Diane:
         Efficient Evaluation of Multi Pass Attribute Grammars
         without a Parse Tree
         Proceedings of the Conference on Information Science
         and Systems 1977,S.184-189(1977)

[JaP78] Pozefsky,Diane,Jazayeri,Mehdi:
         A Family of Pass-Oriented Attribute Grammar Evaluators
         Prooceedings of the ACM Annual Conference,1978,S.261-270(1978)

[JaP79] Jazayeri,Mehdi;Pozefsky,Diane:
         Space-Efficient Storage Management in an Attribute Grammar Evaluator
         Report TR 79-007,Department of Computer Science,University of North
         Carolina,Chapel Hill(1979)

[JaP80] Jazayeri,Mehdi;Pozefsky,Diane:
         A Space Improvement in the Alternating Semantic Evaluator
         Proceedings of the ACM Annual Conference 1980,S.498-504(1980)

[JaP81] Jazayeri,Mehdi;Pozefsky,Diane:
        Space Efficient Storage Management in an Attribute Grammar Evaluator
        ACM Transactions on Programming Languages and Systems,Vol.3,
        S.388-404(1981)

[JaW75] Jazayeri,Mehdi;Walter,Kenneth G.:
        Alternating Semantic Evaluator
        Proceedings of the ACM Annual Conference 1975,S.230-234(1975)

[Jaz74] Jazayeri,Mehdi:
        On Attribute Grammars and the Semantic Specification
        of Programming Languages
        Report,Jennings Computing Center,Case Western Reserve University,
        Cleveland,Vol.1159(1974)

[Jaz75] Jazayeri,Mehdi:
        Live Variable Analysis, Attribute Grammars and Program Optimization
        Department of Computer Science,University of North Carolina,
        Chapel Hill(1975)

[Jaz76] Jazayeri,Mehdi:
        Formal Specification and Automatic Programming
        Proceedings of the International Conference on Software Engineering,
        Vol.2,S.293-296(1976)

[Jaz81] Jazayeri,Mehdi:
        A Simpler Construction for Showing the Intrinsically Exponential
        Complexity of the Circularity Problem for Attribute Grammars
        Journal of the ACM,Vol.28,S.715-720(1981)

[JDe84] Jullig,Richard K.;De Remer,Frank:
        Regular Right-Part Attribute Grammars
        ACM SIGPLAN Notices,Vol.19,Nr.6,S.171-178(1984)

[JMR78] Jespersen,P.;Madsen,Michael,Riis,Hanne:
        New Extended Attributed System (NEATS)
        Report DAIMI,Computer Science Department, Aarhus University(1978)

[Joc81] Jochum,Gerhard:
        Automatische Konstruktion und Einheitliche Darstellung von
        Attributauswertungsalgorithmen
        Dissertation,TU München(1981)

[Joc82] Jochum,Gerhard:
         Efficiente Attributauswertung durch Kombination Verschiedener
         Strategien
         GI Fachgespräch über Compiler-Compiler(ed. Henhapl,W.),
         S.54-74(1982)

[Jod84] Jourdan,Martin:
         An Optimal-Time Recursive Evaluator for Attribute Grammars
         Lecture Notes in Computer Science,Vol.167,S.167-178(1984)

[JoF82] Johnson,Gregory F.;Fischer,Charles N.:
         Non Syntatic Attribute Flow in Language based Editors
         Conference Record of the Annual ACM Symposium on Principles
         of Programming Languages,Vol.9,S.185-195(1982)

[JoF85] Johnson,Gregory F.;Fischer,Charles N.:
         A Meta Languages and System for Nonlocal Incremental Attribute
         Evaluation in Language based Editors
         Conference Record of the Annual ACM Symposium on Principles
         of Programming Languages,Vol.12,S.141-151(1985)

[JoM80] Jones,Neil D.;Madsen,Michael:
         Attribute-Influenced LR Parsing
         Lecture Notes in Computer Science,Vol.94,S.393-407(1980)

[Jon80] Jones,Neil D.:
         Circularity Testing of Attribute Grammars Requires Exponential Time:
         a Simpler Proof
         Report DAIMI PB-107,Aarhus University(1980)

[Jon84] Jourdan,Martin:
         Strongly Non-Circular Attribute Grammars and their Recursive
         Evaluation
         ACM SIGPLAN Notices,Vol.19,Nr.6,S.81-93(1984)

[JOR75] Jazayeri,Mehdi;Ogden,William F.;Rounds,William C.:
         The Instrinsically Exponential Complexity of the Circularity
         Problem for Attribute Grammars
         Communications of the ACM,Vol.18,S.697-706(1975)

[Jor84] Jourdan,Martin:
         Recursive Evaluator of Strongly Non-Circular Attribute Grammars
         Implementierung von Programmiersprachen(ed. Ganzinger,Harald),
         S.83-94(1984)

[Jou84] Jourdan,Martin:
         Recursive Evaluators for Attribute Grammars: an Implementation
         Methods and Tools for Compiler Construction (ed. Lorho,Bernard),
         Cambridge University Press,S.139-163(1984)

[KaH81] Katayama,Takuya;Hoshino,Yuaka:
         Verification of Attribute Grammars
         Conference Record of the Annual ACM Symposium on Principles
         of Programming Languages,Vol.8,S.177-186(1981)

[Kai86] Kaiser,Gail E.:
         Generation of Run-Time Environments
         ACM SIGPLAN Notices,Vol.21,Nr.7,S.51-57(1986)

[Kam83] Kamimura,Tsotomu:
         Tree Automata and Attribute Grammars
         Information and Control,Vol.57,S.1-20(1983)
         auch: Lecture Notes in Computer Science,Vol.154,S.374-384(1983)

[Kas75] Kastens,Uwe:
         Systematische Analyse Semantischer Abhängigkeiten
         Informatik-Fachberichte,Vol.1,S.19-32(1976)

[Kas76] Kastens,Uwe:
         Ein Übersetzer-Erzeugendes System auf der Basis
         Attributierter Grammatiken
         Bericht 10/76,Fakultät für Informatik,U Karlsruhe(1976)

[Kas79] Kastens,Uwe:
         ALADIN - Eine Definitionssprache für Attributierte Grammatiken
         Bericht 7/79,Fakultät für Informatik,U Karlsruhe(1979)

[Kas80] Kastens,Uwe:
         Ordered Attributed Grammars
         Acta Informatica,Vol.13,S.229-256(1980)

[Kas81] Kastens,Uwe:
         Eigenschaften von Programmiersprachen -
         Definiert durch Attributierte Grammatiken
         Informatik-Fachberichte,Vol.25,S.157-174(1981)

[Kas84] Kastens,Uwe:
         The GAG-System - A Tool for Compiler Construction
         Methods and Tools for Compiler Construction (ed. Lorho,Bernard),
         Cambridge University Press,S.165-181(1984)

[Kat81] Katayama,Takuya:
         HFP: A Hierachical and Functional Programming
         based on Attribute Grammar
         Conference Record of the International Conference on Software
         Engineering,Vol.5,S.343-352(1981)

[Kat84] Katayama,Takuya:
         Translation of Attribute Grammars into Procedures
         ACM Transactions on Programming Languages and Systems,Vol.6,
         S.345-369(1984)

[KaZ80] Kastens,Uwe;Zimmermann,Erich:
         GAG - A Generator Based on Attribute Grammars
         Bericht 14/80,Fakultät für Informatik,U Karlsruhe(1980)

[KAZ81] Kastens,Uwe;Asbrock,Brigitte;Zimmermann,Erich:
         Generating a Pascal Analyser from Attributed Grammar
         Bericht 16/81,Fakultät für Informatik,U Karlsruhe(1981)

[Ker77] Kerutt,Helia:
         Programmieren in CDL2 (Einführung für ALGOL60-Kenner)
         Bericht 77-24,FB Informatik,TU Berlin(1977)

[KeR79] Kennedy,Ken;Ramanathan,Jayashree:
         A Deterministic Attribute Grammar Evaluator
         based on Dynamic Sequencing
         ACM Transactions on Programming Languages and Systems,Vol.1,
         S.142-160(1979)

[KeW76] Kennedy,Ken;Warren,Scott K.:
         Automatic Generation of Efficient Evaluators for Attribute Grammars
         Conference Record of the Annual ACM Symposium on Principles
         of Programming Languages,Vol,3,S.32-49(1979)

[KHZ82] Kastens,Uwe;Hutt,Brigitte;Zimmermann,Erich:
         GAG: A Practical Compiler Generator
         Lecture Notes in Computer Science,Vol.141(1982)

[KKZ80] Kastens,Uwe;Köllner,Rainer;Zimmermann,Erich;Hruschka,P.;Kappatsch,A:
         Eine Attributierte Grammatik für PEARL
         Bericht 15/80,Fakultät für Informatik,U Karlsruhe(1980)

[KMP75] Kelleher,J.;McGriff,F.,Pozefsky,Diane:
         TAG: Testing Attribute Grammars, Architectural Description
         Department of Computer Science,University of North Carolina,
         Chapel Hill(1975)

[Knu68] Knuth,Donald E.:
        Semantics of Context-Free Languages
        Mathematical Systems Theory,Vol.2,S.127-145(1968) und
        Vol.5,S.95-96(1971)

[Knu71] Knuth,Donald E.:
        Examples of Formal Semantics
        Lecture Notes in Mathematics,Vol.188,S.212-235(1971)

[KoP83] Koskimies,Kai;Paakki,J.:
        HLP84 - Semantic Metalanguages and its Implementation
        Internal Report,Department of Computer Science,
        University of Helsinki,Ser.C.,Vol.69(1983)

[KoR83] Koskimies,Kai;Räihä,Kari-Jouko:
        Modelling of Space-Efficient One-Pass Translation
        using Attribute Grammars
        Software-Practice and Experience,Vol.13,S.119-129(1983)

[Kos71] Koster,C.H.A.:
        Affix-Grammars
        ALGOL 68 Implementation(ed. Peck,J.E.L.),S.95-109(1971)

[Kos74] Koster,C.H.A.:
        Using the CDL Compiler-Compiler
        Lecture Notes in Computer Science,Vol.21,S.366-426(1974)

[Kos77] Koster,C.H.A.:
        CDL - A Compiler Implementation Language
        Lecture Notes in Computer Science,Vol.47,S.341-350(1977)

[Kos81] Koskimies,Kai:
        An Attribute Grammar for a Subset of the Programming Language Euclid
        Report,Department of Computer Science,University of Helsinki(1981)

[Kos82] Koskimies,Kai:
        An Experience on Language Implementation using Attribute Grammars
        Report,Department of Computer Science,University of Helsinki,
        Ser.A.,Vol.2(1982)

[Kos83] Koskimies,Kai:
        Extensions of One-Pass Attribute Grammars
        Report,Department of Computer Science,University of Helsinki,
        Ser.A.,Vol.4(1983)

[Kos84] Koskimies,Kai:
        A Specification Language for One-Pass Semantic Analysis
        ACM SIGPLAN Notices,Vol.19,Nr.6,S.179-189(1984)

[Kro82] Kronauer,Karlheinz:
        Werkbuch einer Vergleichenden Studie über Compiler-Compiler
        Bericht PU1R7/82,FB Informatik,TH Darmstadt(1982)

[KRS82] Koskimies,Kai;Räihä,Kari-Jouko;Sarjakowski,Matti:
        Compiler Construction using Attribute Grammars
        ACM SIGPLAN Notices,Vol.17,Nr.6,S.153-159(1982)

[KuS75] Kurki-Suonio,Reino:
        Towards better structured Definitions of Programming Languages
        Report STAN-CS-75-500,Computer Science Department,
        Stanford University(1975)

[LoP75] Lorho,Bernard;Pair,C.:
        Algorithms for Checking Consistency of Attribute Grammars.
        Proving and Improving Programs(eds. Huet,G.;Kahn,G.),
        Colloques IRIA,Le Chesnay,S.29-54(1975)

[Lor77] Lorho;Bernard:
        Semantic Attribute Processing in the System DELTA
        Lecture Notes in Computer Science,Vol.47,S.21-40(1977)

[LRS74] Lewis,Philip M.;Rosenkrantz,Daniel J.;Stearns,Richard E.:
        Attributed Translations
        Journal of Computer and System Sciences,Vol.9,S.279-307(1974)

[LRS76] Lewis,Philip M.;Rosenkrantz,Daniel J.;Stearns,Richard E.:
        Compiler Design Theory
        Addison Wesley,Reading(1976)

[LVH75] Lewi,J.;De Vlamink,K.;Huens,J.;Mertens,P.:
        SLS/1: A Translator Writing System
        Lecture Notes in Computer Science,Vol.34,S.627-641(1975)

[LVH76] Lewi,J.;De Vlamink,K.;Huens,J.;Huybrechts,M.:
        Projekt LILA, the ELL(1) Generator, Basic Principles
        Report CW5,Applied Mathematics and Programming Divsion,
        Katholieke Universiteit Leuven(1976)

[LVH77] Lewi,J.;De Vlamink,K.;Huens,J.;Huybrechts,M.:
        Projekt LILA, the ELL(1) Generator of LILA, an Introduction
        Internatinal Computing Symposium,Vol.5,S.237-251(1977)

[LVH79] Lewi,J.;De Vlamink,K.;Huens,J.;Huybrechts,M.:
A Programming Methodology in Compiler Construction
North Holland,Amsterdam(1979)

[LYH83] Lu,P.M.;Yau,S.S.;Hong,W.:
A Formal Methodology using Attributed Grammars for Multiprocessing-
System Software Development (I. Design Representation II. Validation)
Information Sciences,Vol.30,S.79-105 und S.107-123(1983)

[Mad75] Madsen,Ole Lehrmann:
On the Use of Attribute Grammars in a Practical Translator
Writing Sysrem
Master's Thesis,Aarhus University(1975)

[Mad80] Madsen,Ole Lehrmann:
On Defining Semantics by Means of Extented Attribute Grammars
Lecture Notes in Computer Science,Vol.94,S.259-299(1980)

[Mak83] Makarov,V.P.:
Attributed Quasitranslation Grammars and their Implementatin
in the SAGET Translator Generation System
Programming and Computer Software,Vol.9,S.85-90(1983)

[Mas80] Madsen,C.M.:
Parsing Attribute Grammars
Thesis, Aarhus University(1980)

[May81] Mayoh,Brian:
Attribute Grammars and Mathematical Semantics
SIAM Journal on Computing,Vol.10,S.503-518(1981)

[McE83] McEnerney,J.M.:
A General Compiler Generator based on Attribute Grammars
Department of Computer and Information Sciences,Moore School of
Electrical Engineering,University of Pennsylvannia,Philadelphia(1983)

[Mei80] Meijer,Hans:
An Implementation of Affix Grammars
Lecture Notes in Computer Science,Vol.94,S.320-349(1980)

[MeN82] Meijer,Hans;Nijholt,Anton:
Translator Writing Tools since 1970: a Selective Bibliography
ACM SIGPLAN Notices,Vol.17,Nr.10,S.62-72(1982)

[Mer77] Merkle,R.C.:
Evaluations for Attribute Grammars
Master's Thesis,Computer Science Department,University of California,
Berkeley(1977)

[Mer80] Meriste,M.B.:
Methods of Implementing Attribute Schemes in Compiler-Construction
Systems
Programming and Computer Software,Vol.6,S.253-261(1980)

[MiF79] Milton,D.R.;Fischer,C.N.:
LL(k) Parsing for Attributed Grammars
Lecture Notes in Computer Science,Vol.71,S.422-430(1979)

[Mil77] Milton,D.R.:
Syntatic Specification and Analysis with Attributed Grammars
Technical Report 304,Computer Science Department,
University of Wisconsin,Madison(1977)

[MKR79] Milton,D.R.;Kirchhoff,L.W.;Rowland,B.R.:
An ALL(1) Compiler Generator
ACM SIGPLAN Notices,Vol.14,Nr.8,S.152-157(1979)

[Mös84] Mössenböck,Hanspeter:
Ein einfacher Compiler-Compiler für Mikrocomputer
Elektronische Rechenanlagen,Vol.26,S.-186-194(1984)

[MWW84] Möncke,Ulrich;Weisgerber,Beatrix;Wilhelm,Reinhard:
How to Implement a System for Manipulation of Attributed Trees
Informatik-Fachberichte,Vol.77,S.112-117(1984)

[NAM75] Neel,D.;Amirchahy,M.;Mazaud,M:
Optimization of Generated Code by Means of Attributes:
Local Elimination of Common Redundant Sub-Expressions
Lecture Notes in Computer Science,Vol.26,S.247-256(1974)

[NeA74] Neel,D.;Amirchahy,M.:
Semantic Attributes and Improvement of Generated Code
Proceedings of the ACM Annual Conference,1974,S.1-10(1974)

[NeA75] Neel,D.;Amirchahy,M.:
Removal of Invariant Statements from Nested-Loops
in a Single Effective Compiler Pass
ACM SIGPLAN Notices,Vol.10,Nr.3,S.87-96(1975)

[Nie81] Nielson,Hanne Riis:
         Using Computation Sequences to Define Evaluators
         for Attribute Grammars
         Report DAIMI PB-139,Aarhus University(1981)

[Nie83] Nielson,Hanne Riis:
         Computation Sequences: A Way to Characterize Classes
         of Attribute Grammars
         Acta Informatica,Vol.19,S.255-268(1983)

[Noo75] Noonan,Robert:
         Strutured Programming and Formal Specification
         IEEE Transactions on Software Engineering,Vol.SE-1,S.421-425(1975)

[PaK82] Papakonstantinou,George K.;Kontos,J.:
         The Interpretation of Meta Grammars Describing Syntax-Directed
         Interpreters using an Attibute Grammar Interpreter
         IEEE Transactions on Software Engineering,Vol.SE-8,S.435-436(1982)

[PaK86] Papakonstantinou,George K.;Kontos,J.:
         Knowledge Representation with Attribut Grammars
         The Computer Journal,Vol.29,S.241-245(1986)

[PAN79] Pair C.;Amirchahy M.;Neel D.:
         Correctness Proofs of Syntax-Directed Processing Descriptions
         by Attributes
         Journal of Computer and System Sciences,Vol.19,S.1-17(1979)

[Pap79] Papakonstatinou,George K.:
         A Poor Man's Realization of Attribute Grammars
         Software-Practice and Experience,Vol.9,S.719-728(1979)

[Pap81] Papakonstatinou,George K.:
         An Interpreter of Attrbute Grammars and its Application
         of Waveform Analysis
         IEEE Transactions on Software Engineering,Vol.SE-7,S.276-283(1981)

[Pap83] Papakonstantinou,George K.:
         A Sentence Generator Based on an Attribut Grammar
         Angewandte Informatik,Vol.8,S.345-347(1983)

[Par78] Parchmann,Rainer:
         Grammatiken mit Attributschema und Zweistufige Auswertung
         Attributierter Grammatiken
         Bericht 46,Schriften zur Informatik und Angewandten Mathematik,
         RWTH Aachen(1978)

[PaS75] Parchmann,Rainer;Sedello,Manfred:
         Syntaxgesteuerte Codierung zur Berechnung Arithmetischer Ausdrücke
         auf einer Parallelmaschine unter Verwendung Knuth'scher Attribute
         Bericht 20,Schriften zur Informatik und Angewandten Mathematik,
         RWTH Aachen(1975)

[PaS77] Paillard,Jean-Pierre;Simonet,Michel:
         Attribute-like W-Grammars
         Implementation and Design of Algorithmic Languages. Proceedings
         of the III Conference,Le Chesnay,Vol.5,S.13-24(1977)

[PaS82] Papakonstantinou,George K.;Skordalokii,E.:
         Normal ECG Pattern Generation using Attribute Grammars
         Proceedings of the Annual International Conference on Pattern
         Recognation,Vol.6,IEEE Computer Society Press(1982)

[Pen79] Penner,Volker:
         Die Eingabesprache LDL für ein Compiler-Erzeugendes System
         und ein umfassendes Beispiel
         Bericht 50,Schriften zur Informatik und Angewandten Mathematik,
         RWTH Aachen(1979)

[Pen80] Penjam,J.:
         Realization of Attributive Semantics
         Cybernetics,Vol.16,S.199-206(1980)

[Pen83] Penjam,J:
         Synthesis of a Semantic Processor from an Attributte Grammar
         Programming and Computer Software,Vol.9,S.29-39(1980)

[Pet73] Petrik,Stanley R.:
         Semantic Interpretation in the REQUEST System
         IBM Research Report RC4457,IBM Thomas J. Watson Research Center,
         Yorktown Heights(1973)

[Pet77] Petrik,Stanley R.:
         Semantic Interpretation in the REQUEST System
         Computational and Mathematical Linguistics,Vol.II(eds. Zampolli,A.;
         Calzolari,N.),Olschki,Firenze,S.585-610(1977)

[PeY81] Pen'Yam,Y.E.:
         Realization of Attributive Semantics
         Cybernetics,Vol.16,S.199-206(1981)

[PKP82] Payton,T.;Keller,S.;Perkins,J.;Rowan,S.;Mardinly,S.:
         SSAGS, a Syntax and Semantics Analysis and Generation System
         IEEE COMPSAC 1982,S.424-432(1982)

[PMP86] Papakonstantinou,George K.;Moraitis,C.;Panayiotopoulou,T.:
         An Attribute Grammar Interpreter as a Knowlegde Engeneering Tool
         Angewandte Informatik,Vol.9,S.382-388(1986)

[Poh83] Pohlmann,Werner:
         LR Parsing for Affix Grammars
         Acta Informatica,Vol.20,S.283-300(1983)

[Poz79] Pozefsky,Diane:
         Building Efficient Pass-Oriented Attribute Grammar Evaluators
         Technical Report UNC-TR-79-006,University of North Carolina,
         Chapel Hill(1979)

[PyB78] Pyster,Arthur;Buttelmann,H.William:
         Semantic-Syntax-Directed Translations
         Information and Control,Vol.36,S.320-361(1978)

[Räh80] Räihä,Kari-Jouko:
         Experience with the Compiler Writing System HLP
         Lecture Notes in Computer Science,Vol.94,S.350-362(1980)

[Räi77] Räihä,Kari-Jouko:
         On Attribute Grammars and their Use in a Compiler Writing System
         Report,Department of Computer Science,University of Helsinki,
         Ser.A.,Vol.4(1977)

[Räi79] Räihä,Kari-Jouko:
         Dynamic Allocation of Space for Attribute Instances in Multi-Pass
         Evaluators of Attribute Grammars
         ACM SIGPLAN Notices,Vol.14,Nr.8,S.26-38(1979)

[Räi80] Räihä,Kari-Jouko:
         Bibliography on Attribute Grammars
         ACM SIGPLAN Notices,Vol.15,Nr.3,S.35-44(1980)

[Räi81] Räihä,Kari-Jouko:
         A Space Management Technique for Multi-Pass Attribute Evaluators
         Report,Department of Computer Science,University of Helsinki,Ser.A.,
         Vol.4(1981)

[Räi84] Räihä,Kari-Jouko:
         Attribute Grammar Design using the Compiler Writing System HLP
         Methods and Tools for Compiler Construction (ed. Lorho,Bernard),
         Cambridge University Press,S.183-206(1984)

[RäS76] Räihä,Kari-Jouko;Saarinen,Mikko:
         Developments in Compiler Writing Systems
         Informatik-Fachberichte,Vol.5,S.164-178(1976)

[RäS77] Räihä,Kari-Jouko;Saarinen,Mikko:
An Optimization of the Alternating Semantic Evaluator
Information Processing Letters,Vol.6,Nr.3,S.97-100(1977)

[RäS82] Räihä,Kari-Jouko;Saarinen,Mikko:
Testing Attribute Grammars for Circularity
Acta Informatica,Vol.176,S.185-192(1982)

[RäT86] Räihä,Kari-Jouko;Tarhio,Jorma:
A Globalizing Transformation for Attribute Grammars
ACM SIGPLAN Notices,Vol.21,Nr.7,S.74-84(1986)

[RäU79] Räihä,Kari-Jouko;Ukkonen,Esko:
On the Optimal Assignment of Attributes to the Passes
in Multi-Pass Attribute Evaluators
Lecture Notes in Computer Science,Vol.85,S.500-511(1980)

[RäU80] Räihä,Kari-Jouko;Ukkonen,Esko:
Balancing Syntatic and Semantic Power in Compiler Specification
Information Processing 80,Proceedings of the IFIP Congress 1980,
S.65-78(1980)

[RäU81] Räihä,Kari-Jouko;Ukkonen,Esko:
Minimizing the Number of Evaluation Passes for Attribute Grammars
SIAM Journal on Computing,Vol.10,S.772-786(1981)

[Rec80] Rechenberg,Peter:
Attributierte Grammatiken als Werkzeug der Softwaretechnik
Technischer Bericht 3/80,Insttut für Informatik,TU Linz(1980)

[ReD85] Reps,Thomas;Demers,Alan:
Sublinear-Space Evaluation Algorithms for Attribute Grammars
ACM Transactions on Programming Languages and Systems.????(1985)

[ReM85] Rechenberg,Peter;Mössenböck,Hanspeter:
Ein Compiler-Compiler für Mikrocomputer: Grundlagen, Anwendung,
Programmierung in Modula-2
Hanser,München(1985)

[Rep81] Reps,Thomas:
The Synthesizer Editor Generator - Reference Manual
Report,Department of Computer Science,Cornell University(1981)

[Rep82] Reps,Thomas:
Optimal-Time Incremental Semantic Analysis for Syntax-Directed Editors
Conference Record of the Annual Symposium on Principles of Programming
Languages,Vol.9,S.169-176(1982)

[Rep84] Reps,Thomas:
         Generating Language-Based Environments
         M.I.T. Press,Cambridge(1984)

[ReT84] Reps,Thomas;Teitelbaum,Tim:
         The Synthesizer Generator
         ACM SIGPLAN Notices,Vol.19,Nr.5,S.42-48(1984)

[ReT85] Reps,Thomas;Teitelbaum,Tim:
         The Synthesizer Generator - Reference Manual
         Report,Department of Computer Science,Cornell University(1985)

[RiB82] Ridjanovic,Dzenan;Brodie,Michael L.:
         Defining Database Dynamics with Attribute Grammars
         Information Processing Letters,Vol.14,S.132-138(1982)

[Rii80] Riis,Hanne:
         Subclasses of Attribute Grammars
         Report DAIMI-PB-114,Aarhus University(1980)

[RiM82] Riis,Hanne:Madsen,Michael:
         The NEATS System
         Report DAIMI-MD-44,Aarhus University(1982)

[Rip77] Ripken,Knut:
         Formale Beschreibung von Maschinen,Implementierungen und Optimierender
         Maschinencodeerzeugung aus Attributierten Programmgraphen
         Dissertation,TU München(1977)

[RiS81] Riis,Hanne;Skyum,Sven:
         K-Visit Attribute Grammars
         Mathematical Systems Theory,Vol.15,S.17-28(1981)

[RMD83] Riedewald,Günter;Maluzynski,Jan;Dembinski,Piotr:
         Formale Beschreibung von Programmiersprachen
         Oldenbourg,München(1983)

[Röh86] Röhrich,Johannes:
         Multiple Attributgrammatiken
         Informatik - Forschung und Entwicklung,Vol.1,S.53-61(1986)

[Row77] Rowland,B.R.:
         Combining Parsing and Evaluation for Attributed Grammars
         Technical Report 308,Computer Science Department,University
         of Wisconsin,Madison(1977)

[RPR84] Rechenberg,Peter;Pomberger,Gustav;Ritzinger,F.:
         Compiler Writing Technique and their Use in a Modula-2 Compiler
         Implementierung von Programmiersprachen(ed. Ganzinger,Harald),
         S.113-123(1984)

[RSS78] Räihä,Kari-Jouko;Saarinen,Mikko;Soisalon-Soininen,Eljas;Tienari,Martti:
         The Compiler Writing System HLP (Helsinki Language Processor)
         Report,Department of Computer Science,University of Helsinki,
         Ser.A.,Vol.2(1978)

[RSS83] Räihä,Kari-Jouko;Saarinen,Mikko;Sarjarkowski,Matti;Sippu,Seppo;
         Soisalon-Soininen,Eljas;Tienari,Martti:
         Revised Report on the Compiler Writing System HLP78
         Report,Department of Computer Science,University of Helsinki,
         Ser.A.,Vol.1(1983)

[RTD83] Reps,Thomas;Teitelbaum,Tim;Demers,Alan:
         Incremental Context-Dependent Analysis for Language-Based Editors
         ACM Transactions on Programming Languages and Systems,Vol.5,
         S.449-477(1983) und Vol.5,S.680(1983)

[Saa78] Saarinen,Mikko:
         On Constructing Efficient Evaluators for Attribute Grammars
         Lecture Notes in Computer Science,Vol.62,S.382-397(1978)

[Sch76] Schulz,Waldean A.:
         Semantic Analysis and Target Language Synthesis in a Translator
         Ph.D.Thesis,University of Colorado,Boulder(1976)

[Sch80] Schmidt,Erik Meineche:
         Space-Restricted Attribute Grammars
         Lecture Notes in Computer Science,Vol.85,S.436-448(1980)

[Sch84] Schauer,Jacob:
         Einsatz von Attributierten Grammatiken für Werkzeuge
         in Programmierumgebungen
         Implementierung von Programmiersprachen(ed. Ganzinger,Harald),
         S.125-132(1984)

[SeC87] Sernadas,Christina;Carapuca,R.:
         The Role of Conceptual Modelling Abstractions in Compiler Development
         The Computer Journal,Vol.30,S.328-336(1986)

[Sii79] Siitari,H.:
         An Attribute Grammar for the Programming Language SIMULA
         Internal Report,Department of Computer Science,
         University of Helsinki,Ser.C.,Vol.90(1979)

[Sil78] Silverberg,Brad A.:
         Using a Grammatical Formalism as a Programming Language
         Technical Report CSRG-88,Computer Systems Research Group,
         University of Toronto(1978)

[Sim77] Simonet,Michel:
         An Attribute Description of a Subset of ALGOL68
         ACM SIGPLAN Notices,Vol.12,Nr.6,S.129-137(1977)

[Ske78] Skedzeleski,Stephan K.:
         Definition and Use of Attribute Reevaluation in Attributed Grammars
         Technical Report 340,Computer Science Department,
         University of Wisconsin,Madison(1978)

[Son83] Sonnenschein,Michael:
         Generierung Effizienter Compilerteile durch Attributierten
         Grammatik Verwandter Konzepte
         Dissertation,TH Aachen(1983)

[Son85] Sonnenschein,Michael:
         Global Storage Cells for Attributes in a Attribute Grammar
         Acta Informatica,Vol.22,S.397-420(1985)

[STS80] Sassa,Masataka;Tokuda,Jonko;Shinogi,Tsuyoshi;Inoue,Kenzo:
         Design and Implementation of a Multipass-Compiler Generator
         Journal of Information Processing,Vol.3,S.77-86(1980)

[Tar82] Tarhio,Jorma:
         Attribute Evaluation During LR Parsing
         Report,Department of Computer Science,University of Helsinki,
         Ser.A.,Vol.4(1982)

[Tie80] Tienari,Martti:
         On the Definition of an Attribute Grammar
         Lecture Notes in Computer Science,Vol.94,S.408-414(1980)

[Tie82] Tienari,Martti:
         Compiler-Compiler as a Software Product
         Bericht PU1R13/82,FB Informatik,TH Darmstadt(1982)

[Tus74] Tusera,Dimitri:
         Example of Transformation of a Derivation Tree for an Expression by
         Semantic Attributes
         Information Processing 74,Proceedings of the IFIP Congress 1974,
         S.381-385(1974)

[UDP82] Uhl,Jürgen;Drossopoulou,Sophia;Persch,Guido;Goos,Gerhard;
         Dausmann,Manfred;Winterstein,Georg;Kirchgässner,Walter:
         An Attribute Grammar for the Semantic Analysis of Ada
         Lecture Notes in Computer Science,Vol.139(1982)

[VaK83] Van Katwick,J.:
         A Preprocessor for YACC or a Poor Man's Approach to Parsing Attributed
         Grammars
         ACM SIGPLAN Notices,Vol.18,Nr.10,S.12-15(1983)

[VoM82] Vooglaid,A.O.;Meriste,M.B.:
         Abstract Attribute Grammars
         Programming and Computer Software,Vol.8,S.242-251(1982)

[WaG84] Waite,William M.;Goos,Gerhard:
         Compiler Construction
         Texts and Monographs in Computer Science,Springer,Heidelberg(1984)

[Wai86] Waite,William M.:
         Generator for Attributed Grammars - Abstract Data Type
         Arbeitspapiere der GMD,Vol.219(1986)

[WaM83] Watt,David A.;Madsen,Ole Lehrmann:
         Extented Attribute Grammars
         The Computer Journal,Vol.26,S.142-149(1983)

[War75] Warren,S.K.:
         The Efficient Evaluation of Attribute Grammars
         Thesis,Rice University,Houston(1975)

[War76] Warren,S.K.:
         The Coroutine Model of Attribute Grammar Evaluation
         Ph.D.Thesis,Rice University,Houston(1976)

[Wat77] Watt,David A.:
         The Parsing Problem for Affix Grammars
         Acta Informatica,Vol.8,S.1-20(1977)

[Wat79] Watt,David A.:
         An Extended Attribute Grammar for PASCAL
         ACM SIGPLAN Notices,Vol.14,Nr.3,S.60-74(1979)

[Wat80] Watt,David A.:
         Rule Splitting and Attribute-Directed Parsing
         Lecture Notes in Computer Science,Vol.94,S.363-392(1980)

[Web76] Weber,Jürgen:
Programmtransformationen mit Attributierten Transformationsgrammatiken
Bericht TUM-INFO-7604,Institut für Informatik,TU München(1976)

[Wih74] Wilhelm,Reinhard:
Describing Code Optimization Algorithms by Attributed
Transformational Grammars
Structure et Programmation des Calculateurs(ed. Kaiser,Claude),
Seminaire Rocquencourt,IRIA,Le Chesnay,S.153-164(1974)

[Wil71] Wilner,Wayne T.:
A Declarative Semantic Definition
Report STAN-CS-233-71,Computer Science Department,
School of Humanities and Sciences,Stanford University(1971)

[Wil72] Wilner,Wayne T.:
Formal Semantic Definition using Synthesized and Inherited Attributes
Courant Computer Science Symposium,Vol.2,S.25-39(1972)

[Wil74] Wilhelm,Reinhard:
Code-Optimierung mittels Attributierter Transformationsgrammatiken
Lecture Notes in Computer Science,Vol.26,S.257-266(1974)

[Wil77] Wilhelm,Reinhard:
Baumtransformatoren: Ein Vergleich mit Baumtransduktoren und Aspekte
der Implementierung
Dissertation,TU München(1977)

[Wil78] Wilhelm,Reinhard:
Presentation of the Compiler Generating System MUG2.
Examples: Global Flow Analysis and Optimization
Le Point sur la Compilation,Cours de la Commision des Communates
Europeenes,Montpellier,IRIA,Le Chesnay,S.307-335(1978)

[Wil79] Wilhelm,Reinhard:
Attributierte Grammatiken
Informatik-Spektrum,Vol.2,S.123-130(1979)

[Wil82] Wilhelm,Reinhard:
LL- and LR-Attributed Grammars
Informatik-Fachberichte,Vol.53,S.151-164(1982)

[WRC76] Wilhelm,Reinhard;Ripken,Knut;Ciesinger,Joachim;Ganzinger,Harald;
Lahner,Walter;Nollmann,Rolf:
Design Evaluation of the Compiler Generating System MUG1
Proceedings of the International Conference on Software Engineering,
Vol.2,S.571-576(1976)

[Yeh83] Yeh,Dashing:
         On Incremental Evaluation of Ordered Attributed Grammars
         BIT,Vol.23,S.308-320(1983)

[YeM86] Yellin,Daniel M.;Mueckstein,Eva-Maria M.:
         The Automatic Inversion of Attribute Grammars
         IEEE Transactions on Softwate Engineering,Vol.SE-12,S.590-599(1986)

[Zim82] Zima,Hans:
         Compilerbau I (Analyse)
         Reihe Informatik,Vol.36,Bibliograhisches Institut,Mannheim(1982)

[Zim83] Zima,Hans:
         Compilerbau II (Synthese und Optimierung)
         Reihe Informatik,Vol.37,Bibliographisches Institut,Mannheim(1983)

5.3. Sonstige Literatur

Hier ist die in dieser Arbeit benutzte oder zitierte Literatur aufgelistet,
soweit sie sich nicht auf AG oder Attributierungen bezieht.

[AhU72] Aho,Alfred V.;Ullman,Jeffrey D.:
The Theory of Parsing,Translation and Compiling,Vol.I:Parsing
Prentice-Hall,Englewood Cliffs(1972)

[AhU73] Aho,Alfred V.;Ullman,Jeffrey D.:
The Theory of Parsing,Translation and Compiling,Vol.II:Compiling
Prentice-Hall,Englewood Cliffs(1973)

[AHU74] Aho,Alfred V.;Hopcroft,John E.;Ullman,Jeffrey D.:
The Design and Analysis of Computer Algorithms
Addison-Wesley,Reading(1974)

[AhU77] Aho,Alfred V.;Ullman,Jeffrey D.:
Principles of Compiler Design
Addison-Wesley,Reading(1977)

[ChS76] Chandra,Ashok K.;Stockmeyer,Larry J.:
Alternation
Procceedings of the Annual IEEE Symposium on Foundations
of Computer Science,Vol.17,S.98-108(1976)

[DöM73] Dörfler,Willibald;Mühlbacher,Jörg:
Graphentheorie für Informatiker
Sammlung Göschen,W. de Gruyter,Berlin(1973)

[GaJ79] Garey,Michael R.;Johnson,David S.:
Computers and Intractability:
A Guide to the Theorie of NP-Completeness
W.H.Freeman and Company,San Francisco(1979)

[GoT74] Goguen,J.A;Thatcher,J.W.:
Initial Algebra Semantics
Annual Symposium on Switching and Automata Theory,Vol.15,S.63-77(1974)

[Grä79] Grätzer, George:
Universal Algebra
Springer,New York(1979)

[GTW77] Goguen,J.A.;Thatcher,J.W.;Wagner,E.G.;Wright,J.B.:
Initial Algebra Semantics and Continuous Algebras
Journal of the ACM,Vol.24,S.68-95(1977)

[HSn84] Henhapl,Wolfgang;Snelting,Gregor:
         Context Relations - A Concept for Incremental Context Analysis
         in Program Fragments
         Informatik-Fachberichte,Vol.77,S.128-143(1984)

[RUk81] Räihä,Kari-Jouko;Ukkonen,Esko:
         The Shortest Common Supersequence Problem over a Binary Alphabet
         is NP-Complete
         Theoretical Computer Science,Vol.16,S.187-198(1981)

[Sco74] Scott,Dana:
         Data Types as Lattices
         Lecture Notes in Mathematics,Vol.499,S.579-651(1974)

[Tar72] Tarjan,R.E.:
         Depth-First Search and Linear Graph Algorithms
         SIAM Journal on Computing,Vol.1,S.146-160(1972)

Band 116: Recent Trends in Data Type Specification. Edited by H.-J. Kreowski. VII, 253 pages. 1985.

Band 117: J. Röhrich, Parallele Systeme. XI, 152 Seiten. 1986.

Band 118: GWAI-85. 9th German Workshop on Artificial Intelligence. Dassel/Solling, September 1985. Edited by H. Stoyan. X, 471 pages. 1986.

Band 119: Graphik in Dokumenten. GI-Fachgespräch, Bremen, März 1986. Herausgegeben von F. Nake. X, 154 Seiten. 1986.

Band 120: Kognitive Aspekte der Mensch-Computer-Interaktion. Herausgegeben von G. Dirlich, C. Freksa, U. Schwatlo und K. Wimmer. VIII, 190 Seiten. 1986.

Band 121: K. Echtle, Fehlermaskierung durch verteilte Systeme. X, 232 Seiten. 1986.

Band 122: Ch. Habel, Prinzipien der Referentialität. Untersuchungen zur propositionalen Repräsentation von Wissen. X, 308 Seiten. 1986.

Band 123: Arbeit und Informationstechnik. GI-Fachtagung. Proceedings, 1986. Herausgegeben von K. T. Schröder. IX, 435 Seiten. 1986.

Band 124: GWAI-86 und 2. Österreichische Artificial-Intelligence-Tagung. Ottenstein/Niederösterreich, September 1986. Herausgegeben von C.-R. Rollinger und W. Horn. X, 360 Seiten. 1986.

Band 125: Mustererkennung 1986. 8. DAGM-Symposium, Paderborn, September/Oktober 1986. Herausgegeben von G. Hartmann. XII, 294 Seiten, 1986.

Band 126: GI-16. Jahrestagung. Informatik-Anwendungen – Trends und Perspektiven. Berlin, Oktober 1986. Herausgegeben von G. Hommel und S. Schindler. XVII, 703 Seiten. 1986.

Band 127: GI-17. Jahrestagung. Informatik-Anwendungen – Trends und Perspektiven. Berlin, Oktober 1986. Herausgegeben von G. Hommel und S. Schindler. XVII, 685 Seiten. 1986.

Band 128: W. Benn, Dynamische nicht-normalisierte Relationen und symbolische Bildbeschreibung. XIV, 153 Seiten. 1986.

Band 129: Informatik-Grundbildung in Schule und Beruf. GI-Fachtagung, Kaiserslautern, September/Oktober 1986. Herausgegeben von E. v. Puttkamer. XII, 486 Seiten. 1986.

Band 130: Kommunikation in Verteilten Systemen. GI/NTG-Fachtagung, Aachen, Februar 1987. Herausgegeben von N. Gerner und O. Spaniol. XII, 812 Seiten. 1987.

Band 131: W. Scherl, Bildanalyse allgemeiner Dokumente. XI, 205 Seiten. 1987.

Band 132: R. Studer, Konzepte für eine verteilte wissensbasierte Softwareproduktionsumgebung. XI, 272 Seiten. 1987.

Band 133: B. Freisleben, Mechanismen zur Synchronisation paralleler Prozesse. VIII, 357 Seiten. 1987.

Band 134: Organisation und Betrieb der verteilten Datenverarbeitung. 7. GI-Fachgespräch, München, März 1987. Herausgegeben von F. Peischl. VIII, 219 Seiten. 1987.

Band 135: A. Meier, Erweiterung relationaler Datenbanksysteme für technische Anwendungen. IV, 141 Seiten. 1987.

Band 136: Datenbanksysteme in Büro, Technik und Wissenschaft. GI-Fachtagung, Darmstadt, April 1987. Proceedings. Herausgegeben von H.-J. Schek und G. Schlageter. XII, 491 Seiten. 1987.

Band 137: D. Lienert, Die Konfigurierung modular aufgebauter Datenbanksysteme. IX, 214 Seiten. 1987.

Band 138: R. Männer, Entwurf und Realisierung eines Multiprozessors. Das System „Heidelberger POLYP". XI, 217 Seiten. 1987.

Band 139: M. Marhöfer, Fehlerdiagnose für Schaltnetze aus Modulen mit partiell injektiven Pfadfunktionen. XIII, 172 Seiten. 1987.

Band 140: H.-J. Wunderlich, Probabilistische Verfahren für den Test hochintegrierter Schaltungen. XII, 133 Seiten. 1987.

Band 141: E. G. Schukat-Talamazzini, Generierung von Worthypothesen in kontinuierlicher Sprache. XI, 142 Seiten. 1987.

Band 142: H.-J. Novak, Textgenerierung aus visuellen Daten: Beschreibungen von Straßenszenen. XII, 143 Seiten. 1987.

Band 143: R. R. Wagner, R. Traunmüller, H. C. Mayr (Hrsg.), Informationsbedarfsermittlung und -analyse für den Entwurf von Informationssystemen. Fachtagung EMISA, Linz, Juli 1987. VIII, 257 Seiten. 1987.

Band 144: H. Oberquelle, Sprachkonzepte für benutzergerechte Systeme. XI, 315 Seiten. 1987.

Band 145: K. Rothermel, Kommunikationskonzepte für verteilte transaktionsorientierte Systeme. XI, 224 Seiten. 1987.

Band 146: W. Damm, Entwurf und Verifikation mikroprogrammierter Rechnerarchitekturen. VIII, 327 Seiten. 1987.

Band 147: F. Belli, W. Görke (Hrsg.), Fehlertolerierende Rechensysteme / Fault-Tolerant Computing Systems. 3. Internationale GI/ITG/GMA-Fachtagung, Bremerhaven, September 1987. Proceedings. XI, 389 Seiten. 1987.

Band 148: F. Puppe, Diagnostisches Problemlösen mit Expertensystemen. IX, 257 Seiten. 1987.

Band 149: E. Paulus (Hrsg.), Mustererkennung 1987. 9. DAGM-Symposium, Braunschweig, Sept./Okt. 1987. Proceedings. XVII, 324 Seiten. 1987.

Band 150: J. Halin (Hrsg.), Simulationstechnik. 4. Symposium, Zürich, September 1987. Proceedings. XIV, 690 Seiten. 1987.

Band 151: E. Buchberger, J. Retti (Hrsg.), 3. Österreichische Artificial-Intelligence-Tagung. Wien, September 1987. Proceedings. VIII, 181 Seiten. 1987.

Band 152: K. Morik (Ed.), GWAI-87. 11th German Workshop on Artificial Intelligence. Geseke, Sept./Okt. 1987. Proceedings. XI, 405 Seiten. 1987.

Band 153: D. Meyer-Ebrecht (Hrsg.), ASST'87. 6. Aachener Symposium für Signaltheorie. Aachen, September 1987. Proceedings. XII, 390 Seiten. 1987.

Band 154: U. Herzog, M. Paterok (Hrsg.), Messung, Modellierung und Bewertung von Rechensystemen. 4. GI/ITG-Fachtagung, Erlangen, Sept./Okt. 1987. Proceedings. XI, 388 Seiten. 1987.

Band 155: W. Brauer, W. Wahlster (Hrsg.), Wissensbasierte Systeme. 2. Internationaler GI-Kongreß, München, Oktober 1987. XIV, 432 Seiten. 1987.

Band 156: M. Paul (Hrsg.), GI – 17. Jahrestagung. Computerintegrierter Arbeitsplatz im Büro. München, Oktober 1987. Proceedings. XIII, 934 Seiten. 1987.

Band 157: U. Mahn, Attributierte Grammatiken und Attributierungsalgorithmen. IX, 272 Seiten. 1988.

Band 160: H. Mäncher, Fehlertolerante dezentrale Prozeßautomatisierung. XVI, 243 Seiten. 1987.

Band 161: P. Peinl, Synchronisation in zentralisierten Datenbanksystemen. XII, 227 Seiten. 1987.